# 신천지 〈요한계시록의 실상〉 大해부

- 신천지 교리 분석과 요한계시록의 올바른 주해 -

# 신천지 <요한계시록의 실상> 大해부

– 신천지 교리 분석과 요한계시록의 올바른 주해 –

**초판 1쇄 발행** 2019년 7월 31일

**저자** 장운철

**표지 디자인** nghpro@hanmail.net

**유통사** 하늘유통(031-947-7777)

**펴낸곳** 기독교포털뉴스

**신고번호** 제 377-25100-2011000060호(2011년 10월 6일)

**주소** 우 16489 경기도 수원시 팔달구 권광로 197, 6층 663호(인계동)

**전화** 010-4879-8651

가격 18,000원

**이메일** unique44@naver.com

홈페이지 www.kportalnews.co.kr

이 도서의 국립중앙도서관 출판예정도서목록(CIP)은
서지정보유통지원시스템 홈페이지(http://seoji.nl.go.kr)와 국가자료종합목록시스템(http://www.nl.go.kr/kolisnet)에서 이용하실 수 있습니다.
(CIP제어번호 : CIP2019025770)

# 신천지
# 요한계시록의
# 실상

해부

신천지 교리 분석과
요한계시록의 올바른 주해

| 장운철 |

 기독교포털뉴스
www.kportalnews.co.kr

# 들어가는 말

"신천지가 왜 이단인가요?"
"성경을 '비유풀이', '짝풀이'하며 열심히 공부하던데…"
"신천지에서 말하는 요한계시록, 무엇이 잘못인가요?"

소위 '신천지'로 잘 알려진, 신천지예수교증거장막성전(교주 이만희, 이하 신천지)은 이단으로 공식 규정됐고 또 알려질 만큼 어느 정도 알려졌다. 그럼에도 꾸준히 그 세력이 커져가고 있다. 상담과 문의도 끊이지 않고 오히려 늘고 있다. 도대체 그 이유는 무엇일까? 사람들은 왜 그 단체에 빠지게 되는 것일까?

신천지 이만희 교주는 한국교회 주요교단으로부터 '이단'으로 공식 규정되었다(통합/1995/이단, 합동/1995.2007/이단, 신학적 비판 가치 없는 집단, 고신/2005/이단, 기성/1999/이단, 합신/2003/이단, 대신/2008/이단, 기감/2014/이단 등).

이 씨의 대표적인 이단 교리는 '이만희=보혜사'라는 것이다. 소속 신도, 이탈자들의 고백 그리고 관련된 자료 등에서 잘 드러난다. 유치할 만큼 명백한 이단 교리이다. 하지만 신천지가 정통교회 신앙인이나 비신앙인에게 접근할 때 '이만희=보혜사'라는 교리를 처음부터 드러내지 않는다. '성경공부'라는 형식을 띠고 성경의 '요한계시록'이라는 이름으로 포장해서 은밀하게 전파한다.

마치 요한계시록을 깊이 있게 공부하게 되면 '이만희=보혜사'라는 감추어진 비밀(?)을 발견할 수 있다는 식으로 전개한다. 이것이 6천년 동안 감취여 왔던 비밀이고, 기성교회는 그것을 모르고 있다고 한다. 하나님께서 자신들에게만 알려주셨는데 바로 특정인을 통해서 가능하다는 것이다. 바로 그 특정인이 이만희라는 인물이라고 한다. 이만희 교주는 자신의 이름으로 위와 같은 내용이 담긴 '요한계시록 해설집'인 <천국비밀 요한계시록의 실상>(도서출판 신천지, 2005)을 발간했다.

한국교회 성도가 신천지에 미혹 당하는 대표적인 이유가 바로 여기에 있다. '성경공부'와 '요한계시록'이 그것이다. 단지 성경을 공부하고자 한 순수한 마음의 성도들이 많다. 그들에게 요한계시록은 무조건 어려운 책으로 인식되어 있다. 그동안 한국교회 강단에서는 요한계시록에 대한 설교 또는 성경공부를 소홀히 해 왔다. 최근에는 많이 좋아진 것으로 보이지만, 한국교회 강단에서 또는 성경공부 모임에서 요한계시록은 여전히 우선순위에 밀려나기 일쑤다. 특히, '이기는자', '두 감람나무', '십사만사천' 등의 본문에 나타나는 용어가 '요한계시록은 어렵다'는 이미지를 만든다.

요한계시록은 어려운 책인 만큼 호기심이 많이 가는 책이기도 하다. 신천지뿐 아니라 요한계시록을 오용하며 나타난 이단자들은 바로 이러한 성도들의 마음을 역이용한 셈이다. 과연 누가 처음부터 "

'이만희=보혜사' 교리를 배우고 싶습니다"라며 신천지 단체를 찾아 가겠는가?

이만희 씨의 책, 〈천국비밀 요한계시록의 실상〉은 신천지에서 마치 교과서와 같이 중요하게 여기는 책이다. 그곳에는 이 씨의 사상이 그대로 담겨져 있었다. 신천지 신도들은 이 책을 외우다시피 공부한다. 이 씨는 이미 몇 권의 책을 낸 바 있다. 성경의 요한계시록을 해설한다며 발간한 것들이다. 〈천국비밀 계시록의 실상〉(이만희, 도서출판 신천지, 1993), 〈계시록의 진상 2〉(이만희, 도서출판 신천지, 1988) 등이다. 이번의 책은 기존의 내용을 수정 보완한 것으로 보인다. 그런데 이 책에서 매우 흥미로운 사실이 눈에 띤다. 그동안 은근히 감추어왔던 '이만희=보혜사'라는 핵심 교리를 아예 드러내 놓은 것이다. 책 겉표지 저자 이름 난에 아예 '보혜사 이만희'라고 명확하게 새겨 놓았다. 책 안쪽에도 동일하다. 인쇄상의 실수가 아니라는 의미다. 그동안 신천지 측에서 그러한 직설적인 언급은 자제해 왔다. 그러나 이제는 겉으로 드러내 놓고 주장하고 나섰다. 무슨 의미인가? 마치 한국교회를 향해 '이제는 해보자'며 도전하려는 것 아닌가? 요한계시록을 해설한다며 자신이 보혜사임을 증명해 보겠다는 강짜라 할 수 있다.

따라서 이만희 씨의 사상과 교리가 농축되어 있는 위 책을 성경적으로 올바르게 분석하는 것은 매우 중요하다. 이번 분석을 통해 이 씨의 용어를 빌려 '요한계시록의 실상'을 제대로 따져볼 수 있기를 기대한다. 이 씨 교리가 무엇인지 그리고 그에 대한 올바른 성경적인 의미가 무엇인지 잘 알지 못하기 때문에 한국교회 성도들이 신천지에 미혹 당하게 된다. 이는 신천지의 성장 원인으로 제공된다. 이단 교리 분석은 이단 대처의 주춧돌이라 할 수 있다. 그 필요성은 갈수록 절실해져 가고 있다. 자신의 신앙은 물론 한국교회 보호를 위해서도 말이다. 본 책이 발간되는 이유가 바로 여기에 있다.

## (1) 이 책의 목적

이 책의 목적은 이만희 씨의 이단교리 비판 및 올바른 성경적인 답을 제시하려는 데 있다. 요한계시록을 잘못 사용해 나타난 이만희 씨의 비성경적인 교리가 무엇인지 그리고 그에 대한 올바른 성경적인 내용을 성경 본문의 주해와 해석을 통해 밝혀보고자 한 것이다.

본 연구의 의의는 크게 두 가지로 볼 수 있다.

첫째, 한국교회 대표적인 이단 중 하나인 이만희 씨의 교리를 직접 비판, 분석해 본다는 것이다. 물론 초점을 분명히 하기 위해 이만희 씨의 이름으로 출판된 <천국 비밀 요한계시록의 실상>이라는 책에 한정하려고 한다. 이 책이 이만희 씨의 사상과 교리를 충분히 보여주고 있다고 판단되기 때문이다. 물론 이 씨가 이전에 발간한 <계시록의 진상 2>도 필요에 따라 비교 사용했다. 또한 유사한 다른 이단 교리 서적들도 참고하려고 한다.

둘째, 성경의 주해와 해석의 구조 접근을 통해서 이 씨의 교리를 비판하려는 것이다. 이 씨는 자신의 책에서 성경(요한계시록)의 본문을 인용해 가며 자신만의 독특한(비성경적) 해설을 달아놓았다. 성경구절을 사용했다는 것은 자신의 사상과 교리가 성경이 의미하는 바라고 말하고 싶은 것이다. 필자도 비슷한 방식을 취하려고 한다. 이 씨가 설정한 성경 본문의 올바른 의미가 무엇인지에 대해 가능한 대로 많은 무게를 두려고 한다. 그것을 통해서 이 씨의 사상과 교리가 성경과 어느 정도 거리가 있는지 밝혀 보려고 한다.

## (2) 연구의 한계

어느 누구의 사상을 비판한다는 것은 결코 쉬운 일이 아니다. 더욱이 이미 역사 속으로 사라진 인물(또는 사상)이 아닌 현재 활동하고 있는 이를 대상으로 삼는다는 것은 그 자체만으로 적지 않은 부담이다. 이는 비판하는 자나 비판을 받는 자 모두에게 민감해 질 수밖에 없는 일이다.

법적인 면을 생각하지 않을 수 없다. '출판물에 의한 명예훼손'이 대표적이다. 누구나 법의 테두리 안에서 활동을 해야 한다. 당연한 일이다. 필자는 법의 테두리가 성경적 비판 활동을 제한한다고 생각하지 않는다. 오히려 적극적으로 그 연구 활동을 돕고 있다고 본다. 그것이 종교의 자유이며 그래서 이 연구를 할 수 있다고 본다.

'왜 하필이면 비판의 글이냐'는 생각도 해보았다. 그러나 필자에게 주어진 달란트와 한국교회의 필요가 필자의 의지에 자극을 주었다. 그 동안의 이단 연구 활동을 통해서 현재 활발하게 움직이고 있는 이단 사상에 대한 직접적인 비판의 글이 더욱 필요하다는 욕구도 작용했다. 또한 그 동안 이 분야에서 사역을 해 오면서 "그렇다면 그 성경 본문의 뜻은 무엇일까?"라는 질문에 관심을 가져왔기 때문이다. 이단 교리를 비판할 때 이단자들이 사용한 성경 본문의 올바른 해석에 대한 접근이 더 많이 필요하다고 보았다. 거짓복음을 미워한다는 것은 복음을 사랑한다는 것과 마찬가지이다.

필자는 이미 <이단들이 잘못 사용하고 있는 33가지 성경이야기>(부흥과개혁사, 2013)라는 책을 출간한 바 있다. 이단들이 주로 사용하는 성경 구절들 33가지를 추려서 언급했다. 그 구절에 대한 이단들의 해설을 소개하고 그 다음에 그 해설이 왜 잘못되었는지 논리적으로, 주해와 해석학적으로 설명하려고 했다. 그 방식이 이번 책에서도 그대로 적용이 될 것이다.

필자는 또한 <요한계시록을 오용해 나타난 최근 이단사상 비판>(웨스트민스터신학대학원대학교, 2000)이라는 논문을 작성, 발표한 바 있다. 제목 그대로 요한계시록을 잘못 사용해서 나타난 이단 사상들을 비판, 올바른 요한계시록의 의미를 전달하고자 한 것이다. 당시 논문의 범위는 요한계시록 본문 1장뿐이었다. 물론 주제에 따라 요한계시록의 다른 장의 본문도 간간히 다루기도 했다. 이번 책의 범위는 요한계시록 전체에 해당된다.

이 책에서 각주의 형식을 사용하지 않았다. 각주에 해당되는 내용은 가능한 한 본문에 포함시키려 했다. 보다 독자들이 쉽게 읽고 이해할 수 있도록 해 본 것이다. 참고도서는 맨 뒤에 게재했다.

이 책의 출판을 선뜻 허락한 <기독교포털뉴스> 정윤석 대표에게 심심한 감사를 드린다. 이단 문제 출판을 꺼리는 상황 속에서 결단을 내려주었다. 계속해서 감사의 인사를 하려니, 이단 대처를 위해 고군

분투하시는 사역자들의 이름이 머리에 스친다. 최삼경 목사, 진용식 목사, 정동섭 목사, 주명수 목사, 양봉식 목사 등에게 이 자리를 빌려 존경과 감사의 뜻을 전한다. 또한 언제나 응원을 해 주는 가족에게 사랑의 마음을 드린다.

# 목 차

# 제 1 부

## 신천지 <요한계시록의 실상> 大해부
: : 요한계시록 1장

---

# 1. 요한계시록의 주제는 무엇?
### - 요한계시록 1:1

요한계시록의 주제는 무엇인가? 모든 글에는 분명한 목적, 즉 '주제'를 가지고 있다. 성경도 마찬가지다. 성경의 한 부분인 요한계시록도 다르지 않다. 성경의 전체 주제와 맥을 같이하는 주제를 가지고 있다. 당연한 일이다.

재미있는 것은 이만희 씨도 성경, 특히 요한계시록의 주제에 관해 매우 큰 관심을 가지고 있다는 것이다. 이만희 씨는 요한계시록의 주제를 무엇이라고 말했을까? 그것이 성경 스스로가 말하는 요한계시록의 주제와 그 의미를 같이할까? 이만희 씨가 주장하는 요한계시록의 주제를 듣게 되면 왜 이 문제를 본 글의 서두에 언급했어야 했는지 그 이유를 발견하게 된다.

이만희 씨는 그의 책 〈천국 비밀 요한계시록의 실상〉(이만희, 도서출판 신천지, 2005) 앞부분에 있는 '요한계시록 총론'과 '요한계시록 개요'라는 소제목의 글에서 요한계시록의 주제와 관련해 다음과 같이 언급하고 있다. 직접 살펴보자.

*"하나님의 뜻에 따라 우리 죄를 대신하여 십자가를 지신* **예수님께**

*서는 제자들에게 '아직도 너희에게 이를 것이 많으나 지금은 너희가 감당치 못 하리라'고 하시며(요16:12) 많은 것을 말씀하지 않으셨다. … 주께서 명하신 대로 하나라도 가감하지 말아야 할 계시록의 말씀(계22:18~19)은 기록한 실상이 나타나지 않았기 때문에 그 동안 어느 누구도 참뜻을 해석하지 못했다. 그러나 이제 성취 때가 되어 계시록의 예언이 홀연히 이루어졌으므로 필자는 그 실상을 직접 보고 성령에게 설명 들은 대로 낱낱이 증거하려 한다."(이 씨의 책 p.35)*

이 씨는 "… 예수님께서는 … 많은 것을 말씀하지 않으셨다"는 말로 '요한계시록 총론'의 첫 문장을 기록했다. '하나님', '예수님', '십자가' 등 우리의 귀에 익은 용어들을 사용해서 첫 문장을 기록했지만, 그 내용의 무게 중심은 예수님께서 무엇인가 충분히 말씀하지 않으셨다는 데 있다. 한마디로 '예수님의 말씀' 가지고는 무엇인가 부족하다는 의미다. 그리고 그 부족한 것이 '필자'(이만희)에 의해 해결된다는 식으로 말했다.

계속되는 이 씨의 설명을 들어보자. 다음과 같다. 예수님이 요한에게 '계시'를 주셨지만 그 '실상'(요한계시록의 본뜻을 말하는 것으로 이해한다. – 필자 주)은 감추어져 왔다고 한다. 위의 인용문이 그것을 잘 보여주고 있다. 그 실상이 지금까지 나타나지 않았기 때문에 그 동안 어느 누구도 요한계시록의 올바른 의미를 제대로 해석하지 못했다는 말이다. 누군가의 '특별한 존재'의 필요성을 언급하려는 것이다. 이 씨는 그 존재가 바로 자신이라고 말하고 있다. '필자는…'이라고 언급한 이만희 씨는 자신이 직접 보고 성령에게 설명을 들은 존재라고 소개하고 있다.

다시 정리해 보면 성경의 요한계시록은 요한이 계시를 받은 것인데, 그 본뜻을 이제껏 아무도 제대로 해석할 수 없었고, 이만희 자신만이 그것을 제대로 해석할 수 있는 특별한 존재로 나타났다는 말이다.

이와 같은 자아도취식 성경 이해 방식은 결국 심각한 비성경적인 교리, 즉 구원론을 만들어내고 말았다. 그의 '요한계시록 총론' 뒷부분에 기록된 이만희 씨의 주장을 직접 들어보자.

> "계시록이 응하고 있는 오늘날은 계시록에 약속한 **이긴 자(계2, 3**
> **장, 21:7)를 통하지 않고는 구원이 없다.** 이를 부인하는 사람은 예수
> 님과 그 말씀을 믿지 않는 자이며 마귀의 영에게 조종을 받는 자이
> 다. 천하만국은 … 약속한 목자 앞으로 나아와 … 한다"(이 씨의 책,
> p.37)

즉, 요한계시록을 이제껏 제대로 해석할 사람이 없었는데, 특별한 한 사람(이만희 씨는 자신이라고 주장)이 등장함으로 인해 그 해석의 문이 열렸으며, 그것이 바로 구원의 길이라는 식의 주장이다. 한 마디로 이만희라는 사람을 통하지 않고는 구원이 없다는 논리다. 더욱이 그 교리를 부인하는 사람은 마귀와 관련이 있다고 하니 참으로 황당한 주장이라 말하지 않을 수가 없다.

아주 재미있는 것은 이만희 씨가 주장한 방식 그대로 자신을 '특별한 존재', 소위 '이긴 자'라고 소개한 이가 이만희 씨 외에 또 있다는

것이다. 요한계시록의 참된(?) 의미를 해석해 줄 수 있다는 이가 대한
민국 땅에 이만희 씨 외에 여러 명이 존재하고 있다는 말이다. 그들의
논리도 이 씨의 그것과 비슷하다. 이단적 주장을 펼쳤던 박태선 씨의
분파인 이영수 씨(에덴성회)의 주장을 한 번 살펴보자.

> "무엇보다도 큰 권능을 들고 이 땅에 나타난 '**이긴 자**'**의 출현이 그**
> **렇다.** ··· 계시록은 주지하는 바와 같이, 인류의 앞날에 대한 예언서
> 이다. ··· 그것을 **풀 때와 사람이 따로 있는 것이다.** 그러니까 계시록은
> 오늘에 이르기까지 실은 뚜껑을 엎어놓고 있는 셈이다. ··· 그리하여
> '마지막 때까지 인봉해 두었다가' 때가 되면 여호와의 기름부음을
> 받은 종이 떼게끔 되어 있는 것이다. ··· **나는 지금부터 내가 이상 중에**
> **직접 보고 들은 것을 중심으로 이 책을 풀어 나가려고 한다.**"(이영수, 〈
> 계시록강해〉 서울: 집문당. 1975, p.6, 8, 16~17)

이만희 씨의 논리와 매우 비슷하다. 마치 복사본이라고 할 정도다.
이영수 씨도 자신을 '이긴 자'라고 주장하고 있다. 자신이 성경, 요한
계시록을 풀 수 있는 '특별한 존재'라고 역시 말하고 있다.
　이만희 씨와 이영수 씨만이 아니다. 또 다른 이가 있다. 자신을 보
혜사 성령이라고 주장한 바 있는 김풍일 씨가 바로 그다. 그의 주장도
흥미롭다. 계속 살펴보자.

> "이와 같이 끝까지 예수님의 일을 지키는 사명자 곧 **이기는 자에**
> **게** 예수님이 철장으로 만국을 다스리는 권세를 주신다고 하였다. ···

> 이로써 하나님도 아니요 예수님도 아닌 끝까지 예수님의 일을 지키
> 는 자 곧 **이기는 자가 만국을 다스리는 심판의 권세를 예수님으로부터**
> **받게 되는 것을 알 수 있다**"(김풍일, 〈생명나무〉 서울: 실로출판사,
> 1982. p.146)

김풍일 씨 역시 자신을 '이긴 자'라고 주장하고 있다. 만국을 다스
리는 권세를 예수님으로부터 받았다며 또한 자신을 특별한 존재라고
설명하고 있다. 이들만이 아니다. 자신을 이긴 자라고 주장하는 이들
은 그 외 여러 명이 있다.

위 주장들의 공통점은 모두 자신이 '이긴 자'라고 한다는 점이다.
그것은 자신을 특별한 존재라고 설명하는 말이기도 하다. 각자 자신
의 나름대로의 논리를 가지고 있으나 그것들이 비슷하다.

소위 '이긴 자'라는 용어의 성경적인 의미는 본 책 15장 " '이기는
자'가 이만희 씨라고?"를 참고하기 바란다. 이번 글에서는 위의 각 인
물들이 '이긴 자'가 뜻하는 인물이 각자 자신이라고 주장하고 있다는
것에 한정하려고 한다. '이긴 자'라는 성경의 용어가 어느 특정인 한
사람을 뜻하는 것일까? 위 인물들은 모두 '그렇다'고 대답을 함과 동
시에 그 사람이 바로 자신이라고 주장하고 있다.

자신만이 '이긴 자'요 요한계시록을 풀 수 있는 특별한 존재라는 이
만희 씨의 주장은 그의 책 맨 뒷부분에 또다시 반복된다. 어쩌다 실수
로 위와 같은 주장을 했다는 게 아니라는 말이다. 들어보자.

"지금까지 요약한 **요한계시록의 결론은 약속한 목자와 약속한 성전**

*을 찾는 것이라고 말할 수 있다. 그 약속한 목자를 10장에서는 책을 받아먹은 사도요한으로, 11장에서는 예수님의 대언자인 두 증인 중 하나로, 12장에서는 용과 싸워 이긴 만국을 다스릴 남자로, 2장과 3장에서는 니골라당과 싸워 이기는 자로 표현하고 있으나 이는 모두 동일한 인물로서 각 장에 기록한 사건에 따라 달리 칭했을 뿐이다"(이 씨의 책, pp.499~500)*

위 글에서 이 씨가 강조하고 싶은 말은 '약속한 목자'와 '약속한 성전'을 찾으라는 것이다. 요한계시록의 결론이 그것을 말해주고 있다고 설명한다. 여기서 '약속한 목자'는 바로 이만희 자신, '약속한 성전'은 또한 이만희 씨의 단체를 언급한다. 마치 그것이 요한계시록의 주제인 것처럼 말이다.

그는 또한 구약성경은 예수님을 증거한 것이고, 신약성경(27권) 전체는 '이긴 자' 한 사람인 이만희 자신을 증거한 것이라는 주장도 하고 있다. 직접 들어보자.

*"그러므로 구약 39권은 초림의 약속한 목자 예수님 한 분을 증거한 것이며 신약 27권은 재림의 약속한 목자 곧 이긴 자 한 사람을 증거한 것이라 할 수 있다. 초림 때 예수님이 하나님과 함께 구약성경을 들어 자기 자신을 증거했듯(요8:16~18) 재림 때 약속한 목자는 예수님의 영과 하나가 되어 신약 성경에 여러 모양으로 예언된 자기 자신을 증거한다."(이 씨의 책, pp.499~500)*

결국 이만희 씨가 말하고 싶어하는 요한계시록의 주제는 바로 '이만희 자신'이라 할 수 있다. 다시 말해 '이만희'라는 한 사람을 드러내기 위해서 성경의 요한계시록이 기록되었다는 말이다. 정말 그런가? 과연 성경의 요한계시록은 이만희 자신을 드러내기 위해서 쓰인 책일까?

이제 요한계시록의 주제가 무엇인지 구체적으로 살펴보자. 이만희 씨가 말하고 싶은 '이만희 자신'이 맞는지 아닌지 귀를 기울여 보자. 요한계시록의 시작을 알리는 성경의 맨 처음 첫 구절은 다음과 같다.

"예수 그리스도의 계시라"(계1:1)

요한계시록의 주제와 주인공이 누구인지 성경 스스로 너무도 선명하게 말하고 있지 않은가. 조금 더 선명하게 살피기 위해서 영어 성경도 언급해 보자.

"The revelation from Jesus Christ"(NIV 등)
"The revelation of Jesus Christ"(KJV 등)

영어 성경도 동일하다. 요한계시록의 주인공은 바로 '예수님'임을 명확하게 증거하고 있다.

이것은 신약성경 시작을 알리는 마태복음 첫 구절과도 맥을 같이한다. 마태복음 맨 처음 구절도 살펴보자.

*"아브라함과 다윗의 자손 예수 그리스도의 세계라"(마1:1, 개역판)*

누구를 주인공이라고 언급하고 있는가? 아브라함인가, 다윗인가, 아니면 이만희인가? 모두 아니다. 주인공은 오직 예수님이다. 성경이 스스로 언급하고 있는 바다. 성경 몇 구절을 더 언급해보자.

*"하나님의 아들 예수 그리스도의 복음의 시작이라"(막1:1)*

*"태초에 말씀이 계시니라 이 말씀이 하나님과 함께 계셨으니 이 말씀은 곧 하나님이시니라. … 말씀이 육신이 되어 우리 가운데 거하시매.."(요1:1~14)*

성경의 주인공이 '예수님'임을 언급하는 구절은 얼마든지 있다. 요한계시록의 주제도 성경의 주제와 결코 다르지 않다. 달라서도 안 되며, 다를 수가 없다. 그렇지 않은가.

마크스트롬(Markstrom)은 "'복음'이야말로 요한계시록을 이해하는 열쇠"라고 언급하고 있다(Markstrom, 〈성경교향곡〉, IVP, 1997. p.329). 요한계시록의 주제를 한 마디로 '복음'이라고 했다. 이 '예수 그리스도' 그 자체가 바로 '복음'이다. 성경은 하나님께서 그의 아들 예수 그리스도를 만물 위에 높이시고 그 아들의 죽음과 부활로써 하나님의 계획이 이루어짐을 기록한 책이다. 성경 66권 중의 하나인 요한계시록도 그와 같은 맥락에서 쓰여졌다. 즉 성경 66권 중 어느 한 권도 다른 성경의 책들과 상관없이 독자적으로 존재하지 않는다. 예수님께서 죽음을 이기시고 하늘과 땅의 모든 권세를 가지셨다는 것, 그 복음이 요한계시록의 주제라고 강조하고 있다.

골즈워드(Graeme Goldsworthy)도 같은 견해다. 그도 요한계시록의 주제를 '복음'으로 설명하고 있다(Graeme Goldsworthy, 〈복음과 요한계시록〉, 성서유니온, 1996, p.17). 그는 "요한계시록의 환상들은 반드시 예수 그리스도 안에서 그 목표에 이르게 되는, 성경의 통일된 메시지에 비추어 이해되어야만 한다"고 강조했다.

포이쓰레스(Vern S. Poythress)도 비슷하다. 그는 "계시록의 주된 주제는 하나님께서 역사를 통치하신다는 사실과 그가 역사를 그리스도 안에서 그 완성에 도달하게 하실 것이라는 사실이다"고 했다(Vern S. Poythress, 〈요한계시록 맥 잡기〉(The Returning King), 크리스천출판사, 2002, p.38). 그는 책 중심에 들어 있는 그리스도와 하나님의 이상들이 그 예라고 강조했다.

조금 다른 견해들도 있다. 권성수 목사는 계1:3의 구절을 들며 '복'을 강조했다(권성수, 〈요한계시록〉, 선교횃불, 2001, p.15,17). 김서택 목사는 선과 악의 '영적 전쟁'을 언급했다(김서택, 〈역사의 대드라마 요한계시록〉, 성서유니온, 2004, 서문). 핸드릭슨은 그의 주석에서 요한계시록의 주제를 '교회의 승리'라고 말했다(William D Hendricks, 〈요한계시록〉, 아가페출판사, 1895, p,8). 윌콕과 콜만도 각각 '승리'를 강조했다(Michael Wilcock, 〈요한계시록〉(I saw Heaven Opened), 두란노, 1989, p,19, Robert E. Coleman, 〈천상의 노래〉, 두란노, 2000, p,11).

이처럼 주석가들의 견해는 조금씩 다양하다. 복음, 복, 영적전쟁,

교회의 승리 등이다. 그렇지만 이 모든 견해들에 공통점이 있다. 그것은 바로 '예수 그리스도'라는 점이다. 예수님을 제외하고 요한계시록을 이해한다는 것이 불가능하다는 말이다. 또한 '예수님+$\alpha$'나 '예수님-$\alpha$' 등도 허용되지 않는다. 예수님과 함께 율법이나 어떠한 의식 등이 포함되어서도 안 되며, 더욱이 예수님의 말씀과 사역에 부족함이 있다거나 이루지 못한 부분이 있다는 식으로 언급해서도 안 된다는 의미다.

요한계시록에 대한 주석가들의 다양한 견해는 모두 '예수 그리스도'에 집중되어 있다. 여기에 더하기(+)도 빼기(−)도 불필요하다. '예수님'은 단지 요한계시록의 주제만이 아닌 성경 전체의 주제이기 때문이다. 요한계시록을 읽고 해석할 때에도 그 초점을 예수 그리스도에서 벗어나서는 안 되는 일이다.

따라서 요한계시록을 이해하는 데 있어서 그 중심에 예수님이 아닌 특정한 인물, 특히 '이만희'라는 이름이 등장해야 할 아무런 이유도 발견되지 않는다.

## 2. 요한계시록의 중심 인물은 누구?
- 요한계시록 1:1

필자가 기자로 처음 입문해 교육을 받을 때의 일이다. 한 선배가 글쓰기를 가르쳐 준다며 글이란 '잔잔한 호수와 같은 평온한 감동이 배어있어야 하며, 몽둥이로 후려치는 것과 같은 긴장감이 있어야 한다'고 했다. 그때 그게 무슨 말인지 몰랐다. 초창기 병아리 기자가 감당하기에는 너무도 먼 나라 이야기였다. 그저 과제물 제출하듯 시간에 쫓기며 기사를 작성할 뿐이었다. "다시 써와"라는 말만 안 들어도 감사했던 시절이었다. 시간이 지나 경력이 쌓이면서 '잔잔한 호수', '몽둥이' 등으로 표현된 글쓰기 작업이 무엇인지 조금씩 손끝으로 전달되기 시작했다.

이단문제를 취급하는 특성(?)으로 인해 필자의 글쓰기는 감동보다는 긴장감이 좀 더 강화된 면이 없지 않다. '사실 확인'을 위한 이중삼중의 노력은 늘 부담이었다. 상대방의 반격까지 생각해야 한다는 데까지 가면, 기사를 작성한다는 것은 마치 전쟁을 치르는 것과 같다. 언론중재위원회를 포함한 법적 송사 건은 물론 이단에 속한 신도들로부터 불편한 상담 전화(또는 방문)를 받아야 하기 때문이다.

얼마 전 한 통의 전화가 걸려왔다. 한 이단 단체에 빠진 신도의 항의성 전화다. 자신이 모시고 있는 분에 대해 필자가 부정적으로 기사를 썼다며 법적으로 제재를 가하겠다며 목소리를 높였다. 협박에 가까운 항변이었다. 기사의 어느 부분이 잘못되었는지, 사실관계에서 틀린 부분이 있는지 등에 대한 대화가 그와는 이루어지지 않았다. 교주에 대해 부정적으로 글을 썼다는 게 그의 이유다. 한 마디로 필자의 기사에 기분이 상했다는 말이다. 가능한대로 그 신도를 설득해 보려고 했지만, 불가능했다. 누구의 말도 더 이상 그의 귀에 들리지 않게 된다. 이렇듯 이단문제를 취급한 대부분의 기사는 늘 긴장감 속에서 작성된다.

이단문제를 포함해서 글을 쓸 때마다 필자의 마음 한 구석에는 항상 빈그릇이 있다. 무엇인가를 아무리 담으려고 해도 잘 채워지지 않는 그런 그릇이다. 아마도 '잔잔한 호수와 같은 평온한 감동'을 위한 자리겠다는 생각이 든다.

스포츠가 재미있는 이유는 무엇보다도 넘치는 박진감 때문일 것이다. 그 속에 스포츠 선수들의 이야기가 감동으로 '찡~'하게 전해진다면 더욱 잊혀지지 않을 것이다. 지난 런던올림픽(2012년) 때 남자 체조 금메달리스트 양학선 선수의 집이 비닐하우스였다는 사실은 여전히 뇌리에 남아 있다.

이만희 씨의 〈요한계시록의 실상〉 분석 비판의 글을 쓰면서 '감동'까지 은근히 바란다면 무리일까? 전투화 끈을 조금 더 조이며 그런 도전도 해 보자.

## * 요한계시록의 중심인물은 누구인가?

앞의 글에서 '요한계시록의 주제'에 대해서 살펴보았다. 이만희 씨가 주장하는 바와 성경 자체가 말하고 있는 바가 상당히 거리가 있음을 발견했다. 물론 정통 학자들의 의견도 이만희 씨의 그것과 하늘과 땅만큼 차이가 있었다.

이번에는 요한계시록의 중심된 인물이 누구일까에 대해 좀 더 구체적으로 살펴보려고 한다. 먼저 요한계시록의 중심인물이 누구인가에 대한 내용이다.

이만희 씨는 자신의 책 <천국비밀 요한계시록의 실상>의 제 1장의 제목을 '예수님의 계시와 속히 될 일'이라고 했다. 그리고 곧바로 요한계시록 1장 1절의 성경구절을 맨 처음에 제시했다.

*"예수 그리스도의 계시라 이는 하나님이 그에게 주사 반드시 속히 될 일을 그 종들에게 보이시려고 그 천사를 그 종 요한에게 보내어 지시하신 것이라"(계 1:1)*

마치 성경 구절(계1:1)에 대한 해설을 하려는 듯한 편집 구조다. 그가 설명하려는 계1:1에 대한 내용은 과연 어떤 것일까? 아래와 같다. 직접 살펴보자.

*"계시록이 응할 때에는 **이미 죽은 지 오래인 사도 요한이 이 땅에 살아나서 자신이 기록한 말씀과 그 실상을 전하는 것이 아니라** '사도요한*

*과 같은 입장의 목자'가 나타나 실상계시를 보고 듣고 증거하게 된 다. 계시록 성취 때 필요한 계시는 계시록 전장에 약속한 말씀대로 나타난 사건을 증거하고 알려주는 실상계시이지 환상계시가 아니 다. 그러므로* **계시록 성취 때에는 모든 성도가 사도 요한의 입장으로 오는 대언의 목자에게 계시록의 실상을 증거받아야 한다.**"*(이 씨의 책, p.45~46)*

위의 글을 보면 이 씨는 사도 요한과 자신을 같은 저울 위에 올려놓 고 직접적으로 비교했다. 요한계시록을 해설한다면서 1장 1절의 설 명에서 이 문제를 언급한 것은 그 만큼 비중 있게 말하고 싶다는 의도 로 보인다. 뿐만 아니라 위 굵은 표시 부분에서는 사도 요한보다 자신 이 더 훌륭하다는 식으로 언급하고 있다. 사도 요한의 어떠함보다는 자신을 더 드러내려고 한 것이다. 이것이 계1:1의 해설이라고 말을 한다.

이 씨는 자신과 구원 문제를 직접적으로 연결시키기도 했다. 기독 교에서 가장 중요한 부분인 '구원'을 자신의 어떠함과 연관시켜 '개인 우상화'의 단초를 마련하려고 한 모양이다. 앞 장에서 이미 언급했지 만 한 번 더 그의 책을 살펴보자.

*"계시록에 예언한 말씀이 이루어질 때는 계시록에 약속한* **구원의 처소와 구원의 목자를 찾아야만 구원받을 수 있다.** *그 구원의 목자는 니골라당과 싸워 이기는 자이며 구원의 처소는 그가 인도하는 장막 이다."*(이 씨의 책, p.40)

이와 같은 이 씨의 논리는 그의 책 곳곳에서 어렵지 않게 찾을 수 있다. 그는 자신의 책 결론도 그와 같은 식으로 설명했다. 즉, 자신의 단체와 자신을 만나야만 한다는 것이다.

> "지금까지 요약한 요한계시록의 결론은 약속한 목자와 약속한 성전을 찾는 것이라고 말할 수 있다."(이 씨의 책, p.499)

매우 중요한 자료 몇 가지가 있다. 그중 이만희 씨가 발행한 〈새하늘과 새땅〉이라는 전단지가 있다. 쉽게 접할 수 없는 자료다. 그곳에서 다음과 같은 글을 만날 수 있다. 직접 살펴보자.

> "필자는 하나님과 예수님과 모든 성령의 이름으로 묻는다. 왜, 말씀을 믿지 않느냐, 또 신천지 예수교를 믿지 않느냐, 그리고 증거장막성전을 믿지 않느냐 하겠다. 그러면 **믿지 못할 이유를 말해야 할 것이다.** 본인은 증거하노니 말세에 약속한 신천지 예수교 증거장막성전은 진리의 성읍이요, 하나님이 함께하시는 성전이므로 **만방은 이곳으로 와야만 구원이 이루어진다.** 이것이 하나님의 뜻이요 약속이다."(〈새하늘과 새땅〉 1991년 1월호)

위 글에서 '필자'는 이만희 씨를 지칭한다. 그는 자신의 단체에 와야만 구원이 이루어진다고 했다. 자신의 단체를 믿지 않는 이들을 향해 믿지 못할 이유를 대라며 강짜를 부리기도 한다. 정말 그 이유를 정말 몰라서 묻는 것인가?

이전에 기록했던 이 씨의 다른 책에서도 같은 식의 내용을 얼마든지 발견할 수 있다. 이는 이것이 그가 어쩌다가 한 말이 아닌, 그의 지속적인 사상이라는 것을 의미한다.

> "그러므로 우리가 찾고 만나야 할 사람은 사도 요한격인 야곱(보혜사:이스라엘) **곧 승리자를 만나야** 아버지와 아들의 계시를 받게 되고 **영생에 들어가게 된다는 것**을 명심해야 할 것이다"(이만희, 〈계시록의 진상 2〉, 도서출판 신천지, p.52)

또 하나의 자료를 제시해 본다. 필자는 오래된 이 씨의 설교 테이프를 가지고 있다. 직접적인 그의 육성으로 요한계시록을 해설한 것이다. 이 씨의 사상을 그의 육성을 통해 직접 파악할 수 있다는 점에서 중요한 1차 자료인 것이다. 필자는 이미 그의 설교 녹취록을 월간〈교회와신앙〉(95년 5월호)에 게재한 바 있다. 이 씨의 설교 녹취와 분석을 언론사 중 유일하게 보도했다는 점은 적지 않은 개가라 여겨진다. 그 일부를 살펴보자.

> "계시록에 보니까 2장, 3장에 보면 예수님의 오른손에 있는 일곱 사자마저도 다 떨어지고 밥이 되어 더러운 성경이 다 되어 버렸는데, 누구에게 칭의를 듣겠느냐 이겁니다. **그래서 다시금 사도요한적인 한 사명자를 택해서 하늘로 불러 올려서 모든 것을 보여주고** 그 다음에 7장에서 책 주고 11장에서 뭐 줍니까. 지팡이 주고, 그리고 17장에 가서 시험을 거칩니다. 또 마태복음 4장에 예수님께서 마귀에게

시험을 받은 것처럼 또한 광야에 나가서 7머리의 마귀에게 시험을 받고 그 다음에 이긴자가 되어가지고 그 다음에 그를 통해서 만국을 다스릴 철장을 이기는 자에게 준다고 계시록 2장에 약속을 하지 않았느냐 이겁니다. **그러면은 그분이 왔다, 그러면은 만나봐야 되겠습니까**, 아니고 나는 감람나무 믿으니까, 나는 저 통일교 누굴 믿으니까, 나는 뭐 누가 체격이 좋으니까, 그러면 되겠습니까."(이만희 씨의 89년 4월 16일 설교 녹취)

이 쯤 되면 이 씨가 요한계시록을 해설한다면서 결국 '누구'를 드러내려고 하는지 어렵지 않게 발견할 수 있게 된다. 누구인가? 이만희 그 자신이지 않은가?

앞 장에서도 언급한 것처럼 요한계시록을 해설한다며 한 인물을 유별나게 드러내려고 하는 곳이 이만희 씨 측 외에 여러 곳이 있다는 점을 다시 언급해 보자. 이 씨와 같은 방식으로 특정 인물을 드러내려고 하는 곳이 여러 군데 있다는 말이다. 각 단체의 신도들은 이만희 씨가 아니라 자신의 단체 대표가 진짜라고 믿고 생각할 것이다.

얼마 전 이만희 측 단체로부터 이탈해 올바른 복음으로 다시 신앙생활을 시작한 한 청년의 생생한 간증을 들을 기회가 있었다. 또 그와 동료들을 직접 만나 대화를 나누기도 했다. 그들의 첫 번째 반응은 "올바른 믿음을 갖게 되어 하나님께 무조건 감사합니다"였다. 그들 단체 속에서 올바른 복음이 보이지 않았던 것에 대해 매우 안타까워했다. 또한 과거 자신의 모습에 대해서 "왜 그렇게 그 사람들의 말을 믿었는지 모르겠다"며 후회를 했다. 눈물 흘리는 이들도 있었다.

감사와 후회 그리고 미안한 마음 등이 동시에 몰려왔기 때문일 것이다. "눈에 무엇인가 씌었던 것 같다"는 이들도 있었다. 그들이 전하는 이만희 씨에 대한 당시 내용은 위에 언급한 내용들보다 더 노골적이었다. 신도들은 이만희 씨를 특별한 존재로 믿고 있다는 것이었다.

과연 성경은, 특히 요한계시록은 대한민국 땅에서 살고 있는 한 특정인을 드러내기 위해서 기록된 책일까? 더욱이 그 특정인이 '이만희'라는 사람일까?

요한계시록은 '예수 그리스도의 계시라'라는 말에서부터 시작된다. 이는 요한계시록의 기원과 목적 그리고 축복까지 담고 있는 중요한 서두 문장이다. 다시 말해 요한계시록의 첫 문장은 이 책이 누구에서부터 시작되었으며, 그 주된 목적이 무엇이고 또 그로 인한 복이 무엇인지를 잘 나타내주고 있다는 것이다. 요한계시록 스스로가 말하고 있는 성경의 그 중심인물이 누구라고 말하고 있는가? 성경 내용 그대로 '예수 그리스도'가 아닌가?

요한계시록에서 '예수 그리스도'라는 말은 1:1, 1:2 그리고 1:5에서만 쓰였다. '예수'가 그리스도, 즉 구원자임을 직접적으로 드러낸 성경 스스로 증거하고 있는 구절들이다. 그 외 '예수'라는 용어는 다시 9번 사용되었으며, '주 예수'가 2번(계22:20, 21) 그리고 '주'(계14:13)라고만 쓰인 곳은 1번이다. '예수'만이 우리의 '주'(Lord, 主)가 되신다는 말 역시 직접적인 증거다. 그리고 '그들의 주님'이라는 말도 1번(계11:8) 사용되었다. '그리스도'라는 말이 단독으로 사용되었을 때는 그 앞에 항상 정관사가 붙었다(계11:15, 12:10, 20:4, 6). 이는 그리스도가 누구인지를 명확히 가리켜 주고 있다는 의미의 표시이다. 과연 누구를 가리키고 있는가? 그분은 바로 '예수'시다(홍창표, 〈요한계시록 해설 1권〉, 크리스천 북, 1999. p.122).

'예수', '그리스도', '주'라는 직접적인 용어는 아니지만 '예수'를 지칭하는 구절들은 요한계시록에서 얼마든지 찾아볼 수 있다(계1:18 등). 그 한 구절만 살펴보자.

> *"곧 산자라 내가 전에 죽었었노라 볼지어다 이제 세세토록 살아 있어 **사망과 음부의 열쇠**를 가졌노니"*(계1:18)

이는 예수 그리스도께서 자신이 누구인지를 명확하게 확증하는 구절 중 하나다. 구원뿐 아니라 '사망과 음부의 열쇠' 즉 심판의 주권도 그에게, 예수님에게 속해 있음을 말해주고 있는 구절이다. 이는 우리가 예배 때마다 고백하는 사도신경의 내용과도 연결이 된다. 바로 예수님께서 산 자와 죽은 자를 심판하러 오실 것이라고 단언한 말이다.

한 이단 단체 성경공부반에 잠입취재하고 나올 때의 일이다. 그곳에서 옆자리에서 같이 공부했던 신도와 함께 지하철로 걸어 나오면서 대화를 했다. 그는 그곳에 이미 깊숙하게 빠져 있는 신도였다. 그는 자신도 처음에는 많은 부분에서 의심을 했다며 처음 참석한 필자를 위로하려고 했다. 지하철 역 앞에서 그 신도와 잠시 대화를 더 나누었다. 그는 결국 구원의 길이 예수님 외에 또 하나 있음을 발견했다며 당당하게 말했다. 그 순간 그는 감격스러운 표정을 지었다. 그는 그것을 증명이라도 해 보이려고 여기저기 성경구절을 펴서 제시하기도 했다.

순간 당황했다. '예수님 외에 또 다른 구원의 길이 있다'라는 것이 단순한 그 신도의 생각이 아닌, 성경구절을 통해 증명해 보이려는 그의 행동을 그대로 보고만 있기가 힘들었다. 어떻게 해야 할까? 계속 그의 말을 들으며 취재를 해야 할까 아니면 신앙 양심상 반박을 해야 할까? 빠른 결정을 내리지 못했다. 그 신도는 "열심히 공부해 보라"며 오히려 격려와 충고까지 해댔다. 더 이상 참고만 있기가 힘들었다. 반박해 보기로 마음을 먹었다. 그 신도가 주장하는 '구원의 길이 예수 외에 또 있다'는 주장을 그대로 넘어갈 수는 없었다. 반박에 대한 그의 반응도 또한 취재 내용 중 하나이기 때문에 그렇게 해 보기로 했다.

어떻게 반박을 해야 할까? 갑자기 머리가 백지장처럼 하얗게 되었다. 짧지만 기도했다. 어떤 성경말씀이 가장 좋을지 그리고 그 신도가 자신을 다시 한 번 돌아볼 수 있도록 할 수 있을지 하나님의 지혜를 구했다. 그때 '행4:12'의 구절이 뇌리에 떠올랐다. 그 구절이 무슨 내용인지 정확하게 생각나기도 했다. 자신 있게 성경을 꺼냈다. 그리고 그 구절을 폈다. 같이 읽어보자며 그 신도에게 성경을 제시해 보였다. 다음과 같았다.

"다른 이로써는 구원을 받을 수 없나니 천하 사람 중에 구원을 받을 만한 다른 이름을 우리에게 주신 일이 없음이라 하였더라"(행 4:12)

이제는 그 신도가 당황해 했다. 눈을 씻으며 그 구절을 여러 번 읽어 보았다. 그리고 한 마디를 내 뱉었다.

"이런 구절도 있었네…"

그는 헤어지자며 그냥 가버렸다. 그 성경구절이 그 신도의 마음을 흔들어 놓았으리라 믿는다.

필자는 암송을 많이 해 왔다. 청년 때부터 소위 제자훈련을 통해 신앙의 기초 훈련을 튼튼히 받아왔다. 그렇지만 위 성경구절 '행4:12'은 필자의 암송 명단에는 없던 것이었다. 어느 날 성경을 읽다가 너무도 당연한 구절이지만 중요할 수 있겠다며 밑줄 치고 몇 번 읽어 본 게 전부다. 그런데 그게 그때 정확하게 생각난 것이다. 성령님의 인도라고밖에 설명할 길이 없다.

위 성경구절을 〈쉬운성경〉으로 한 번 더 읽어보자. 보다 명확하다.

> *"예수님 외에는, 다른 어떤 이에게서도 구원을 받을 수 없습니다.*
> *하나님께서는 온 세상에 우리가 구원 받을 만한 다른 이름을 주신*
> *적이 없습니다"(행4:12 〈쉬운성경〉)*

이렇듯 성경은 '예수 그리스도'가 중심이며 그분만이 구원자이시며 심판자이심을 명백히 증명하고 있다. 사도행전의 저자 누가도 이를 분명히 언급하고 있다. 예수님 이름 대신에 그 자리에 도대체 누가 자신의 이름을 집어넣으려고 하는가?

# 3. 환상계시, 실상계시 그게 뭐꼬?
   - 요한계시록 1:1

〈목적이 이끄는 삶〉(릭워렌, 도서출판 디모데, 2005)이란 책을 손에 잡았다. 책에 대한 이런저런 평가가 있지만, 많은 이들에게 꾸준히 읽히고 있는 이유 때문에 읽어보았다.

'하나님을 기쁘시게 하는 것'이 위 책의 주제 중 하나다. 다시 말해 '어떻게 해야 하나님을 기쁘시게 할까?'를 생각하며 살자는 것이 우리네 삶의 목적이라는 것이다. 위 책의 저자는 "오늘 예배에서는 아무것도 얻지 못했어"라고 말한다면 진정한 예배에 잘못 접근하는 것이라며 구체적으로 지적하고 있다. 예배는 우리의 유익을 위한 것이 아니라 하나님의 유익을 위한 것이 우선이라고 했다. 따라서 예배를 통해서 내가 기뻐하기 이전에 하나님께서 나의 예배를 기쁘게 받으실 수 있을까를 먼저 생각해야 한다고 했다.

'나' 중심에서 '하나님' 중심으로의 신앙 관점 변화를 다시 한 번 상기시켜 주었다. 바로 그것이다. 하나님의 자리에 나의 유익, 욕심, 물질 등 그 어떠한 것도 대신해서는 안 된다. 물론 어느 특정 인물이나 이단 사상도 마찬가지다.

　필자는 약 28년 이상 이단 문제를 직접 취급하는 기자로 활동을 해왔다. 상당수의 이단 단체를 직접 찾아가 취재를 했을 뿐만 아니라 그들의 사상과 행태를 분석 보도했다. 에피소드도 많다. 병아리 기자 시절, 선배들의 지시에 따라 A단체에 사진 촬영 차 방문한 바 있다. 교주의 생일잔치 모습을 담아오라는 지시다. 아무 것도 모르는 필자는 그 단체 곳곳을 돌아다니며 망원렌즈를 사용해 대범하게 촬영을 했다. 당시는 스마트폰의 시대가 아니었다. 곳곳에 검은 선그라스에 말끔한 양복을 입고 귀에 이어폰을 착용한 건장한 체격의 신도들이 있었지만, 크게 신경 쓰지 않았다. 원래 그런가보다고 생각했다. 그 덕분에 생일잔치를 벌이고 있는 교주의 얼굴을 정면으로 사진기에 담아 올 수 있었다. 그런데 며칠 뒤 그 교주가 살인 교사 혐의로 고발되는 뉴스가 TV에 뜨기 시작했다. 순간 가슴이 '철렁~' 거렸다. 그 위험한 곳으로 나를 보낸 선배들이 야속했다. '처음엔 다 그러는 거야'라며 둘러대는 그들이 미웠다. 그 교주는 결국 교도소에 수감되었고 그곳에서 생을 마감했다. 그 외 3개월간 잠입 취재 후 기자의 신분을 밝히자 그 단체에 갇힐 뻔 했던 일 등등. 지금은 웃으면서 이야기할 수 있지만 그 당시에는 손에 땀을 쥐게 하는 긴장된 순간들이었다.

　이단들의 특징 중 대표적인 것은 잘 알려진 것처럼 한 사람의 '특정 인물'을 유별나게 부각시킨다는 점이다. 신도들은 그를 직접 신(神)으로 여기기도 하고 또는 신의 특별한 대리인 등으로 추앙한다. 그 특정 인물이 이 땅에 살아 있는 경우도 있지만 심지어 이미 사망한 경우도 적지 않다. 그래도 조직은 어느 정도 유지된다. 살아 있다가 이런저런 이유로 사망했을 경우 신도들은 '곧 부활할 것'이라며 자신의 맹

종의 끈을 쉽게 놓으려 하지 않는다. 시간이 흐르면서 부활에 의심이 가기 시작하면 '영으로 부활했다'고 둘러대기가 일쑤다. 아니면 또다시 어느 특정 인물에게 사망한 그 특정인의 '신의 능력'이 옮겨졌다고 하는 이유도 편다. 앞선 인물은 부족했거나 실패했고 지금의 인물이 완성하기 위해 왔다는 식이 일반적인 논리다. 여기에 극단적인 시한부종말 사상이나 치유 등 신비적으로 보여질만한 어떠한 행위가 더해지면 그 단체는 새로운 모습으로 도약(?)하게 된다. 방금 위에서 에피소드로 언급한 그 단체도 마찬가지다. 교주가 사망했음에도 수년째 그 단체는 이런저런 교리를 만들어 대며 그대로 운영되고 있다.

이단의 탄생은 일반적으로 '특정 인물'을 드러냄으로 시작되기가 쉽다. 교주 신격화가 여기에 해당된다. 이런 점에서 이만희 씨도 자유롭지 못하다. 이 씨 스스로가 요한계시록 해설을 한다며 자신을 특정 인물로 인정받으려고 하기 때문이다.


## * 누구를 위한 계시인가?

이만희 씨는 성경에 나오는 '계시'라는 용어를 자신과 직접적으로 연결시키고 있다. 계시의 주체, 즉 하나님께서 계시의 말씀을 주셨고 우리는 그 객체로써 그 말씀을 받는다는 일반적인 논리에서 벗어난 듯한 설명을 하고 있다. 그는 요한계시록 1:1을 해설한다며 희한한 주장을 하고 있는데 직접 살펴보자.

> *"계시는 두 가지로 구분한다. 하나는 장래 이룰 일을 이상으로 미*
> *리 보여주는 '환상계시'이며 다른 하나는 약속한 예언을 실물로 이*
> *루어서 보여주는 '실상계시'이다. 환상계시는 이룰 실상에 대해 증거*
> *하기 위해 필요한 청사진과 같다"(이 씨의 책, p.45)*

이 씨는 '계시'에 대해 관심 있게 설명을 하고자 했다. 계시란 '열어서 보인다'는 뜻이라며 한자적 의미까지 언급하기도 했다. 이 씨는 이때의 계시를 요한계시록 자체만으로 좁혀서 언급하고 있는 것으로 보인다. 이 씨는 계시에 대해 설명하는 중에 '계시는 두 가지로 구분한다'며 갑자기 엉뚱한 주장을 하기 시작했다. '환상계시'와 '실상계시'가 그 두 가지라고 한다. 환상계시란 '장래 일을 이상으로 미리 보여 주는 것'이라고 하며, 실상계시란 '약속한 예언을 실물로 이루어 보여주는 것'이라는 해설을 붙여놓기도 했다.

이 씨는 지금 요한계시록 1:1을 해설한다고 하면서 하는 말이다. 성경 본문에는 "예수 그리스도의 계시라 이는 하나님이 그에게 주사…"(The revelation of Jesus Christ, which God gave him… NIV)라고 기록되어 있다. 계시를 둘로 구분한다든가 또는 그러한 의미의 어떠한 근거도 발견할 수 없다. 그것도 '환상'과 '실상'이라는 개념으로 말이다. 오직 계시는 예수 그리스도와 관련되어 있음만을 성경은 스스로 말하고 있을 뿐이다.

물론 반드시 해당 본문(계1:1)에만 언급되어야 한다는 말은 아니다. 다른 성경 본문에서 그러한 개념이 있을 때 그것을 미리 또는 첨언해서 언급할 수 있다. 이럴 경우 그 차용해 온 성경 본문이 어디인지 또는 그와 같이 타당한 주장을 펼친 사람이 누구인지를 밝히는 것이 마땅하다. 그렇다면 이 씨가 주장하는 계시의 두 종류에 대한 사상, 즉 환상계시와 실상계시라는 용어가 성경에 어디에 나올까. 먼저 이 씨 스스로 그것을 언급하고 있지 않다. 자신도 모르기 때문인지 아니면 그 증거가 없기 때문인지 그의 해설집은 잠잠하다.

요한계시록에서 '계시'라는 용어는 책 제목을 제외하고 본문에 딱 한 번(계1:1) 외에는 나타나지 않는다. 다시 말해 딱 1번밖에 없다. "이제도 '계시'고, 전에도 '계시'고"(계1:4)라는 문장에 등장하는 언어유희식 단어 '계시'는 해당되지 않는다. 따라서 요한계시록에서 '계시'의 직접적인 의미를 찾을 수 있는 단서는 역시 계1:1 본문 외에는 없다는 말이다. 계1:1에서 계시를 이 씨의 주장대로 '환상'과 '실상'의 두 종류로 나누어 생각할 수 있는가? 두 가지가 아닌 '환상', '실상', '허상' 등 3가지나 또는 그 이상으로 나누어 생각해도 그것은 그 해설 당사자의 자유이겠으나, 과연 계1:1 성경 본문 자체가 그것을 허용하는가 하는 문제다.

다른 성경 본문에서 이 씨의 주장과 비슷한 본문을 구태여 찾아본다면 고린도후서 12:1이 가장 비슷할 것으로 보인다. 일단 이 씨가 주장하고자 하는 단어가 잘 나타나기 때문이다. "무익하나마 내가 부득불 자랑하노니 주의 환상과 계시를 말하리라"(고후12:1) 사도 바울은 고린도교회를 향한 권면의 서신을 보내면서 자신에게 주어진 여러 가지 환상들과 또한 그것을 통한 하나님의 메시지(계시)들을 언급하고 있다("I will go on to visions and revelations from the Lord" - NIV).

이만희 씨 입장에서 자신이 주장하고 싶은 '환상계시'의 성경적인 증거로 이보다 더 좋은 구절이 어디 있겠는가? 그러나 바울이 받은 것이 이 씨의 주장과 같은 '환상계시'라면 바울은 그것의 '실상계시'의 뜻을 알기 위해 노력했을 것이다. 그리고 그것을 고린도교회 성도들을 위해 기록해 놓았을 것이다. 과연 그렇게 했을까? 그러나 바울은 이 씨의 주장과 같은 것에 대해 관심이 없다. 오히려 자신이 받은 많은 계시에 의해 자신이 교만해지지 않기 위해 노력했다(고후12:7). 또한 자신이 받은 환상과 계시가 '자기 자랑'처럼 여겨지는 것에 대해 '무익하다'고 고백했다(고후12:1). 사도 바울이 고후12:1을 통해서 강조하고 싶은 것은 어떤 특별한 환상이나 계시들이 오직 '예수 그리스도' 한 분만을 자랑해야 한다는 점이다. 그것만이 자신의 기쁨이라고 그는 간증을 하고 있다.

'예수 그리스도의 계시'라는 용어는 갈1:12절에도 등장한다. "이는 내가 사람에게서 받은 것도 아니요 배운 것도 아니요 오직 예수 그리스도의 계시로 말미암은 것이라"(갈1:12) 이는 '예수 그리스도의 계시'라는 용어가 요한계시록만을 지칭한다고 볼 수 없다는 성경 스스로의 증거이기도 하다.

혹자는 갈1:12절에 기록된 '예수 그리스도의 계시'라는 용어도 요한계시록을 가리키는 것이 아닌가라고 질문을 한다. 갈라디아서는 사도 바울이 자신의 목회와 선교 활동(주후 40~60년) 통해 세워진 교회들에게 보낸 편지 중 하나다(장종현, 최갑종, 〈사도 바울〉, 천안대학교 출판부, 1999, p.22). 요한계시록의 기록 연대가 주후 95~96년경 도미시안 황제의 핍박 아래였었다는 것을 감안한다면(박형용, 〈

신약개관〉, 아가페출판사, 1993, p.194) 사도 바울은 요한계시록의 존재를 알기도 전에 갈라디아서를 기록했다는 것이 된다.

그렇다면 갈라디아서를 통해서 사도 바울이 언급한 '예수 그리스도의 계시'는 무슨 뜻일까? 혹시 사도 바울이 장차 대한미국에서 등장하게 될 이만희 씨를 통한 '실상계시'라는 것을 어렴풋이나마 염두에 두었을까? 사도 바울은 '예수 그리스도의 복음 외에는 다른 복음이 있을 수 없다'(갈1:6~9)는 말로 답을 내리고 있다. 그는 예수 그리스도의 계시는 곧 예수님만을 통해서 구원이 있다는 확고한 복음과 연관시키고 있다.

이만희 씨의 '계시'와 관련된 해설은 상상을 초월한다. 그는 위에서 언급한 대로 계시를 환상계시와 실상계시로 구분했다. 물론 엉뚱한 그의 주장에 불과하다. 그는 요한계시록을 그중 '환상계시'라고 했다. 더욱이 그는 요한이 계시를 받기는 받았지만 그 뜻이 무엇인지 전혀 몰랐다고 주장하고 있다. 다만 요한은 로봇처럼 하나님이 알려주시는 대로 받아 적었을 뿐이라고 한다. 그의 주장을 직접 들어보자.

> "당시 요한은 성령에 감동되어 환상으로 예수님의 계시를 받아 기록했지만 그 예언이 언제 이루어지는지, 실체가 무엇인지는 몰랐다. 다만, 예수님께서 환상으로 보여주신 계시를 기록했을 뿐이다."(이 씨의 책, p.45)

왜 그런 주장을 할까? 이는 '실상계시'라는 자신만의 용어와 개념을 도입시키기 위한 사전작업으로 보인다. 그의 주장을 계속해서 들어보자. 어렵지 않게 그의 의도를 발견할 수 있다.

> "그러므로 계시록이 응할 때에는 이미 죽은 지 오래인 사도 요한이 이 땅에 살아나서 자신이 기록한 말씀과 그 실상을 전하는 것이 아니라 '사도 요한과 같은 입장의 목자'가 나타나 실상 계시를 보고 듣고 증거하게 된다. 계시록 성취 때 필요한 계시는 계시록 전장에 약속한 말씀대로 나타난 사건을 증거하고 알려주는 실상계시이지 환상계시가 아니다. 그러므로 계시록 성취 때에는 모든 성도가 사도 요한의 입장으로 오는 대언의 목자에게 계시록의 실상을 증거 받아야 한다."*(이 씨의 책 p.45~46)*

이만희 씨가 말하고 싶은 바는 이와 같다. 요한은 마치 허수아비와 같이 요한계시록을 받아 기록하기만 했을 뿐 그 실제적인 내용은 알지 못했다. 그래서 그것을 환상계시라고 한다. 그 요한계시록의 진정한 의미, 즉 '실상'을 알아야 하는데 그것을 위해 특별한 존재 한 사람이 필요하다고 말한다. 이 씨는 결국 '대언의 목자'라고 표현한 특별한 존재, 그를 말하고 싶은 것이다. 그는 바로 이만희 자기 자신이라한다.

이럴 때 요즘 청소년들이 하는 말이 있다. '헐~'이다. 도대체 무슨 근거로 이러한 주장을 하는 것인가? 입증할만한 아무런 증거가 없다. 이 씨는 요한계시록 1:1을 해설한다며, 계시를 '환상계시'와 '실상계시'로 구분하는 것은 물론 '사도요한과 같은 입장의 목자'라며 특별한 존재를 언급했다. 그 존재가 바로 이만희 씨라고 주장한다. 그럴까? 계1:1의 본문 어느 구석에도 그러한 뜻이 담겨져 있지 않다. 또한 그러한 내용은 성경 어디에도 없다. 오직 이 씨만의 '환상'에 불과한 내용이라 말할 수밖에 없다.

# 4. 계시의 전달 과정! … 희한하네
### - 요한계시록 1:1

   한 지인으로부터 오랜만에 전화가 걸려왔다. 요즘 형편이 어려우니 2만원만 도와달라는 내용이었다. 20만원도 아닌 2만원! 적다면 적고 크다면 큰 액수의 금액이다. 그렇다고 힘들다고 할 만큼 많은 액수도 아니었다. 그는 "당신의 형편도 어려운 줄 알지만 지금 당장 나에게는 한 푼도 없습니다"며 도와달라고 간곡히 청했다.

   마침 당시 주간이 고난주간이고 또 섬기는 교회에서 한 주간 기도회도 있기에 그를 기도회에 참석도 시킬 겸 저녁 때 교회에서 보자고 말했다. 만나서 주겠다고 했다. 그러나 그는 통장 입금을 다시 한 번 요청했다. 교회로 오는 길이 그리 어려운 게 아니었기에 그래도 교회에서 보자고 두어 번 더 권했지만 그는 그것을 꺼려했다. 교회를 한동안 잘 다녔던 그에게 기독교인에 대한 이미지가 오히려 더 안 좋아질 것 같아서 더 이상 권하지는 않았다.

   오후에 시간을 내서 은행에 갔다. 돈을 보내주기 위해서다. 2만원을 무통장으로 보내는데 수수료를 800원씩이나 지불해야 했다. 보내는 액수에 비해 수수료가 조금 비싸다는 생각이 들었지만 어쩔 수 없었다. 송금 후 한 시간쯤 지나자 그에게서 다시 전화가 왔다. 당연히

'고맙다'는 인사라 생각하며 수화기를 들었다.

그러나 "2만원 보내주고 큰 일을 했다고 생각하지 마세요. … "라고 자신의 말만 한 후 끊었다. 그의 목소리가 다소 격앙되어 있었다. 처음에 무슨 말을 하려고 하는지 잘 알지 못했다. 그는 한두 사람에게 더 도와달라고 전화를 한 모양이다. 그들은 그의 요청을 거부한 것 같았다. 그들 모두가 다 기독교인들이었다. 다시 그에게 다시 전화를 했지만 그는 받지를 않았다.

필자도 기분이 좋지 않았다. '물에 빠진 사람 건져주었더니…'라는 격언이 순간 뇌리를 스쳐지나가기도 했다. 훗날 그를 만나면 어떤 말을 해 줄 수 있을까?

며칠 후 그를 다시 만났다. 그는 요즘 천주교에 다니고 있다고 말을 했다. 다소 충격이었다. 알게 모르게 오랫동안 교회에 적을 두며 신앙생활을 했었던 그였다. 천주교에 나가기 시작한 이유에 대해 그는 그곳에서 자신을 위해 돈을 주고 쌀도 주었기 때문이라고 했다. 그는 다음 주엔 그곳에서 행하는 세례식(?)에 참석하기로 했다는 말도 전했다. 그러면서 그는 '기독교는 자신과 같은 연약한 이들을 위해 무엇을 해주었느냐'며 강한 불만을 토로했다.

슬펐다. 그의 눈에 비친 기독교의 모습이 그렇게 되었다는 것에 대해 아쉬움과 함께 부끄럽기까지 했다.

많은 경우 우리는 자신이 처해 있는 상황에서 상대를 바라본다. 교회를 향해서도 마찬가지다. 경제적 필요가 절실한 사람에게는 교회가 자선단체나 구호단체가 되어주길 기대한다. 사랑에 굶주린 사람들에게는 교회가 무조건적으로 자신만을 사랑해주기를 또한 바란다.

그리고 그러한 자신들의 필요가 만족되지 못하면 그 원인을 교회의 책임으로 돌리곤 한다. 이럴 경우 자신이 만난 목회자나 소속되었던 교회를 향해서만 비난하는 게 아니라 기독교 전체를 향해 그 화살의 방향을 돌리기 일쑤다.

이단 단체로 발길을 돌리는 사람의 상당수도 그와 같다. 자신이 소속되었던 교회(또는 목회자)에서 일정 부분 받았던 상처들(그 원인이 자신에게 있던 아니면 바로 그 교회에 있던 상관없이)로 인해서 교회 전체를 오해하고 만다. 교회의 행동을 무조건 옹호하려는 게 결코 아니다. 교회 생활이 힘들 수 있다. 그러면 섬기는 교회를 다른 곳으로 옮기는 것도 하나의 방법이다. 그러나 종종 사람들은 상처 받았다는 이유만으로 교회 자체를 쉽게 떠나곤 한다. 그리고 모든 교회가 그렇다는 식으로 손가락질을 한다.

물론 교회는 할 수 있는 대로 선을 행해야 한다. 당연한 일이다. 손해나는 일인 줄 알면서도 그렇게 해야 하는 경우가 많다. 그 마음의 중심에는 바로 예수 그리스도가 있기 때문이다. 교회에 대해서, 목회자에 대해서 상처를 받을 수도 있다. 그 원인의 100%가 정말 교회와 목회자 자신에게 있는 경우도 있을 것이다. 그래서 교회와 목회자에 대해서 실망하고 또한 분노의 목소리를 높일 수도 있다. 그렇지만 이것만은 다시 한 번 깊이 생각해 봐야 하지 않을까. 우리 주 예수 그리스도께서 진실로 실망시킨 일이 있는가?

우리네 삶의 중심에 예수 그리스도가 있는 것처럼, 이단 문제 해결을 위한 접근에 있어서도 그와 동일하다. 이만희 씨의 사상을 비판하려고 하는 이유도 바로 여기에 있다. 예수 그리스도를 잘못 드러낸 것에 대해서 바르게 교정해 주려고 하는 것이다.

## * '전달 과정'이란 무엇인가?

이만희 씨는 요한계시록 해설 서두에 '계시의 전달 과정이 중요하다'며 특별히 그 점을 강조했다. 그의 주장을 직접 살펴보자.

> "본장(요한계시록 1장을 말함 - 편집자 주) 1절에서 8절까지는 요한계시록 전장을 요약한 내용이자 결론이다. 이 결론에서 알아야 할 것은 **예수님의 계시가 전달되는 과정**, 계시록 말씀을 읽는 자와 지키는 자가 하나님의 나라와 제사장이 되는 것 …"(이 씨의 책, p.43)

이 씨는 그 동안 한국교회에서 요한계시록을 해석해 오면서 크게 의미를 두지 않았던 '전달 과정'이라는 부분을 독특하게 설정해 냈다. 그리고 그것이 매우 중요한 것이라고 강조했다. 이를 위해 이 씨는 '계시 전달 과정'이라는 소제목을 사용해 가며 요한계시록 해설 중 한 장(chapter)을 할애하기도 했다. 계속 살펴보자.

> "4) **계시 전달 과정.** 예수 그리스도의 계시는 어떤 순서로 종들에게 전달되는가? … 그러므로 본문 1절에서 밝힌 바와 같이 예수 그리스도의 계시는 하나님, 예수님, 천사, 요한, 종들의 순으로 전달된다."
> (이 씨의 책, p.47)

'계시 전달 과정'이란 무엇을 말하는 것일까? 과연 이 씨가 그동안 한국교회가 놓치고 있던 또 하나의 신학적인 줄기를 언급하는 업적(?)을 발표하는 것일까? 아니면 불필요한 사족(蛇足)을 다는 행위에 불과할까? 만약 그것이 사족이라면 그는 왜 그러한 일을 하려는 것일까? 단순한 무지의 소치일까 아니면 어떤 의도를 가지고 있는 것일까?

이 씨가 주장하는 계시의 '전달 과정'이란 '하나님 → 예수님 → 천사 → 요한 → 종들'이라는 단순 도식으로 정리된다. 이 씨가 말하고자 하는 바는 '계시'가 위의 도식 과정을 통해서 최종적으로 이 땅의 신도들이라고 할 수 있는 '종들'에게 전달된다는 것인데, 그 종들에게 계시를 전달하는 주도적인 역할을 하는 이가 바로 '요한'이라고 했다. 이 씨는 요한을 특별하게 드러내려고 했다. 무슨 말인가? 앞 장에서 이미 설명한 내용과 함께 비교해서 본다면, 요한은 이미 죽었고 또한 그림자와 같은 단순히 '환상계시'만을 보고 전달했을 뿐 진정한 의미의 '실상계시'는 당시의 요한이 아닌 이 땅에 살아 있는 요한격의 특정 인물 한 사람에 의해서 밝혀져야만 한다는 말이다. 그 특정한 인물이 바로 이만희라고 주장하고 싶은 것이다.

결국 이만희 씨는 계시의 '전달 과정'이라는 논리를 통해 역시 자신을 특별한 존재로 드러내려고 한 것이다.

이 씨가 의도한 게 맞을까? 먼저 성경을 통해 이 씨가 주장한 '전달 과정'이란 것을 좀 더 자세히 살펴보자. 계속해서 요한계시록 1장 1절에 대한 설명이다. 먼저 성경구절이다.

> "**예수 그리스도**의 계시라 이는 **하나님**이 그에게 주사 반드시 속히
> 될 일을 그 종들에게 보이시려고 그 **천사**를 그 종 **요한**에게 보내어
> 지시하신 것이라"(계1:1)

위 성구에는 '예수 그리스도, 하나님, 종들, 천사, 요한'의 이름들이
나온다. 과연 그것이 이 씨의 논리대로 '하나님 → 예수님 → 천사 →
요한 → 종들'이라는 구조와 함께 '요한'을 특별히 드러내려고 하는
목적을 가지고 있는 것일까? 이를 좀 더 구체적으로 접근해 보기 위
해 다른 번역성경을 살펴보자. 아래와 같다.

> "이것은 **예수 그리스도**의 계시입니다. 하나님께서는 앞으로 일어
> 날 일들을 자기 종들에게 보이시려고, **예수 그리스도**께 이 계시를 주
> 셨습니다. 그래서 **그리스도**는 요한에게 천사를 보내어 이 일을 알게
> 하셨습니다"(계1:1, 〈쉬운성경〉)

> "이 책은 **예수 그리스도**께서 계시한 일들을 기록한 책입니다. 이
> 계시는 곧 일어나야 할 일들을 그 종들에게 보이시려고, 하나님께서
> **그리스도에게** 주신 것입니다. 그런데 그리스도께서는 자기의 천사를
> 보내셔서, **자기의** 종 요한에게 **이것들을 알려 주셨습니다**"(계1:1, 〈표
> 준새번역〉)

> "The revelation of **Jesus Christ**, which God gave **him** to show
> his servants what must soon take place; **he** made it known by

*sending **his** angel to **his** servant John"(계1:1, NIV, NRSV)*

위의 번역본들의 가장 큰 특징은 각 문장마다 '예수 그리스도'의 이름이 모두 등장한다는 점이다. 〈쉬운성경〉과 〈표준새번역성경〉은 '예수 그리스도', '그리스도'라는 직접적인 표현을 사용하였다. 〈표준새번역성경〉의 '자기의'라는 용어까지 포함시키면 짧은 3문장에 예수님의 표현이 무려 5번이나 등장한다. 영어성경은 'him', 'he' 등의 대명사를 채택했다. 이는 무엇을 말하는가? 일반적으로 같은 단어나 문장이 반복된다는 것은 저자가 바로 그것을 말하고 싶어 한다는 뜻이다. '강조'한다는 말이다. 바로 계1:1은 '예수 그리스도'를 핵심 주제 단어로 드러내고 있다. 이것이 성경이 스스로 강조점을 말하려는 방식이다. '예수 그리스도께서 계시하셨다'는 게 그 핵심이다.

원어성경에는 그렇게 기록되어 있지 않다며, 종종 원어성경을 언급하는 이가 있다. 그래서 참고로 헬라어성경 본문도 참고해 보았다. 좀 더 구체적으로 살펴보자.

*"Ἀποκάλυψις **Ἰησοῦ Χριστοῦ** ἣν ἔδωκεν αὐτῷ ὁ θεός δεῖξαι τοῖς δούλοις αὐτοῦ ἃ δεῖ γενέσθαι ἐν τάχει καὶ **ἐσήμανεν** ἀποστείλας **διὰ** τοῦ ἀγγέλου αὐτοῦ τῷ δούλῳ αὐτοῦ Ἰωάννῃ"(계1:1)*

한글성경 "예수 그리스도의 계시(Ἀποκαλυψις)라"에서 '예수 그리스도의(Ἰησοῦ Χριστοῦ)'라는 부분의 소유격 어미(οῦ, ~의)에 대한 이해다. 두 가지로 그 의미를 나누어 생각할 수 있다(홍창표,

p.121~122). 첫째는 '주어적 의미'다. 이는 계시의 목적이 하나님께서 그리스도에게 주신 종말의 일들로, 그리스도는 하나님께로부터 받은 그것들을 그의 종들에게 보여주신 것이다. 둘째는 '목적격의 의미'다. 이는 요한이 예수 그리스도의 계시를 받았다는 면이 강조되는 것이다.

위의 두 가지 의미 중 '예수 그리스도의'를 주어적 의미로 보는 것이 보다 정확한 것으로 받아들여지고 있다. 이는 하나님께서 예수 그리스도에게 '준'(에도켄, ἐδωκεν) 것이라는 뒤따르는 문장 때문이다. 이때 '에도켄'(ἐδωκεν)은 여기에서 계시의 주체자가 예수 그리스도인 것을 말해주고 있다. 다시 말해 하나님 아버지께서 예수 그리스도에게 계시를 주셨고, 그리스도는 자신에게 주어진 계시를 '나타내는' 주체자가 되었다는 말이다. 데이비드(Aune David)도 그 부분을 잘 지적했다(WBC주석, p.318). 그 부분의 영문 번역은 'from Jesus Christ'(예수 그리스도로부터)로 표현됐다. 다시 말해 요한계시록의 주체자는 분명하게 '예수 그리스도'란 말이다.

그렇다면 다음의 전달 과정에서 예수 그리스도와 요한과의 관계는 어떠한가? "자기의 종 요한에게 이것들을 알려 주셨습니다"(〈표준새번역〉)의 성경 본문 중 예수 그리스도께서 이 계시를 요한에게 '알게 한'(에세마넨, ἐσημανεν) 장면이 나온다. 이때 사용된 단어 '에세마넨'(ἐσημανεν)은 위의 '에도켄'(ἐδωκεν)과 동격으로 사용되었다. 이는 그 주체자가 역시 예수 그리스도임을 말해준다. 또한 '에세마넨'은 '기호 혹은 상징으로 알게 하다'는 의미를 가지고 있어 결코 계시의 주체자가 요한에게 이전됐다는 의미로 해석될 수 없게 된다. 천사의 역할 역시 수단(디아, δια)에 불과하다. 천사가 계시의 주체자로 자리해야 할 어떠한 근거도 없다.

따라서 계시의 전달 과정이 이만희 씨가 주장한 '하나님 → 예수님 → 천사 → 요한 → 종들'이란 평이한 단순 도식은 옳지 않다. 본문에 사용된 '종들'이라는 단어의 의미는 오늘날과 같이 예수 그리스도를 구세주로 믿고 따르는 일반성도들로 이해하는 것이 좋다. 이는 계1:3 에 나타나 있는 '이 예언의 말씀을 읽는 자와 듣는 자들과 그 가운데 기록한 것을 지키는 자들'이라는 문맥의 흐름 때문이다.

이 씨가 성경 이해의 부족으로 인해 위와 같은 '하나님 → 예수님 → 천사 → 요한 → 종들'이라는 단순 도식을 만들어 낸 것일까? 그렇다면 다행이다. 이제부터라도 제대로 알고 계시 전달의 주체자가 예수 그리스도임을 믿고 고백하면 된다. 그러나 이해력 부족이 아닌 어떠한 '의도'가 있다면 말이 달라진다. 계시의 전달과정이라는 도식을 통해 오직 자신의 이름을 부각시키려는 숨겨진 생각이 있다면 이는 비성경적인 잘못된 생각이다. 계1:1에 대한 이 씨의 해설을 볼 때, 그는 위 자신의 도표 중 '요한 → 종들' 사이에 자신의 이름이 들어가는 방식인 '요한 → 이만희 → 종들'의 구조를 말하고 싶어하는 것으로 보인다. 그로 인해 계시 전달의 주도적인 인물로 자신을 드러내려는 것으로 보인다.

만에 하나 이 씨의 방식이 옳다고 해보자. 필자는 이러한 논리적 접근을 종종 사용한다. '요한 → 종들' 구조 사이에 자신의 이름이 들어가기를 원하는 방식 말이다. 그렇다면 다음과 같은 결과가 나타난다. 처음 이 씨 측 단체에 입문한 초신자들은 대부분 이 씨 측이 제공해

주는 자료와 강사를 통해 교육을 받게 된다. 이때 초신자들 대부분은 이 씨를 직접 만나지 못한다. 이 씨 측 강사들에 의해서 직접적으로 교육을 받게 된다. 초기 교육 과정에서는 이만희 씨가 누구인지조차 알지 못하고 강의를 받는 경우도 많다.

그렇다면 이 씨의 논리대로 계시의 전달 과정은 다음과 같이 구성되게 된다. '하나님 → 예수님 → 천사 → 요한 → 이만희 → 강사들 → 종들'이라는 것이다. 한 강사에 의해서 또 다른 강사가 태어난다는 점까지 생각한다면 그 전달 과정은 매우 길게 늘어지게 된다. 그리고 초신자 교육생 입장에서 그 계시의 최종 전달 주체자는 자신을 가르쳐 준 강사가 된다. 이만희 씨가 아니다. 그렇지 않은가?

성경은 그런 식의 단순한 전달 과정 도식을 말하고 있지 않다. 어떠한 과정을 거치든지 계시의 주체자는 항상 '예수 그리스도'가 된다는 사실을 말하고 있다. 성경 어느 곳을 해석하려고 할지라도 그 중심에는 언제나 '예수 그리스도'임을 잊어서는 안 된다. 오늘날 몇몇 이단자들이 그 중심에 은근히 자신의 이름을 올려놓으려고 하고 있다. 결코 있을 수 없는 일이다.

이번 원고를 마감하려고 하는 중에 또 다른 지인으로부터 전화가 걸려왔다. 종종 만나서 교제를 나누고 있는 외국인이다. 그는 한국에 신학을 공부하기 위해 멀리서 온 유학생이다. 이런저런 대화를 하다가 그는 사실 급히 15만원이 필요하다며 빌려줄 수 있겠느냐고 부탁을 해왔다. 어찌된 일일까. 갑자기 비슷한 일이 한꺼번에 발생했다. 우리 하나님은 나에게 어떠한 은혜를 주시려고 하는 것일까.

15만원은 역시 부담되는 액수였다. 여러 가지 마음이 교차되었지만 결국 미안한 맘으로 거절을 하고 말았다. 그러나 그의 요청이 계속 맘에 남았다. 그의 비전과 사역을 위해 종종 기도를 해왔기 때문일 것이다.

필자는 매일 아침 성경 말씀을 묵상하는 모임에 참석하고 있다. 오늘 아침에 그 모임에서 자연스럽게 그 유학생의 이야기를 하게 됐다. 어떠한 기대를 갖고 한 것은 아니었다. 단지 나 자신의 삶을 나누기 위해서 한 말이었다.

그러나 그 때 은혜가 임했다. 필자의 말을 들은 한 집사가 자신이 도와주겠다고 적극 나섰다. 그 유학생과 아무런 인연도 없지만 그렇게 하겠다고 자원한 것이다. 물론 공짜는 아니다. 대신 그 유학생이 자신의 간증과 비전을 그 집사의 회사에 와서 동료들에게 전해 달라고 했다. 외국인의 특별 강연을 통해 복음을 전해 보겠다는 의도였다. 이러한 것을 일석이조라고 하지 않은가.

그 집사의 삶 중심에는 항상 '예수 그리스도'가 있다. 그는 무엇을 하든 항상 예수님을 드러내려고 한다. 이번에 얼굴도 모르는 외국인을 위해 헌금을 결정한 이유도 바로 그 때문이다. 그것이 전부이다.

# 5. '사도 요한 격의 목자'가 필요해?
### - 요한계시록 1:2

이웃에 사는 조카가 방문했다. 초등학교 6학년생인 그는 중간시험을 앞두고 국어 문제 하나를 도와 달라며 문제집까지 직접 손에 들고 왔다. 제법 공부를 잘 하는 그가 필자의 도움을 필요했다는 점에서 사뭇 그 문제가 궁금했다. "그래, 무엇인지 한 번 보자"며 필자는 그 아이가 가져온 문제집을 펼쳤다.

[질문] 살아가는 이유에 대한 자신의 생각을 써 보시오

처음엔 조카가 문제집을 잘못 가져온 것이 아닌가 하는 생각이 들었다. 그 책을 이리저리 뒤져보고 살펴보았지만 아무 이상이 없는 초등학교 6학년 국어 문제집이 맞았다. 그 질문의 수준이 소위 '장난'이 아니었다. 정말 멋진 질문이었다.
'살아가는 이유'에 대해 다시 한 번 생각해 보는 기회로 삼았다. 그리고 그 동일한 질문을 이만희 씨에게도 던져보고 싶었다. 그는 어떻게 답을 할까? 필자가 분석하고 있는 그의 책(이만희, 〈천국비밀 요한계시록의 실상〉, 도서출판 신천지, 2005)을 통해서 살펴보고자 한다.

## * 사도 요한과 같은 목자(?)의 출현

이만희 씨는 요한계시록 1장 2절을 해설한다고 하면서 느닷없이 '사도 요한과 같은 목자'라는 특별한 존재의 출현을 언급했다. 그러한 자가 이 세상에 나타나야 한다는 말이다. 직접 들어보자.

> "여기에서 반드시 짚고 넘어가야 할 것이 있다. 계시록 성취 때에는 모든 계시록의 예언의 실상을 **사도 요한과 같은 목자가 출현하여 증거한다는 사실이다.** … 따라서 **이천 년 전 사도 요한이 말하였다고 하는 '예수님의 증거 곧 자기의 본 것'이란 계시록의 환상이며 실상이 아님을 알 수 있다.** 실상은 예언 성취 때의 사람이 보고 증거할 수 있다. 마지막 때 하나님의 말씀과 예수 그리스도의 증거를 대언해 줄 약속한 사자는 바로 **사도 요한의 입장으로 오는 목자이다.** 하나님께서 구약의 예언과 실상을 예수님에게 먼저 보여주시고(요5:19) 증거하게 하신 것처럼, 예수님께서도 계시록의 예언과 실상을 **사도 요한과 같은 목자에게 먼저 보여주시고 증거하게 한다.**"(이 씨의 책, p.49)

지금까지 이 씨가 말하고 싶은 주장은 크게 두 가지다.

① 요한계시록의 저자 요한이 본 계시는 환상일 뿐 실상이 아니라는 것.

② 그 실상을 오늘 말해 주기 위해서는 특별한 존재가 등장해야 한다는 것.

그 특별한 존재를 이 씨는 '사도 요한의 입장으로 오는 목자'라고 표현하고 있다. 그가 누구인가? 바로 이만희 씨 자신이라는 것이다. 이 씨는 요한계시록을 설명해 가면서 자신을 '이기는 자', '두 증인' 등으로 주장했다. 심지어 자신을 '보혜사'라고까지 소개하고 있다. 정말 이럴 수 있을까? '보혜사'는 신약성경 요일2:1에서 예수님의 이름으로 1회, 요14:16에서 '또 다른 보혜사'로 성령님을 가리키는 용어로 등장한다. 다시 말해 '보혜사'는 성경에서 예수님과 성령님께만 사용되는 이름이다(김추성, 〈한국 이단들의 요한계시록 오용의 역사에 대한 비판과 정통 견해 제시〉, 한국장로교총연합회 이단대책위원회, 2008, pp.47~48). 결코 사람에게 적용해서는 안 되는 단어이다. 그러나 이 씨는 이러한 '보혜사'라는 단어를 자신을 표현하는 용도로 사용하고 있다. 그의 주장에 그저 황망할 따름이다(본 책 15장 '이기는 자'가 이만희 씨라고? 참조).

위 두 가지(①-②) 주장은 이 씨가 계1:2을 해설한다면서 한 말이다. 과연 계1:2 본문에는 그러한 이 씨의 주장이 담겨져 있을까? 성경 본문을 한 번 살펴보자.

> *"요한은 하나님의 말씀과 예수 그리스도의 증거 곧 자기의 본 것을 다 증거하였느니라"(계1:2, 개역성경)*

아무리 읽어도 위 두 가지 내용이 전혀 발견되지 않는다. 이 글을 읽는 독자는 무엇인가 보이는가? 다른 번역성경을 계속해서 살펴보자. 혹, 개역성경이 놓친 부분이 있지는 않은지 말이다.

"나 요한은 하느님의 말씀과 예수 그리스도께서 증언하신 것, 곧 내가 본 모든 것을 그대로 증언합니다."(〈공동번역〉)

"요한은 자기가 본 것을 다 증언하였습니다. 그것은 예수 그리스도께서 하신 진리의 말씀, 즉 하나님의 계시입니다."(〈쉬운성경〉)

"*who testifies to everything he saw-that is, the word of God and the testimony of Jesus Christ.*"(NIV)

"*who testified to the word of God and to the testimony of Jesus Christ, even to all that he saw*"(NRSV)

몇 가지 번역 성경을 대조하면서 살펴보았다. 신교와 구교가 합동으로 현대어의 표현법에 맞게 번역한 〈공동번역〉에서부터 원어의 문자적 의미를 강조한 〈NRSV〉, 그리고 그 둘을 적절히 사용해 역동적인 번역 원칙을 따른 〈NIV〉나 〈쉬운성경〉 등을 예로 들었다. 필자는 이와 같은 방식을 자주 사용하려고 한다. 우리가 보는 성경들은 모두 번역본들이다. 따라서 여러 번역 성경을 살펴봄으로 인해 성경 본문의 의미를 보다 정확하게 살펴보려는 작업이다. 필요하다면 헬라어 본문도 사용할 것이다.

모든 번역 성경들은 '요한이 증거하였다'는 기본 구조를 가지고 있다. 〈공동번역〉은 '나 요한'이라고 표현함으로 증거한 이가 바로 요한임을 강조하고 있다. 〈쉬운성경〉은 전체를 두 문장으로 나누어서 본문의 의미를 보다 구체적으로 전달하고 있다. '요한은 증언하였다'는 기본 골격을 먼저 언급한 후, 그 증언의 내용을 다음 문장에서 설명해주고 있다. 영어성경은 모두 'who'라는 연결사(관계대명사)를 사용해서 그 앞에 '요한'(John)이라는 사람을 지시하는 구조로 설명을 하고 있다.

어느 성경을 보아도 이만희 씨가 주장한 '사도 요한과 같은 목자'의 모습을 발견할 수 없다. 또 그렇게 해석되어져야 할 만한 근거도 전혀 찾을 수 없다. 〈NRSV〉는 '그(요한)가 본 모든 것조차도 (전부 증언하였다)'(even to all that he saw)라는 부분을 의미있게 표현하고 있다. 이는 행여 요한이 증언할 때 빠뜨린 것이 있기 때문에 누군가가 그것을 채워야 한다는 염려까지도 없애준다는 의미로 볼 수 있다.

헬라어 본문을 통해 좀 더 구체적으로 접근해 보자.

*"ὃς **ἐμαρτύρησεν** τὸν λόγον τοῦ θεοῦ καὶ τὴν μαρτυρίαν Ἰησοῦ Χριστοῦ ὅσα τε εἶδεν"*(계1:2)

요한은 본문 문장 맨 첫 단어를 '증거합니다'(ἐμαρτύρησεν)라는 능동적인 동사로 사용했다. 이는 요한이 직접 증거하고 있다는 점에 무게를 두고 있다는 의미다. 요한의 증거가 부족하다거나 틀렸다는 해석이 불가능하다. 뿐만 아니라 요한 외에 다른 사람이 또 다른 증거를 해야 한다는 것을 결코 말해주고 있지 않다. 따라서 요한의 증거가 '환상'이라는 말과 또 '실상'이 필요하다는 이 씨의 해설은 전혀 설득력이 없는 말이 된다.

다시 말해 요한계시록 1장 2절을 해설한다고 하면서 특별한 존재의 출현을 언급하는 것은 얼토당토않은 일이다. 차라리 '하나님의 말씀'과 '예수 그리스도의 증거'로 기록된 두 표현의 관계, 예를 들어 그 두 용어는 같은 의미일까 다른 의미일까 하는 것 등에 대해서 관심을 기울이는 것이 성경의 올바른 뜻을 찾으려고 하는 훨씬 더 좋은 방법이라 할 수 있다. 〈쉬운성경〉은 그 부분에 대해서 같은 의미인 동격으로 보다 잘 표현해주고 있음을 볼 수 있다.

서두에 언급한 조카의 질문을 다시 생각해보았다. '살아가는 이유'에 대해서 말이다. 누구든지 직장, 가정, 종교 단체 등 자신이 속한 단체와 추구하는 사상 속에서 자신의 살아가는 이유에 대한 답을 내리게 된다. 올바른 기독교인이라면 보다 근본적으로 성경을 통해서 주어지는 복음에서 그 답을 얻으려고 할 것이다. 그럼 성경을 잘못 해설하고 있는 이 씨는 어디서 그 답을 찾을 수 있을까?

조카에게 몇 마디 도움의 말을 해 주었다. '잘 알았다'며 그는 답을 적었다. 얼마 시간이 흘러 조카는 조금 놀다오겠다면서 밖으로 나갔다. 그의 답이 매우 궁금해졌다. 어지럽혀진 책상 위 한 곳에 그 문제집이 놓여 있었다. 살짝 들춰보았다. 그는 '하나님을 위해서'라고 적어 놓았다. 초등학교 6학년생인 어린이가 자신의 사는 이유에 대해서 그렇게 답을 적어 놓은 것이다. 하하하! 기특한 녀석.

# 6. 요한계시록을 바르게 가르쳐 줄 사람이 없다고?
　　　- 요한계시록 1:3

　가수 인순이의 '거위의 꿈'이라는 노래가 있다. 많은 이들에게 사랑을 받고 있는 대중 노래 중 하나다. '난, 난 꿈이 있었죠'라는 노랫말이 매우 서정적이다. 그리고 그 가수가 노랫말처럼 자신의 인생을 꿋꿋하게 살아왔다는 점에서 듣는 이의 마음을 뭉클하게 만든다. 그 노랫말 조금만 인용해보자.

　　"난, 난 꿈이 있었죠. 버려지고 찢겨 남루하여도 내 가슴 깊숙이
　　보물과 같이 간직했던 꿈. 혹, 때론 누군가가 뜻 모를 비웃음 내 등
　　뒤에 흘릴 때도 난 참아야 했죠. 참을 수 있었죠. 그 날을 위해 … 언
　　젠가 나 그 벽을 넘고서 저 하늘을 높이 나를 수 있어요. 이 무거운
　　세상도 나를 묶을 순 없죠. 내 삶의 끝에서 나 웃을 그 날을 함께해
　　요."

　흑인 혼혈인으로 한국 땅에서 살아온 가수 인순이의 삶이 어떠했는지 머릿속에서 그려진다. 특히 민감한 시기인 청소년기 시절의 모습들이 떠오른다. 그래서 원곡을 부른 가수가 따로 있음에도 불구하고

마치 그 노래가 처음부터 인순이 씨의 곡처럼 인식된다. 왜 그럴까?

누구나 꿈(vision)을 꾼다. 자신의 삶이 순탄하건 그렇지 않건 상관없이 꿈을 꾼다. 오히려 자신의 삶이 힘들고 어렵다면 어려울수록 그의 꿈은 인생 중에 더욱 진한 향기를 내뿜을 수 있으리라 본다. 그것밖에 의지할 게 없으니까.

필자도 꿈이 있었다. 초등학교 때 만화가게 주인 아들인 친구를 바라보며 만화가의 꿈을 꾸었다. 아버지가 고물상을 하는 친구네 집에 놀러갔다가 크게 놀랐다. 그 집에는 소위 없는 게 없었다. '표준전과'로 불렸던 당시 유명 참고서가 그 친구 집에는 언제나 4~5권씩 시리즈로 쌓여 있었다. 비록 1년 전 것이었지만 모든 게 그 집엔 차고 넘쳤다. 그래서 꿈을 바꿔 버렸다. 고물상 주인으로 말이다. 지금 생각하니 정말 재미있는 추억이다. 그 후 우주과학자, 오케스트라 지휘자 등으로 필자의 꿈은 학창시절 성장기에 맞추어 계속 발전(?)했다.

이만희 씨도 꿈이 있을 것이다. 그리고 그 꿈을 향해 달려가고 있으리라 여겨진다. 오랜 인생길을 걸어오면서 가져온 그의 꿈은 무엇일까?

이 씨는 계1:3을 해설한다면서 아래와 같은 주장을 했다. 먼저 성경 본문을 언급하고 그의 주장도 살펴보자.

> *"이 예언의 말씀을 읽는 자와 듣는 자들과 그 가운데 기록한 것을 지키는 자들이 복이 있나니 때가 가까움이라"(계1:3, 개역성경)*

> *"성경에는 많은 예언의 말씀이 있다. **그 중에서도 본문에서 가리키***

는 '이 예언의 말씀'은 요한이 보고 듣고 기록한 계시록 전장을 말한다. 요한계시록에 약속한 말씀을 가감하는 자는 천국에 못 들어가고 계시록에 기록된 재앙을 받게 된다(계22:18~19). 그러나 이 세상에는 계시록의 말씀을 **아는 사람도 없고** 그 실상을 본 자도 없는데 **어느 누가 바르게 가르쳐 줄 수 있겠는가.** 본문에서 말하는 예언의 말씀을 읽는 자는 '그 뜻을 아는 사람'이지 단순히 읽는 자가 아니다. … 책을 받아먹은 요한은 읽는 자가 되고 그에게 배우는 나라와 백성과 방언과 임금은 듣는 자들이 된다."(이 씨의 책, p.50)

이 씨는 성경 본문(계1:3)을 해설하려고 노력했다. 위 굵은 표시 부분 "그 중에서도 본문에서 가리키는 '이 예언의 말씀'은"의 표현이 잘 말해준다. 다시 말해 이 씨도 성경에 담겨져 있는 내용을 말해 주려는 형식을 띠우고 있다. 그러나 그는 요한계시록을 해설한다며 성경 본문이 무엇을 말하고 있는지에 대해 귀를 기울이기보다는 오직 자신이 누구인지를 드러내려는 데 집중적인 관심을 보이고 있다. 처음부터 의도가 다른 곳에 있다는 말이다. 자신을 어떻게 소개하든지 그것은 그 사람 마음이다. 누구나 그렇게 할 수 있다. 그러나 성경을 해설한다면서 그 의미가 자신의 어떠함을 설명한다고 하는 것은 말이 다르다. 성경이 그 내용을 지지해 줄 때만이 가능한 일이다. 그렇지 않은가?

이 씨의 성경 해설에는 큰 특징이 하나 있다. 자신을 드러내고자 하는 의도를 뒷받침해 줄만한 '근거'가 매우 매우 부족하다는 점이다. 위 내용 중 "이 세상에는 계시록의 말씀을 아는 사람도 없(다)"는 주장이 성경 본문과 무슨 관계가 있는가? 또한 "어느 누가 바르게 가르쳐 줄 수 있겠는가"라는 해설이 요한계시록을 해설한다면서 나올 수 있는가?

이 씨가 해설하고자 한 성경 본문은 계1:3이다. 이 본문에 대한 바른 해석을 찾기 위해 다른 번역본 성경을 살펴보자.

먼저 같은 본문의 다른 번역본 성경을 살펴보자. 먼저 의역, 즉 오늘 우리가 이해할 수 있는 의미를 충분히 살려 번역한 〈공동번역〉과 그것보다는 역동적으로 원문의 의미를 조금 더 살린 〈표준새번역〉과 〈쉬운성경〉이다.

"이 예언의 말씀을 읽고 듣고 이 책에 기록되어 있는 대로 실천하는 **사람들은 행복합니다.** 이 일들이 성취될 때가 가까이 왔기 때문입니다."(〈공동번역〉)

"이 예언의 말씀을 읽는 사람과 듣는 사람과 그 안에 기록되어 있는 것을 지키는 **사람은 복이 있습니다.** 그 때가 가까웠기 때문입니다."(〈표준새번역〉)

"이 계시의 말씀을 읽는 자는 **복 있는 사람입니다.** 또한 이것을 듣고 그 가운데 기록된 것을 지키는 자들 역시 복 있는 사람입니다. 그것은 이 모든 말씀이 이루어질 날이 점점 다가오고 있기 때문입니다."(〈쉬운성경〉)

모든 번역 성경에서 드러나는 이미지는 '복이 있다'는 긍정적인 면이다. 이 씨가 언급한 대로 '아는 사람이 없다', '누가 … 있는가' 등의 부정적인 그림을 그리기가 힘들다. 성경을 접하는 이들과 '복'의 긴밀한 관계의 이유에 대해서 '때가 가까웠기 때문'이라고 정확히 언급하고 있다. 성경을 접하는 방법에 대해서도 성경 본문을 언급하고 있는데 그것은 '읽고', '듣고' 그리고 '그것을 지키는 것' 등이다.

영어성경도 살펴보자. 보다 원문(헬라어)에 충실하게 문자적으로 번역한 영어성경(NRSV)와 그것에 비해 오늘의 의미를 역동적으로 살린 영어성경(NIV)를 계속해서 살펴보자.

*"**Blessed** is the one who reads **aloud** the words of the prophecy, and blessed are those who hear and who keep what is written in it; for the time is near"*(NRSV)

*"**Blessed** is **the one** who reads the words of this prophecy, and blessed **are those** who hear it and take to heart what is written in it, because the time is near"*(NIV)

영어성경을 통해 흥미로운 사실 두 가지를 발견할 수 있다. 첫 번째로, '복이 있도다'라는 선언적인 의미의 단어인 'Blessed'가 문장 맨 앞에 먼저 나온다는 것이다. 이는 그 단어를 강조하겠다는 저자의 분명한 의도다. 대부분의 한글성경은 ' …하는 사람은'이라는 식으로 '사람'에게 초점을 맞추고 있는 것과 대조적이다. 한글성경은 복 받을 사람이 되기 위한 조건을 설명하는 것처럼 이해되기 쉽다. 즉, 이러이러한 일을 해야 복된 사람이 된다는 식이다. 그러나 영어성경의 구조는 먼저 복에 대한 선언에서 시작된다. 어떠한 사람의 모습이 아닌 하나님의 무조건적인 복이 우선되고 있다. 우리의 모습은 그 다음이다.

헬라어성경에서도 이 부분이 잘 나타나 있다.

"*μακάριος ὁ ἀναγινώσκων καὶ οἱ ἀκούοντες τοὺς λόγους τῆς προφητείας καὶ τηροῦντες τὰ ἐν αὐτῇ γεγραμμένα ὁ γὰρ καιρὸς ἐγγύς*"

(계1:3)

첫 단어 '마카리오스'(μακάριος)에서부터 본문은 시작된다. '복 되도다'라는 말이다. 우리를 향해 일방적으로 복을 선언하고 있는 장면이다. 우리가 그것을 위한 어떠한 행동을 하기 이전에 말이다. 이 단어는 마태복음 5장의 소위 '팔복' 본문에서도 잘 나타난다. 구약의 시편 1편도 마찬가지다. '마카리오스'에 해당되는 히브리어 '에쉐르'(אשר)라는 말로 문장을 시작하고 있다. 히브리어성경의 헬라어번역본인 70인경(LXX)을 보면 '에쉐르'를 역시 '마카리오스'로 번역해 놓고 있다. 신구약성경을 통해 흐르고 있는 개념이 바로 그것이다. 우리가 복이 있는 존재임을 먼저 선언하고 있다는 것이다. 우리의 어떠한 모습 때문이 아닌 하나님의 일방적인 손길이다. 이것이 바로 은혜다. 하나님 앞에서 죄인된 우리가 복 받을 만한 어떤 행동을 했기 때문이 아니다. 조건 없이 부어주시는 사랑의 선언이다.

이러한 감격적인 복의 선언이 요한계시록에서 한 번만 나타나는 것이 아니다. 무려 7번이나 등장한다. 풍성한 하나님의 은혜가 아닐 수 없다. 정리하면 다음과 같다(David Aune, 〈Revelation〉, WBC 52a. word books, publisher. Dallas, Texas. 1997. p.19).

1. "이 예언의 말씀을 읽는 자와 듣는 자들과 이 가운데 기록한 것을 지키는 자들이 복이 있나니 때가 가까움이라"(1:3)

2. "또 내가 들으니 하늘에서 음성이 나서 가로되 기록하라 자금 이후로 주안에서 죽는 자들은 복이 있도다 하시매 성령이 가라사대 그러하다 저희 수고를 그치고 쉬리니 이는 저희의 행한 일이 따름이라 하시더라"(14:13)

3. "보라 내가 도적같이 오리니 누구든지 깨어 자기 옷을 지켜 벌거벗고 다니지 아니하며 자기의 부끄러움을 보이지 아니하는 자가 복이 있도다"(16:15)

4. "천사가 내게 말하기를 기록하라 어린 양의 혼인 잔치에 청함을 입은 자들이 복이 있도다 하고 또 내게 말하되 이것은 하나님의 참된 말씀이라 하기로"(19:9)

5. "이 첫째 부활에 참예하는 자들은 복이 있고 거룩하도다 둘째 사망이 그들을 다스리는 권세가 없고 도리어 그들이 하나님과 그리스도의 제사장이 되어 천년 동안 그리스도로 더불어 왕노

룻 하리라"(20:6)

6. "보라 내가 속히 오리니 이 책의 예언의 말씀을 지키는 자가 복이 있으리라 하더라"(22:7)

7. "그 두루마기를 빠는 자들은 복이 있으니 이는 저희가 생명나무에 나아가며, 문들을 통하여 성에 들어갈 권세를 얻으려 함이로다"(22:14)

두 번째로, 수(數)의 문제다. 계1:3의 영문번역본을 자세히 보면 '읽는 자'(the one, 단수)와 '듣고 행하는 자'(those, 복수)의 수가 각각 다르게 구분되어 있음을 볼 수 있다. 단수와 복수 문제는 눈을 크게 뜨고 성경을 꼼꼼히 읽지 않으면 놓치기 쉽다. 한글성경 중에서는 <쉬운성경>이 그것을 잘 표현해 놓았다. <개역성경> 역시 이 부분을 나타내고 있다. 그러나 새로 번역된 <개역개정판>에서는 복수 표현을 놓치고 말았다.

이만희 씨는 그의 해설에서 이 수(數)에 대한 언급을 하지 않았다. <개역성경>만 잘 봐도 발견할 수 있는 것인데 왜 아무런 언급을 하지 않았을까? 그 의미를 잘 몰라서일까 아니면 자신이 의도하려는 해설 방향이 요한계시록 스스로의 의도와 달라서일까?

이 씨가 본문의 수에 대해 무감각하다고 보기 힘들다. 그는 또 다른 그의 책 <천국비밀 계시록의 실상>(도서출판 신천지, 1993)에서 이 부분을 언급한 바가 있다. 역시 계1:3을 해설한다면서 말이다. 직접 살펴보자.

> *"**읽는 자**는 단수로써 처음으로 깨달은 자를 말하는 것이니 본문 1, 2절과 10장에서 하나님의 책을 받아먹고 나라와 백성과 방언과 임금에게 전하라고 명을 받은 사도요한이다. **듣는 자들**은 모든 나라, 백성, 방언, 임금들이요, 그 가운데 **지키는 자들**은 구원받을 종들 곧 144,000인이며, 기록한 것은 계시록 전장의 내용들이다. … 그러므로 나라와 백성과 임금과 방언들(계10)은 **오늘날의 사도 요한격인 사명자의** 말씀을 예수님의 말씀으로 여기고 순종하는 자가 되어야 한다. 만일 자기의 구습에 젖은 전통이나 권위나 지식으로 대언자의 증거를 무시하면 지옥의 판결을 면치 못한다."*(〈천국비밀 계시록의 실상〉 도서출판 신천지, 1993, pp.35~36)

이 씨는 분명히 단수와 복수의 개념을 알고 있다. 그리고 그것을 언급했다. 그러나 그의 해설은 성경이 스스로 말하고자 하는 바에 대한 관심보다는 역시 자신의 어떠함을 드러내려는 데 초점을 맞추려하고 있다. '읽는 자'를 사도 요한을 가리킨다고 말했다가 결국은 '사도 요한격의 사명자'의 말을 들어야 한다는 식의 엉뚱한 결론을 내리고 있다.

이 씨는 '읽는 자'의 뜻을 '처음 깨달은 자'라고 했다. 위의 책은 1993년에 발간된 것이다. 그러다가 2005년에 낸 책에서는 '그 뜻을 아는 사람'으로 슬쩍 표현을 바꾸었다. 그의 성경 해설이 바뀐 것이다. 왜 그렇게 했는지 이유를 말하고 있지 않다.

이 씨의 스승격인 유재열이라는 이가 있다. 유 씨는 자칭 재림예수로 알려진 인물이다. 유재열 씨의 잠적(?)한 이후 핵심 추종자들이 이 씨처럼 독자적인 단체를 설립해 분가했다. 홍종효(증거장막성전), 심재권(무지개장막성전), 정창래(성남장막성전) 등이다(장운철, "장막성전의 후예들", 월간〈교회와신앙〉 1995년 4월호 참조). 이 씨의 해설처럼 계1:3의 '읽는 자'가 '처음 깨달은 자'라고 한다면 누구를 말하는 것일까? 이 씨보다는 유재열이라고 하는 게 더 합당하지 않을까? 또는 2005년판 해설에서 '그 뜻을 아는 사람'이라고 한다면 그것은 과연 이 씨를 지칭한다는 의미가 될까?

그렇다면 위의 수(數)는 어떤 의미를 나타내는가? 먼저 첫 단어에 언급된 '복되도다'의 선언에 수혜자들이 바로 그들이 된다. 일방적인 복의 선언에 대해 해택을 받는 이가 바로 '읽는 자'와 '듣는 자들'과 '지키는 자들' 전체인 것이다.

헬라어성경을 통해 좀 더 자세히 살펴보자. 먼저 복수 단어들이다. '듣는 자들'(ἀκούοντες)과 '지키는 자들'(τηροῦντες)은 접속사 '그리고'라는 뜻의 '카이'( κ α ι )로 연결되어 있다. 또한 앞의 하나의 관사(οἱ)에 두 단어가 모두 연결되어 있다. 이는 동일한 사람이라는 의미다. 즉 '듣는 자들'과 '지키는 자들'은 같은 사람들이다. 따라서 '듣고 행하는 자들'이라고 표현하는 것이 문맥상 훨씬 부드럽다.

그렇다면 단수인 '읽는 자'(ἀναγινώσκων)는 누구인가? 분명한 것은 그 '읽는 자'도 복의 수혜자라는 사실이다. 결코 복의 선언자나 주체자가 될 수 없다. '읽는 자' 앞에 쓰인 '복 되도다'는 용어 때문이다. 성경 본문 자체가 그렇게 설명하고 있다.

그렇다면 왜 '읽는 자'(단수)와 '듣는 자들'(복수) 그리고 '지키는 자들'(복수)의 수(數)를 다르게 표현했을까? 그것은 그때나 지금이나 예배의 모습을 그리면서 편지를 썼기 때문으로 이해할 수 있다. 요한계시록의 저자 요한은 자신의 편지를 한 사람이 일어서서 크게 읽고 회중이 그것을 잘 듣는 모습을 머리에 그렸을 것이다. 또 그것이 일반적인 모습이었음을 잘 알고 있었다(Philip E. Hughes, 〈요한계시록〉, 여수룬, 1993 p.23). 위의 영어성경(NRSV)에서 '크게 읽는 자'(the one who reads **aloud** the words)라고 번역해 놓은 것은 그런 의미에서 본문의 뜻을 잘 살려주고 있다.

헨드릭슨은 "예언들은 손으로 썼기 때문에 그 양이 한정되어 있었다. 책이 많지도 않았을 뿐만 아니라 쉽게 구해 볼 수 없을 정도로 비쌌다"며, "그래서 많은 성도들이 이 내용을 읽을 수 없었기 때문에 예배드리는 성도를 위해 큰 소리로 읽어주도록 낭독자를 임명했었다"고 했다(William D Hendricks, 〈요한계시록〉, 아가페출판사, 1895, p.57). 데이비드(David Aune)도 "이 절(계1:3)은 저자가 예배를 드리기 위해 모인 기독교 회중들 앞에서 자신의 작품이 소리 내어 읽혀지도록 의도하고 그렇게 꾸몄다는 것이 명백하다는 사실을 보여 준다"고 말했다(David Aune, p.344).

필자는 고등학교 시절에 꿈이 사라졌다. 아니, 꿈을 생각해 볼만한 시간과 마음의 여유가 없었다. 대학입시라는 것 때문이다. 지금도 많은 한국의 고등학생들이 크게 다르지 않은 상황에 놓여 있으리라 본다. 대학 입학 후 다시 꿈이 생겼다. 그리고 그 꿈은 지금까지 동일하다. 바로 '내가 무슨 일을 하든지 하나님을 잘 드러내겠다'는 것이다. '무슨 일'은 특별히 거짓이나 악한 일이 아닌 이상 '어떠한 직장에 속하든지'라는 개념으로 이해했고, 하나님을 잘 드러내기 위해서는 주어진 성경을 또한 꾸준히 연구하는 삶을 살겠다고 다짐한 것이다.

마틴 루터 킹 목사도 꿈이 있었다. 흑인인권운동가였던 그는 'I have a dream'이라는 제목의 위대한 연설을 남기기도 했다. 흑인 인권 차별에 대항하며 인권의 동등권이 이루어질 날을 기대하는 내용이다. 그의 연설문이 생각난다. 다음은 그 내용의 일부다.

> *"I have a dream that one day every valley shall be exalted, and every hill and mountain shall be made low, the rough places will be made plain and the crooked places will be made straight and* **the glory of the Lord shall be revealed** *and all flesh shall see it together."*
>
> *(나에게는 꿈이 있습니다. 언젠가 모든 골짜기들이 솟아오르고, 모든 언덕과 산들이 낮아지며, 거친 곳이 평지가 되고, 굽은 땅들이 곧게 되며, **주의 영광이 드러나**, 모든 육체가 함께 그것을 보게 되리라는 것입니다.)*

그는 자신의 꿈을 '하나님의 꿈'과 연결시켰다. 즉, 하나님의 영광이 자신의 삶을 통해서 드러나기를 바랐던 것이다. 그것을 위해서 자신이 고생하고 희생 당해도 좋다는 적극적인 의미다. 마틴 루터 킹 목사는 1964년 노벨 평화상을 받았다.

서두에 언급한 가수 인순이 씨가 가스펠 음반(CD)을 냈다. '내 영혼의 그윽히 깊은 데서'라는 찬송가의 가사 일부를 음반 타이틀로 정했다. '주 하나님 지으신 모든 세계' 등의 찬송가는 물론 'Dolorosa' 등의 우리 귀에 익은 가스펠 송을 그만의 특유한 창법으로 소화를 했다. 그는 음반 설명서를 통해 '저는 행복한 사람입니다'라고 고백했다. 진흙과 같은 보잘 것 없는 자신의 인생을 하나님께서 꽃처럼 아름답게 만드셨기 때문이라고 했다. 그래서 그는 그 은혜를 많은 이들과 함께 나누기 위해서 찬양을 한다고 했다. 그의 꿈이 무엇인지 어렵지 않게 알 수 있는 대목이다.

# 7. 요한계시록을 비유로 해석해야 하나?
### - 요한계시록 1:4~6

MBC PD수첩에서 '신천지의 수상한 비밀'이라는 제목으로 신천지 문제를 비교적 상세히 보도한 적이 있다. 이후 각종 신문 매체를 비롯해서 인터넷 포털 사이트 등을 통해서 그 소식은 일파만파로 퍼져갔다. '신천지가 또 뭐냐'는 질문에서부터 '이단 종교 피해에 대해 철저히 대처해야 한다'는 보다 구체적인 의견까지 다양했다. 인터넷신문 〈교회와신앙〉(www.amennews.com)에 기고된 신천지 관련 필자의 글도 덕분에 많이 알려졌다. 블러그(blog)나 카페(cafe)에 옮겨졌다. 이단 문제에 관심을 기울이는 다수의 유저(인터넷 사용자)들이 복음을 지키고자 그렇게 하는 것으로 보인다. 댓글도 보다 활발해졌다. 공중파 방송으로 인해 이단문제의 관심이 그 어느 때보다도 더 높아진 셈이다.

늘 그랬으면 좋겠다. 이단 문제의 경각심이 항상 유지되었으면 좋겠다는 바람이다. 어떻게 하면 될까? 각 교회가 이단 문제 전문 강사를 초빙해서 특강의 시간을 갖는 것이나 또는 전문 자료를 활용하여 담당 목회자가 교육시키는 것을 우선적으로 들 수 있다. 그보다 근본적인 방법이 있다면 교회에서 체계적인 성경공부를 하는 것이다. 당연한 말이겠지만 사실 올바른 성경공부가 이단 대처를 위한 가장 바람직한 대안책이라고 할 수 있다. 교회를 건강하게 만들 뿐 아니라 이단 문제도 동시에 해결할 수 있는 최고의 방법이다.

이단에 빠지는 원인 중 하나는 성경공부의 부재다. 이는 교회 제도 미흡이나 성도 각 개인의 게으름과 연결된다. 예수님을 진실로 믿는 사람이라면 '성경공부를 하고 싶은 마음'이 자연스럽게 일어나게 된다. 개인의 성향에 차이는 있겠지만, 매우 자연스러운 일이다. 영의 양식이 공급되지 않을 때, 성도는 방황하게 된다. 이때 이단자를 만나면 매우 위험하게 된다. A단체 신도를 만나면 A단체로, B단체 신도를 만나면 B단체로 빠지기 쉬워진다. 정상적인 성경공부의 중요성을 다시 한 번 강조해도 지나치지 않는 이유가 바로 여기에 있다.

## (1) 비유란 무엇인가?

흔히 이단자들이 성경을 해설한다면서 약방의 감초처럼 사용하는 성경구절이 있다. 바로 마13:34절이다. 이만희 씨 역시 이 구절을 곡해하여 비성경적인 주장을 하고 있다. 성경, 특히 요한계시록을 '비유 풀이' 방식으로 해석해야 한다는 게 바로 그것이다. 하나씩 살펴보자.

"예수께서 이 모든 것을 무리에게 비유로 말씀하시고 비유가 아니면 아무 것도 말씀하지 아니하셨으니"(마13:34)

위 성경구절을 이해하기 위해 먼저 '비유란 무엇인가?'에 대해서 살펴보는 게 필요하다. 이만희 씨를 포함해서 많은 경우 사람들은 비유라는 형식을 이용해 자신의 사상을 전파하고 있다.

일반적으로 비유를 '천상적인 의미를 지닌 세상 이야기'라는 관점으로 보곤 한다. 이만희 씨도 마찬가지다. 즉, 신비한 의미를 지닌 하늘의 그 무엇을 오늘 우리들 세상의 이야기로 표현한 것쯤으로 이해하고 있다는 것이다. 비유를 그렇게 생각할 때 자연스럽게 나타나는 현상이 바로 그 천상의 의미를 풀어줄 사람이 등장해야 한다는 논리다. 이 때 이만희 씨는 바로 자신이 '그 사람'이라고 주장했고, 비유의 의미를 잘 몰랐던 신도들은 '맞다'며 손바닥을 친다.

비유가 과연 그런 의미인가? 비유는 예수님께서 말씀을 전하기 위해서 사용한 여러 가지 형태들 중 하나의 교수법이다(Robert H. Stein, 〈비유해석학〉, 엠마오, 1996, p.15). '비유'에 해당되는 구약 용어는 '마샬'(משל)이고 신약 용어는 '파라볼레'(παραβολή)다. 구약의 마샬에는 여러 가지 다양한 형식을 포함하고 있다. 먼저 단순한 '속담'을 의미한다. "너희가 이스라엘 땅에 대한 속담(마샬)에 이르기를 '아비가 신 포도를 먹었으므로 아들의 이가 시다'고 함은 어찜이뇨"(겔 18:2~3) 등의 성구들이 그 예다. 또한 마샬은 '웃음거리의 말' (byword), '풍자'(satire), '비웃음'(taunt) 또는 '조소의 말'(word of derision) 등을 언급하기도 한다. '수수께끼'(riddle)로도 나타나기도 한다(Robert H. Stein, p.17~20).

신약의 파라볼레도 위와 비슷하다. 특히 은유법(metaphor)과 직유법(simile)의 사용은 신약성경에서 매우 빈번하다. 은유는 두 상이한 것들 사이의 은근한 비교를 행하는 데 반해, 직유는 '~처럼', '~같이', '마치 ~인 것인 양' 등과 같은 용어를 사용하여 명백한 비교를 행하는 데 있다. 이 모든 것이 '비유'에 해당되는 것들이다. 이야기식 비유도 신약성경의 특징 중 하나다. "너희 중에 어느 사람이"(눅15:4)나 "너희 중에 누가"(눅11:5) 등과 같이 시작하는 표현이 바로 그것이다. 이러한 것들이 모두 성경에서 말하는 비유에 해당된다.

이렇듯 비유가 포함하고 있는 내용은 풍부하고 다양하다. 공관복음서에 등장하는 예수님의 교훈 중 비유형태를 띤 것이 무려 약 35%에 해당될 정도다(Robert H Stein, 〈예수님께서는 무엇을 어떻게 가르치셨는가〉, 여수룬, 1991, p.95). 좀 더 쉽게 설명하자면, 예수님께서 복음을 그 제자들에게 보다 쉽게 설명하기 위해 '비유'라는 형식도 취하셨다는 것이다. 예를 들어 어떤 사람이 성경공부를 시작하려고 할 때 우리는 흔히 이렇게 권면해 줄 수 있다. " '천리길도 한 걸음부터'라는 말이 있잖아, 배우고 싶은 욕망이 큰 것은 알지만 천천히 정도를 걸어가면서 시작하자"라고 말이다. 이때 '천리길…'은 잘 알려진 격언이다. 그것을 사용함으로 권면의 말을 보다 실감 있게 전할 수 있다. 이것이 바로 비유적인 설명이다.

많은 경우 비유는 성경을 '잘' 읽기만 해도 그 의미를 어렵지 않게 파악할 수 있다. 복음을 보다 명확하게 알려주려고 한 예수님의 가르침의 방법이기 때문이다. 예를 들어 보자. 예수님의 비유 중 소위 '선한 사마리아인의 비유'로 알려진 눅 10:30~35절이 있다. 이 비유 본문이 종종 곡해되어 왔다. 비유의 전후 문맥과의 연결을 단절시킨 결과다. 본문 앞의 내용은 이 비유의 배경을 설명한다. 예수님께서 한 율법사와 대화를 하는 중, '내 이웃이 누구인가?'(29)의 질문에 대한 답으로 이 비유를 예로 들었다. 본문 뒤의 내용은 '자비를 베푼 사람이 이웃이다'는 율법사의 대답에 예수님께서 "너도 이와 같이 하라(Go and do likewise)"(37)는 교훈으로 분문이 마치게 된다. 다시 말해 눅 10:30~35절은 '내 이웃이 누구인가'라는 물음의 답을 설명해 주기 위한 비유 내용이다. 비유를 통해 우리는 '자비를 베푼 사람이 이웃'이라는 답을 얻게 된다. 그것이 그 비유의 역할이다. 성경을 문맥에 따라 읽기만 하면 누구나 정확히 그 뜻을 알 수 있다. 어느 특별한 존재의 '특별한 해석'(?)이 필요하지 않다. 아니 그렇게 해서는 결코 안 된다.

예수님의 비유 중에는 그 비유의 뜻이 무엇인지 예수님께서 직접 손수 풀어주신 경우도 있다. '씨 뿌리는 비유'로 알려진 마 13:1~9이 그 좋은 예다(막 4:1~9, 눅 8:4~8에도 나온다). 예수님께서는 그 비유의 뜻을 친히 자세히 해설해 주셨다. 마 13:18~23이 그것이다. 역시 문맥을 따라 잘 읽기만 하면 성경이 말하고자 하는 성경의 본 의미를 잘 알 수 있다.

예수님의 비유의 특징 중 하나는 반대 이미지를 포함하고 있는 '한 쌍' 형식의 비유이다. 예수님은 이러한 형식을 자주 사용하셨다. 예를 들어 '좋은 나무와 못된 나무, 생선과 뱀, 반석 위에 지은 집과 모래 위에 지은 집, 하나님과 재물, 개와 거룩한 것, 진주와 돼지, 좁은 문과 넓은 문, 양과 염소, 악곡과 잡초' 등이다. 마태복음 13장의 비유도 여기에 속한다. 이렇듯 '한 쌍'으로 이루어진 문맥이 의미하는 바는 심판이 올 것을 분명하게 경고하고, 제자들에게 하나님의 뜻을 행

하라고 강하게 권고하고자 하는 것이다. 특히 '알곡과 가라지 비유'
(마13:24~30)는 하나님의 마지막 심판 때 일어날 최종적인 분리(the
definitive separation)를 의미하고 있다(홍창표, 〈하나님 나라와 비유〉,
합동신학대학원출판사, 2004, p.132~133).

　물론 비유가 항상 쉬운 것만은 아니다. 성경을 읽기만 한다고 해서
모든 것이 쉽게 이해되는 것은 결코 아니다. 때때로 예수님을 따르던
당시의 제자들도 비유를 이해하기 힘들어했다. 분명한 것은 예수님
의 비유가 어느 특정인의 특별한 능력(?)으로 '비유풀이' 방식으로 해
석되어서는 안 된다는 점이다. 그럴 필요도 없다.

## (2) 마13:34의 의미

　그럼 마13:34의 성경적인 의미는 무엇일까? 살펴보자. 문맥의 흐
름을 위해 34~35절을 함께 읽어보자.

> "예수께서 이 모든 것을 무리에게 비유로 말씀하시고 비유가 아니
> 면 아무 것도 말씀하지 아니하셨으니 이는 선지자로 말씀하신 바 내
> 가 입을 열어 비유로 말하고 창세부터 감추인 것들을 드러내리라 함
> 을 이루려 하심이니라"(마13:34~35)

　'이는' 으로 시작한 이 구절은 예수님께서 비유로 말씀하신 이유
를 설명해 준다. 그것은 '창세로부터 감추인 것을 드러내기 위함'이라

고 했다. 그것이 비유를 사용한 목적이다. 이것은 또한 예수님께서 구약성경의 시편 78:2을 인용한 말씀이기도 하다.

> "내가 입을 열어 비유로 말하며 예로부터 감추어졌던 것을 드러내려 하니"(시편 78:2)

시 78편은 애굽의 노예 시기부터 다윗의 통치 때까지 이스라엘 역사를 꿰뚫고 있다. 전체 내용의 목적도 선명하다. 하나님을 잊어버리고 조상들과 똑같은 잘못을 저지르지 않도록 하기 위함이다.

그렇다면 그 감추어져 왔던 것이란 무엇을 말하는 것일까? 사도 바울은 로마서를 기록하면서 맨 마지막에 그에 대해 언급한 게 있다. 그곳에서 힌트를 얻어 보자.

> "나의 복음과 예수 그리스도를 전파함은 **영세 전부터 감취었다가 이제는 나타내신 바 되었으며** 영원하신 하나님의 명을 좇아 선지자들의 글로 말미암아 모든 민족으로 믿어 순종케 하시려고 알게 하신 바 그 비밀의 계시를 좇아 된 것이니 이 복음으로 너희를 능히 견고케 하실"(롬16:25~26)

한 곳만 더 살펴보자.

> "오직 비밀한 가운데 있는 하나님의 지혜를 말하는 것이니 **곧 감취었던 것인데 하나님이 우리의 영광을 위하사 만세 전에 미리 정하신 것**

***이라*** 이 지혜는 이 세대의 관원이 하나도 알지 못하였나니 만일 알았
더면 영광의 주를 십자가에 못 박지 아니하였으리라"(고전2:7~8)

이러한 성경구절들을 통해 볼 때 위에서 언급된 '감추어져 왔던 것'
은 무엇을 의미하는 것일까? 한 마디로 '예수 그리스도'를 말하고 있
음을 알 수 있다. 결코 어렵지 않다. 메시아의 오심이 바로 예수 그리
스도로 인해 드러난 것이다.

그렇다면 왜 예수님께서는 직설적으로 말씀하지 않으시고, 비유를
사용하신 것일까? 크게 세 가지로 언급할 수 있다. 첫째 이유는 예수
님께서는 자신의 교훈을 이방인들에게는 감추고자 했기 때문이다.
복음을 선포하면서 당시에 받을 수 있는 정치적, 군사적 위협과 외인
들에게 발생할 수 있는 오해를 불식시키고 또한 자신을 그것으로부
터 보호할 수 있도록 하기 위함이다. 둘째는 예수님께서 그의 메시지
를 자신을 따르는 자들에게 계시하시고 또 그것을 밝히시기 위하여
사용하신 것이다. 셋째는 청중들의 불필요한 감정을 누그러뜨리기
위해서다(Robert H. Stein, 〈예수님께서는 무엇을 어떻게 가르치셨
는가〉, p.111~113).

마 13:34~35은 예수님께서 모든 교훈을 '비유'만으로 말하셨다는
것을 의미하지 않는다. 예수님께서 과장, 푼(동음이의법), 직유법, 은
유법, 잠언, 수수께끼, 패러독스(paradox, 역설), 추론법, 풍자, 질문,
비유 등 다양한 방법을 사용하여 말씀하셨다. 비유는 그것들 중 하나
일 뿐이다.

"비유가 아니면 아무 것도 말씀하지 아니하셨으니"라는 구절 때문

에 혼동될 수 있다. 예수님께서 정말로 모든 말씀을 비유로만 말씀하셨다는 말일까? 그럼 대표적인 말씀인 '회개하라 천국이 가까이 왔느니라'도 비유인가? 이는 예수님의 직설적이며 명령으로 하신 말씀이다. "비유가 아니면 아무 것도…" 이 구절의 동사 시제는 '미완료'다. 이는 예수님께서 그러한 교훈 방식(비유)을 습관적으로 사용하셨다는 뜻이다(Grant Osborne, <마태복음>(하), 성서유니온선교회, 2005, p.35). 즉 예수님께서 비유의 방식으로 자주 말씀하셨다는 게 그 구절이 뜻하는 바다.

## (3) '아시아'가 비유?

이만희 씨는 요한계시록 1:4~6을 해설한다며 아래와 같이 주장했다. 성경구절과 함께 이 씨의 주장을 살펴보자.

"요한은 **아시아에 있는** 일곱 교회에 편지하노니 이제도 계시고 전에도 계셨고 장차 오실 이와 그의 보좌 앞에 있는 일곱 영과 또 충성된 증인으로 죽은 자들 가운데에서 먼저 나시고 땅의 임금들의 머리가 되신 예수 그리스도로 말미암아 은혜와 평강이 너희에게 있기를 원하노라 우리를 사랑하사 그의 피로 우리 죄에서 우리를 해방하시고 그의 아버지 하나님을 위하여 우리를 나라와 제사장으로 삼으신 그에게 영광과 능력이 세세토록 있기를 원하노라 아멘"(계1:4~6)

위 성경구절에 대한 이 씨의 해설이다.

"하나님과 예수님께서는 성경의 예언 속에 인명과 지명을 주로 **빙
자하여 기록하셨으며(호12:10, 마13:34~35)** 때가 되면 다시는 비사
로 말하지 않고 모든 것을 밝히 일러주신다고 약속하셨다(요16:25).
본문의 **사도 요한과 아시아는 인명과 지명을 빙자한 것이다. 계시록을
비유할 당시는 그 성취 때가 아니므로 실상을 비유로 대신하여 예언했
다.**"(이 씨의 책, p.52)

이 씨는 성경 속에 나타나는 인명과 지명은 실제가 아니라고 주장
한다. 빙자, 즉 실제 다른 의미가 따로 있다고 한다. 이 씨는 자신의
이러한 주장이 옳음을 입증해보려고 바로 '마13:34'을 활용했다. 성
경적 해석이라는 소리를 듣고 싶었던 모양이다.
위 내용에 대한 이 씨의 다른 해설서도 살펴보자. 〈계시록의 진상
2〉(도서출판 신천지, 1988)이다. 이 책에서는 좀 더 구체적인 이 씨
의 주장들이 나타난다.

"**아시아는 오대양 육대주 중의 하나요**, 일곱 교회의 지명은 문자 그
대로 본다면 소아시아에 있었던 교회들이다. … 지금은 그곳에 이 교
회들이 없다. 또 이 말씀이 문자 그대로라면 맞지 않는 것이 첫째 예
수님께서 창세로부터 감추인 것들을 비유 비사로 들어낸다고 하신
말씀(마13:34~35)과…"(이만희, 〈계시록의 진상 2〉, p.49)

무슨 말인가. 정리해 보면 다음과 같다. '아시아에 일곱 교회가 그 당시에는 존재해 있었는데 지금은 사라지고 없다. 따라서 그 교회들은 지금 다른 지역을 뜻하는 비유의 의미이다. 그 비유는 오늘날의 오대양 육대주에 속하는 아시아를 가리키는 것이다'라는 말이라고 한다. 오대양 육대주 속의 아시아에 해당되는 국가는 한국, 일본, 중국 등을 말하는 것 아닌가? 한국에 있는 특정한 단체를 언급하려고 유도하려는 것으로 보인다.

계1:4의 '아시아'가 비유인가? 그렇다면 성경 본문에 등장하는 단어들인 '편지'도 '영'도 '보좌' 등도 비유라고 해도 되는 것 아닌가? 아니 아예 성경 자체도 비유라고 하는 게 더 낫지 않을까? 어떤 단어는 비유라고 말하고 어떤 단어는 또 비유가 아니라고 말할 수 있는 기준은 무엇인가?

그럼 계1:4의 '아시아'가 비유인지 아닌지 살펴보자. 요한계시록은 아시아의 일곱 교회들에게 보낸 편지 형태의 글이다. 이것이 1:4절과 11절에서 뚜렷이 나타난다. 일곱 교회는 실제 존재하는 교회다. 뿐만 아니라 이 땅의 모든 교회를 대표한다. '일곱 교회'(1:4)는 앞 절(1:3)의 '듣는 자들'과 연결된다. '듣는 자들'은 일차적으로 일곱 교회를 지칭하며, 넓게는 오늘의 예수 그리스도를 구주로 믿는 모든 교회에도 해당된다.

일곱 교회들이 겪는 많은 영적인 문제들은 그래서 오늘날 우리네 교회에서도 동일하게 발견된다. 일곱 교회의 각 교회에 대한 말씀이 있은 후 "귀 있는 자는 성령이 교회들에게 하시는 말씀을 들을지어다"라는 말씀이 항상 뒤따른다. 의미심장한 구절이다. 일곱 교회가 오늘날의 교회를 대표한다는 면에서 그 말씀은 요한 당시의 교회에 적용될 뿐 아니라 계속되는 모든 세대들에게도 적용될 수 있는 원리가 된다. 요한계시록이 현재적인 호소력을 지닌 것도 이 때문이다.

본문에서 말하는 아시아는 요한계시록이 기록되었을 때 지방 정치의 한 도였던, 로마제국의 플로빈티아(provintia)로, 소아시아의 서쪽에 반 이상의 넓은 영토를 차지한 주를 가리킨다. 로마제국이 소아시아와 근동을 정복하기 전, 아시아는 헬라인의 왕국인 세르신(the Seleucids)의 제국에 속해 있었다(홍창표, p.135). 즉 본문에 언급된 아시아 지역은 오늘날의 터키 영토로서 당시(주후 1세기) 지도에는 성경을 있는 그대로 문맥에 따라 읽으면 이만희 씨와 같이 곡해를 하지 않게 된다. 계1:4의 '아시아'를 비유의 용어로 보아야 할 아무런 이유를 발견하지 못하게 된다. 그 아시아가 오늘의 아시아가 결코 아니다.

# 8. 예수님이 영으로 이미 재림하셨다는데…
### - 요한계시록 1:7

89세(2019년 현재)인 이만희 씨에게 "성경을 사심 없이 있는 그대로 읽으십시오"라고 권면하면 그것이 실례가 될까? 필자보다 육신의 나이가 많은 그에게 그렇게 권유하면 정말 안 될까? 그런데 꼭 그렇게 말하고 싶다.

필자도 섬기는 교회에서 성경을 가르치고 있다. 그때 제일 강조하는 말 중의 하나가 '성경 읽기를 잘 하십시오'이다. 그 말은 성경을 오해하는 가장 큰 이유 중의 하나가 어처구니없게도 가장 기본적인 '성경 읽기'를 제대로 안 하기 때문이다. '가능하다면 다른 번역 성경도 꼭 보십시오'라는 주문도 바로 그와 같은 이유에서다. 영어가 가능하면 영어성경을, 그렇지 않으면 다른 한국어 번역성경 읽는 것을 통해 가능한 대로 올바른 성경의 의미를 알아가고자 하는 노력이다. 그만큼 성경읽기가 중요하다.

성경을 제대로 읽기만 해도 큰 은혜를 받는다. 바로 그것을 위해서 성경이 기록되었기 때문이다. 성경은 결코 수수께끼와 같은 책이 아니다. 하나님은 '복음'을 그러한 방식으로 허락하지 않으셨다. 특별한 사람만이 읽고 깨달을 수 있도록 만들어진 게 아니다. 남녀노소 누구든지 읽고 하나님을 발견할 수 있고 또 구원을 얻을 수 있도록 우리에게 주어진 책이다. 예수님께서 사용하신 예들인 '씨 뿌리기', '달리기', '건축하기', '결혼 풍습' 등을 보면 더욱 그렇다. 당시 사람들에게는 '아~'하며 복음을 어렵지 않게 알 수 있게 해 주신 것이다.

물론 성경 이야기가 약 2천년 이상의 시간과 공간을 뛰어넘어 오늘 우리에게 전달되었기 때문에 그에 따른 사회, 문화 등에 대한 공부가 필요한 것도 사실이다. 또는 성경의 내용 중에는 간혹 해석하기 어려운 부분도 있다. 그래서 사도 베드로는 "알기 어려운 것이 더러 있(다)"라며 말하고 있지 않은가(벧후 3:16). 그 어려운 내용에 대해서는 '억지로 풀지 마라'는 권면도 하고 있다.

예수님께서는 공생애 기간 중 예수님의 말씀을 이해하지 못하는 바리새인들을 향해 "~을 읽지 못하였느냐"라고 반문하시는 경우가 종종 있다(마12:3 등). 무슨 말인가? 나름대로 율법을 잘 이해하고 있다는 바리새인들에게 "율법의 내용을 읽기라도 해보았느냐"며 그들이 율법을 제대로 읽지 못하였음을 질책하고 있는 장면이다. 즉, 율법을 있는 그대로 잘 읽기만 해도 알 수 있는 진리를 왜 모르고 있느냐 하는 의미다.

이제 본론으로 들어가자. 이만희 씨가 계1:7에 대한 해설을 했다. 위 성경읽기를 염두에 두고 이제 살펴보자. 먼저 성경구절이다.

"볼찌어다 구름을 타고 오시리라 각인의 눈이 그를 보겠고 그를 찌른 자들도 볼 터이요 땅에 있는 모든 족속이 그를 인하여 애곡하리니 그러하리라 아멘"(계1:7)

이제 이 성경구절에 대한 이만희 씨의 해설이다.

> "베드로전서 3장 18~19절에 의하면 예수님께서는 영으로 살리심을 받고 영으로 옥에 있는 영들에게 가서 전도하신다고 한다. 이 말씀에 비추어 볼 때 **구름 타고 오시는 예수님은 영이시다.** 사실 재림 예수님의 모습은 초림 때 이미 제자들에게 공개된 적이 있다(마 17장). 구름 속에서 변형된 예수님의 모습은 성령체였으며 육체가 아니었다. … 한편 구름이 가린 채 하늘로 올라가심을 본 그대로 다시 오신다고 하셨다(행 1:9). **이로 보건대 주께서 구름을 타고 오신다는 것은 영으로 오신다는 뜻이다.**"(이 씨의 책, p.55)

이 씨의 성경읽기를 언급하지 않을 수 없다. 성경을 읽고 그 내용에 대해 해설을 하려는 것인지, 자신이 하고 싶은 주장에 성경을 이용하려는 것은 아닌지 의문이 든다. 성경읽기가 안 되는 것은 바로 이 문제가 명확하지 않기 때문일 것이다.

위에서 언급된 이 씨의 주장은 크게 두 가지다. 첫째는 구름 타고 오시는(재림하시는) 예수님의 모습은 '영'이라는 것, 둘째는 '구름 타고 오신다'는 말이 '영으로 오신다'는 뜻이라고 했다.

그의 주장은 과연 옳은가? 계1:7절 속에 구름 타고 오시는 예수님의 모습이 '영'이라는 의미가 들어 있는가? 그리고 그가 자신 있게(?) 제시한 벧전3:18~19에는 과연 그 의미가 들어 있을까?

본문(계1:7)을 아무리 읽어보아도 '구름 타고 오신다'는 말은 있지만, 구름 타고 오시는 그 예수님의 모습이 '영'이라는 의미는 나타나지 않는다. 그 그림자도 보이지 않는다. 이 씨가 관련 성경구절이라며 언급한 벧전3:18~19은 어떠한가? 그곳에서는 구름 타고 오시는 예수님의 모습이 '영'이라는 힌트가 들어있을까? 그 성경구절을 역시 직접 살펴보자.

> "그리스도께서도 단번에 죄를 위하여 죽으사 의인으로서 불의한 자를 대신하셨으니 이는 우리를 하나님 앞으로 인도하려 하심이라 **육체로는 죽임을 당하시고 영으로는 살리심을 받으셨으니** 그가 또한 영으로 가서 옥에 있는 영들에게 선포하시니라"*(벧전3:18~19)*

위 성경구절 중 '영으로는 살리심을 받으셨으니'라는 말이 나온다. 이 씨는 이것의 의미를 부활하신 예수님의 모습을 '영'으로 해석한 모양이다. 따라서 부활 승천하신 예수님께서 다시 오실 때 바로 육이 아닌 '영'으로 오신다는 것으로 이해한 듯하다.

과연 그럴까? 부활하신 예수님의 모습에 대해서 여러 성경구절이 잘 말해주고 있다. 눅24:36~39이다. 있는 그대로 성경을 읽어보자.

> "36 이 말을 할 때에 예수께서 친히 그 가운데 서서 이르시되 너희에게 평강이 있을지어다 하시니 37 그들이 놀라고 무서워하여 **그 보는 것을 영으로 생각하는지라** 38 예수께서 이르시되 어찌하여 두려워하며 어찌하여 마음에 의심이 일어나느냐 39 내 손과 발을 보고 나인 줄 알라 또 나를 만져 보라 **영은 살과 뼈가 없으되 너희 보는 바와 같이 나는 있느니라**"*(눅24:36~39)*

부활하신 예수님께서 사랑하는 제자들에게 직접 나타나셨다. 제자들은 깜짝 놀랐다. 믿을 수 없었다. 부활하신 예수님을 '영'으로만 생각했다. 그러자 예수님은 "영은 살과 뼈가 없으되 너희 보는 바와 같이 나는 있느니라"며 자신의 육체를 보이셨다. 그런 후 제자들이 보는 자리에서 음식을 드시기도 했다. 의심 많은 제자 도마가 "내가 그의 손의 못 자국을 보며 내 손가락을 그 못 자국에 넣으며 내 손을 그 옆구리에 넣어 보지 않고는 믿지 아니하겠노라"며 의심하자, 부활하신 예수님은 "네 손가락을 이리 내밀어 내 손을 보고 네 손을 내밀어 내 옆구리에 넣어보라 그리하여 믿음 없는 자가 되지 말고 믿는 자가 되라"고 말씀하셨다(요20:25~28). 부활하신 예수님의 모습은 영만이 아닌, 볼 수 있고 만져질 수 있는 부활체를 가졌음을 말해주고 있다.

이 씨가 언급한 "영으로는 살리심을 받으셨으니"(벧전3:18)의 의미는 무엇일까? 이 구절은 부활, 승천, 재림하시는 예수님의 모습을 단지 '영'으로 말하려는 게 아니다. 그 의미를 찾기 위해 그 구절의 다른 번역서를 읽어보자. 잘 읽기만 해도 좀 더 쉽게 그 의미를 알 수 있다.

"그리스도께서는 여러분을 위해 죽으셨습니다. 그리고 그 한 번의 죽으심으로 여러분의 모든 죄를 담당하셨습니다. 죄가 없는 분이시지만 죄인을 대신하여 돌아가셨던 것입니다. 그것은 여러분 모두를 하나님께로 인도하기 위함이었습니다. 육체는 죽었지만 **성령 안에서 다시 살아나셔서**"(벧전3:18, 쉬운성경)

*"For Christ also died for sins once for all, [the] just for [the] unjust, in order that He might bring us to God, having been put to death in the flesh, **but made alive in the spirit;**"*(벧전3:18, NASB)

*"For Christ died for sins once for all, the righteous for the unrighteous, to bring you to God. He was put to death in the body **but made alive by the Spirit.**"*(벧전3:18, NIV)

현대어로 번역된 '쉬운성경'은 '성령 안에서'라고 번역했다. 영어성경도 크게 다르지 않다. '영적인 면에서'(in the spirit, NASB), '성령에 의하여'(by the Spirit) 등으로 이해할 수 있다. 오광만 교수도 같은 견해다. 그는 "그분은 '육체의 관점에서는(with respect to the flesh) 죽임을 당하셨으나 영의 관점에서는(with respect to the spirit) 살리심을 받으셨다' 이 말은 예수께서 인간으로 땅에 계시는 동안 '육체의 죽임을 당하셨다'는 것과 그 후 '하나님의 영의 활동으로 생명(부활)을 얻으셨다'는 대조의 상황을 설명한 것이다."고 했다(오광만, 〈베드로전서의 메시지〉, 그리심, 2001, p.196). 한 마디로 "영으로는 살리심을 받으셨으니"(벧전3:18)는 '성령의 활동으로 예수님께서 부활하셨다'는 의미다. 이만희 씨가 말하려고 하는 '부활하신 예수님의 모습이 영'이라는 말이 결코 아니다.

스케프(J.A. Schep)는 그의 책 〈부활체의 본질〉(The Nature of the Resurrection Body, 기독교문서선교회, 1991)에서 그 부분을 깊이

있게 잘 다루었다(pp.113~119). 스케프는 벧전 3:18절에서 '육체' (σαρκι)와 '영'(πνεύματι)은 서로 대조되어 있음을 먼저 지적했다. 그런 후 이 두 단어가 모두 특정한 관사나 선행하는 어떠한 전치사도 사용되어 있지 않음을 언급했다. 이것은 그 단어를 '여격'(주격, 소유격, 목적격 그리고 여격 중에서)으로 취급해야 한다는 뜻이다. 즉 '~에 관하여는'이라는 의미로 풀이해야 한다는 말이다. 다시 말해 관사 없이 사용된 '육'과 '영'은 속성을 강조하는 말로 예수님의 부활 전 상태와 후의 상태를 나타내는 것이라고 말했다. 예수님은 몸과 영혼을 소유한 '육체'였던 자로서, 즉 우리의 죄 때문에 수치스러운 상태에 있는 자로 죽음을 당하셨다. 그러나 부활에서 그는 몸과 영혼을 소유한 '영'이셨고 또 영이신 자로, 즉 성령의 능력과 생명과 영광이 충만한 자로 다시 살아나시게 된 것이다.

스케프는 성경해석에 있어서 문맥의 흐름을 강조했다. 또한 부활의 다른 성구들과 조화를 이루어야 함을 중요하게 취급했다. 당연한 것이다. 성경이 스스로 모순을 갖고 있다고 생각하지 않는 이상 말이다. 스케프는 위에 언급한 벧전3:18~19은 고전15:45~46과 벧전 4:6 그리고 관련된 다른 성구들과 함께 연결해서 해석해야 한다고 강조했다.

이제 이 씨의 두 번째 주장인 '구름을 타고 오신다는 것은 영으로 오신다는 것'에 대해서 살펴보자. 이 씨의 주장이 과연 옳을까?

부활하신 예수님께서는 다시 하늘로 승천하셨다. 사도행전 1장 9~11절이 이를 잘 보여주고 있다. 예수님께서 승천하실 때 '흰 옷을 입은 두 사람'이 예수님의 재림에 대해서 언급을 했다. "하늘로 가심을 본 그대로 오시리라"(1:11, Jesus will come back in the same way you have seen him go into heaven)고 했다. 무슨 말인가? 예수님의 '구름 타고 오시는', 즉 재림의 모습은 부활하신 예수님께서 승천하실 때의 모습과 동일하다는 말이다. 예수님께서 승천하실 때 '영'(Spirit)으로 승천하셨나? 아니다. 손으로 만져지고 보여지는 부활체의 모습이다. 따라서 재림하실 때의 모습도 그와 같다는 게 성경의 설명이다. '영으로 오신다'는 이만희 씨의 주장은 그래서 옳지 않다.

## * 문맥을 따라 읽기만 잘 해도

성경은 문맥을 따라 있는 그대로 읽기만 잘 해도 큰 은혜를 받게 된다. 성경을 오해하게 되는 근본 원인은 읽기를 잘 하지 못해서다. 하나님을 발견하려는 것이 아닌 다른 목적을 가지고 읽으면 성경을 오해하게 된다. 자신의 감정을 조절하지 않아도 마찬가지다. 슬픈 마음을 갖고 성경을 읽으면 그렇게 보인다. 불만스러운 맘으로 읽으면 또 성경이 불만스러운 사건으로 보이기 쉽다. 성경을 경건한 마음으로 올바르게 읽지 못하면 견강부회(牽强附會), 즉 도리나 이치에 상관없이 자신의 주장이나 감정에 빠지게 되는 오류를 범하게 된다.

그 대표적인 예가 이사야 34:16절을 읽을 때다. 일부 이단자들이 자주 자신의 목적을 위해 곡해하는 구절 중 하나다. 그 구절을 살펴보자.

"너희는 여호와의 책을 자세히 읽어보라 이것들이 하나도 *빠진 것*
*이 없고 하나도* **그 짝이 없는 것이 없으리니** *이는 여호와의 입이 이를*
*명하셨고 그의 신이 이것들을 모으셨음이라"(사 34:16)*

이단자들은 '그 짝이 없는 것이 없다'는 위의 구절을 뽑아내어 성경
끼리는 모두 짝이 있다는 식으로 해석을 한다. 그래서 주로 신구약을
넘나들면서 마치 같은 '그림 짝 맞추는 듯'이 같은 단어들을 찾아내어
희한한 해석을 만들어 내곤 한다. 듣는 사람은 성경을 사용하기 때문
에 아닌 것 같으면서도 특별히 반론을 못하게 된다.

예를 들어보면 다음과 같다. 위에 예를 든 사도행전 1:9 본문의 이
야기다. 예수님께서 승천하실 때에 구름이 예수님을 가렸다. 그래서
예수님이 보이지 않았다. 이단자들은 이때 그 '구름'이 무엇이냐는 질
문을 던진다. 이 질문을 받게 되면 순간 당황하지 않을 수 없게 된다.
그동안 듣지도 보지도 못했던 것이었기 때문이다. 이때 이단자는 위
의 사34:16을 언급하며 성경의 다른 '짝'을 제시한다. 그 짝의 성경구
절이 히브리서 12:1이라 한다.

"이러므로 우리에게 **구름같이 둘러싼 허다한 증인들이** 있으니 모든
*무거운 것과 얽매이기 쉬운 죄를 벗어 버리고 인내로써 우리 앞에*
*당한 경주를 경주하며"(히12:1)*

히12:1의 '구름같이 둘러싼 허다한 증인들'이라는 구절을 뽑아내
어 '구름=증인들'이라는 결론을 내린다. 그것을 다시 행1:9에 대입시

킨다. 짝을 찾아 대입한다는 식이다. 그런 후 다음과 같이 해석을 한다. '예수님께서 구름에 가리워 승천하신 그대로 오신다는 것은 많은 증인들 사이에서 재림한다는 것'이라고 풀이한다. 그래서 신도들 사이에 둘러싸인 교주 자신이 바로 재림주가 된다고 말한다.

위와 같은 식으로 이해하는 것이 '짝'을 찾는 방식인가? '구름=증인들'이란 뜻이라면 처음에 언급한 계1:7의 "볼지어다 구름을 타고 오시리라"는 성경구절의 이해는 어떻게 해야하는가? 예수님께서 증인들을 말이나 당나귀처럼 생각하고 등이나 어깨를 타고 다니신다는 것인가? 생각만 해도 정말 망측하다.

그렇다면 이사야 34:16이 말하고자 하는 의미는 무엇인가? 이는 이사야 34장 1절부터 잘 읽기만 해도 알 수 있다. 무슨 내용인가? 하나님의 진노가 에돔에 임하게 된다. 그래서 에돔은 황무하게 된다. 사람이 살 수 없고 대신 짐승들이 짝을 이루며 살게 된다는 것이다. 이러한 하나님의 심판 선언에 많은 사람들은 코웃음을 치게 된다. 이에 하나님의 선언대로 동물들이 빠짐없이 그 짝을 이루며 살게 될 것임을 선지자의 시각에서 확실하게 선언하고 있는 말이다.

성경은 이처럼 문맥을 따라 읽기만 잘 해도 오해하지 않고 오히려 큰 은혜를 받게 된다. 성경의 직접적인 예를 찾아보자. 먼저 창세기 13장의 내용이다. 아브람은 조카 롯과 함께 벧엘과 아이 사이 지역에서 지내게 됐다. 각각의 식구들과 가축들이 많아지게 되어서 그 두 사람은 좁은 그 지역에서 계속 같이 살기 힘들게 되었다. 급기야 각 소속의 목자들의 다툼이 발생했다. 그래서 아브람과 조카 롯은 헤어지기로 했다. 가족이 헤어진다는 것이 마음이 아픈 일이지만 어쩔 수 없는 일이었다.

아브람은 넉넉한 어른의 마음으로 지역 선택권을 조카에게 양보했다. 조카 롯은 풍족해 보이는 땅인 소돔과 고모라 지역을 택하고 그곳으로 떠나겠다고 했다. 그래서 롯은 속한 식구들과 가축들을 몰고 그곳으로 떠나고 말았다.

가족과 헤어지게 되는 아브람의 마음이 어떠할까? 가족과 헤어져 보지 못한 사람은 아마 그 마음을 쉽게 이해하지 못할지도 모른다. 아브람은 떠나가는 조카의 뒷모습이 보이지 않을 때까지 오랫동안 쳐다보며 슬픔을 달랬을 것이다. "내가 너로 큰 민족을 이루(겠다)"(창 12:1)는 언약을 기억하며 하나님께 하소연을 했을 수도 있다.

이때 하나님은 아브람에게 위로의 말씀을 하셨다. "너는 눈을 들어 너 있는 곳에서 동서남북을 바라보라 … 내가 네 자손으로 땅의 티끌 같게 하리(라)"(창13:14~16)며 하나님께서 아브람에게 해주신 언약을 상고시키면서 말이다.

여기서 하나님이 사용하신 비유를 생각해보자. 자손을 많게 해주겠다는 약속을 확실하게 표현하기 위해 사용한 비유가 무엇인가? '땅의 티끌 같게 하겠다'("If anyone could count the dust" - NIV)는 것이다. 셀 수 없이 많게 하겠다는 것인데, 왜 하필이면 '티끌(dust)'을 예로 들었을까? 많음을 나타내 줄 수 있는 것들 중엔 모래알도 있고, 하늘의 별도 있고 그리고 사람의 머리카락도 있는데 말이다.

이는 조카 롯과 헤어질 때의 아브람의 상황을 이해하면 도움이 된다. 아브람은 떠나가는 조카 롯과 식구들이 자신의 눈에서 사라질 때까지 쳐다보았을 것이다. 그때 아브람이 본 것은 그들과 함께 그들이 일으킨 먼지들이었다. 하나님은 바로 그것을 활용한 것이다.

계속된 이야기를 하나 더 살펴보자. 아브람은 자식이 없어서 근심이 많았다. 그나마 가족이었던 조카 롯까지 떠나고 나니 적적하기 그지없었다. 그 걱정 때문에 밤잠도 제대로 이루지 못했을 것이다. 그런 무거운 마음을 갖고 있는 아브람에게 하루는 하나님께서 찾아오셨다("the Lord came to Abram in a vision" – NIV). '걱정하지 말라'며 위로하기 위해서다. 그런 후 하나님은 아브람을 밖으로 데리고 나가셨다. 하늘의 수많은 별들을 보여주시며 역시 '네 자손이 이와 같이 많아질 것이다'고 약속을 다시 상기시켜 주신다. 그것으로 보아 그 시각은 한 밤중이었을 것으로 보인다. 그때 '먼지와 같게 하겠다'고 한다면 얼마나 이상할까. 하나님은 바로 아브람이 최고로 쉽게 이해할 수 있도록 그리고 믿을 수 있도록 자신의 약속을 설명해 주고 있다.

성경을 문맥을 통해 읽기만 잘 해야 하는 이유를 예수님의 사건에서도 발견할 수 있다. 요한복음 6장의 소위 '오병이어' 사건 후 그 의미를 설명해 주면서 "내가 곧 생명의 떡이로라"고 자신의 메시아이심을 드러내셨다. 다시 말해 먹는 사건이 있은 후 그것을 상기시키면서 먹는 '떡'을 비유로 들었다. 요한복음 9장에 간음하다 잡힌 여인과 대화하면서도 마찬가지다. 예수님께서는 결론적으로 "나는 세상의 빛이(다)"고 선언하셨다. 왜 '빛'이라는 비유를 들었을까? 이는 간음 중 붙잡힌 여인 재판 사건이 감람산에서 새벽(at dawn)에 일어났다는 1절의 기록과 연결해 보면 어렵지 않게 알 수 있게 된다. 바리새인들은 예수님을 비난하기 위해 밤새도록 간음현장을 찾아다니다 현행범을 붙잡았다. 예수님이 감람산에 계심을 알고 그곳으로 그 여인을 끌고 왔다. 예수님은 그들을 말씀으로 물러가게 하셨고 그 여인에게 "다시는 죄를 범치 말라"고 말씀하셨다. 그때 새벽의 붉은 태양 빛이 그곳을 환하게 비취고 있지 않았을까? 예수님은 바로 그 상황을 잘 활용하신 것이다. 우물가에서 '샘물'을 비유로 든 것도 그와 같은 맥락에서 이해할 수 있다("나의 주는 물은 그 속에서 영생하도록 솟아나는 샘물이 되리라" 요4:14).

이상으로 살펴볼 때, 재림예수가 이미 '영'으로 임했다고 하는 이만희 씨의 교리는 아무리 따져 봐도 '영 ~ ' 아닌 것임이 분명하다. 그것은 성경을 잘 읽기만 해도 어렵지 않게 알 수 있는 사실이다.

# 9. "성령에 감동하여"의 뜻은?
### - 요한계시록 1:10

〈콘스탄틴〉이라는 영화를 매우 흥미롭게 관람한 적이 있다. '키아누 리브스'가 주연 배우이다. 그는 〈매트릭스〉, 〈스피드〉 등의 영화로 한국에서도 이미 잘 알려진 인물이다. 이 영화를 찾아서 본 이유는 두 가지 때문이다. 하나는 주연 배우의 연기를 보기 위해서다. 키아누 리브스 그만이 가지고 있는 독특한 매력이 있다. 또 하나의 이유가 있다면 그것은 바로 기독교적인 주제 때문이다.

영화는 '콘스탄틴'(키아누 리브스 역)이라는 인물이 천국과 지옥의 경계를 넘나들면서 혼혈 악마를 지옥으로 보내는 퇴마사 역할을 한다는 큰 줄거리를 갖고 있다. 주인공 콘스탄틴은 자신의 퇴마사 일로 인해 사후 지옥으로 떨어질 자신의 운명을 구원하여 천국에 갈 수 있다고 믿고 있다. 그러던 중 콘스탄틴은 이미 지옥으로 떨어진 강력계 여형사 안젤라의 동생을 구원하기 위해 자신이 대신 죽기로 한다. 영화는 이러한 '대신 죽음'이라는 놀라운 '자기희생'으로 말미암아 콘스탄틴이 결국엔 사탄의 손에서 구원을 받게 된다는 것을 말하려고 한다.

〈콘스탄틴〉은 제작기법에 있어서도 좋은 평가를 받고 있다. 현대 영화의 3가지 요소(3V)를 잘 살렸다는 칭찬이다. 그 3가지 요소는 첫째 진짜처럼 보이게 하는 것(Voyeuristic), 둘째 관객을 영화 속으로 빠져 들어가게 하는 것(Vicarious), 마지막으로 특수효과와 사실적인 액션의 표현(Viscerar)이다. 이러한 요소들이 '키아누 리브스'라는 특출한 배우를 만나 환상적으로 잘 드러났다는 것이다.

이 영화의 내용을 두고 '기독교적이다', '반기독교적이다'는 의견이 분분하다. 영화 속에 천사와 악마가 혼혈인의 모습으로 나온다는 것, 악령 퇴치를 위해 주술적인 방법이 등장한다는 것 그리고 부적으로 사용하는 것과 지옥을 자기 집처럼 드나드는 것 등이 반기독교적으로 지적되는 핵심 내용이다. 그러나 지옥의 존재와 그것을 고통으로 묘사하고 있다는 점 그리고 구원은 하나님의 손에 달려있다는 것 등에서는 기독교적 색채를 보이기도 한다.

필자는 어느 영화 자체가 기독교적인 영화이냐 아니냐를 구분하는 것은 큰 의미가 없다고 본다. 일반적으로 상영되는 영화를 기독교적 관점으로 볼 줄 아느냐가 더욱 중요하다고 여긴다. 영화를 통해 우리가 지금 살아가고 있는 이 세상을 이해하고, 그 세상 속에서 그리스도인으로 어떻게 살아야 하는가를 판단해 낼 수 있어야 함이 중요하다고 생각한다. 이러한 관점이 영화뿐만 아니라, 독서, 음악, 취미 등에서도 그대로 적용되어야 하지 않을까? 생각이 빠르게 커지는 청소년들에게 더욱 중요한 시각이라 본다.

## (1) 영화 같은 책

이만희 씨의 책, 〈천국비밀 요한계시록의 실상〉을 읽다보면 문득 위의 〈콘스탄틴〉과 같은 영화를 보는 것인 양 착각을 일으키곤 한다. 성경 해설서인 듯한데, 왠지 영화 같다는 느낌을 받는다. 반기독교적인 내용도 곳곳에 자리 잡고 있다. 성경을 해설한다는 것은 기본적으로 성경이 스스로 말하려고 하는 바를 충실하게 잘 드러내려는 것이어야 한다. 당연한 것 아닌가? 그러나 이 씨의 성경 해설은 그 내용이 성경 본문 자체에 충실하려고 한다는 것보다는 자신이 갖고 있는 반기독교적인 생각을 기초로 하여 자신만의 특별한 목적을 드러내려는 데 있어 보인다.

이 씨는 요한계시록 1:10절을 해설한다며 펜을 들었다. 특히 '성령에 감동하여'라는 구절에 관심을 기울여 보자.

먼저 요한계시록 1:10절의 성경 본문이다.

> *"주의 날에 내가 **성령에 감동하여** 내 뒤에서 나는 나팔소리 같은 큰 음성을 들으니"(계1:10, 한글개역성경)*

이만희 씨는 위의 '성령에 감동하여'라는 부분에 깊은 관심을 기울였다. 그의 책 목차에 그 항목을 별도로 표시해 둘 정도다. 그러나 그의 관심의 정도와는 정 반대로 그 성경구절에 대한 그의 해설은 형편없다. 이 씨는 "본문에 의하면 그는 유배 당시 주의 날 성령에 감동하여 뒤에서 나는 나팔 소리 같은 큰 음성을 (들었다.)"고 설명했다(p.

57). 다음 단락에서는 "성령이 요한을 감동시키므로 요한은 성령의 음성을 듣고 환상을 보게 된다"(p. 58)고 말했다. 해설을 한 것인지 안 한 것인지 조금 애매하다. 이 씨는, 요한이 성령에 감동하여 두 가지를 행했다고 언급했다. '나팔 소리 같은 큰 음성을 들었다'와 '환상을 보게 된다'는 것이 바로 그것이다.

본문에 언급된 '성령에 감동하여'라는 구절에 대해 조금 더 자세히 살펴보자. '성령에 감동하여'는 요한계시록 전체에 4번 등장한다(계1:10, 4:2, 17:3, 21:10). 계1:10절 외에 각각 "내가 곧 성령에 감동하였더니"(4:2), "곧 성령으로 나를 데리고"(17:3), "성령으로 나를 데리고"(21:10) 등으로 나타난다. 한글성경에는 조금씩 다른 표현인 것 같아 보이기도 하지만 모두 헬라어 성경 '엔 프뉴마티'(εν πνευματι)의 표현이다. 영어 성경만 보아도 같은 표현인 'in the Spirit'으로 나타나 있다.

이러한 4번 등장하는 '엔 프뉴마티'의 표현을 이만희 씨는 그의 책에서 어떻게 해설해 놓았을까? 한 번 살펴보자.

계4:2의 해설에서 이 씨는 '성령에 감동하여'라는 구절의 의미를 보다 자세히 해설했다. 계1:10 해설에서 소제목을 '성령의 감동'이라고 하며 싱겁게 지나간 것과 달리 '이 일 후에 마땅히 될 일'이라는 소제목을 붙인 계4:2의 해설에서는 '성령에 감동하여'에 대해 조금 더 길게 설명을 하고 있다. 그의 설명을 들어보자.

*"요한은 '성령에 감동하여' 하늘에 있는 보좌를 보았으므로(2절)*
*그가 본 것은 육안이 아닌 영안으로 본 것이며 육의 세계가 아니라 영*

*의 세계이다. 물론, **하늘로 올라간 것도** 요한의 영이지 몸이 아니다."*
*(이 씨의 책, p. 109)*

이 씨는 '성령에 감동하여'라는 의미를 '영안으로 보는 것' 그리고
'하늘로 올라간 것' 등으로 설명을 해 놓았다. 그는 예수 그리스도 외
에 하늘 영계를 본 이는 요한뿐이라는 설명을 덧붙이기도 했다. 뒤 따
르는 이 씨의 해설은 그의 해설의 본색(?)이라 엿볼 수 있는 대목이
다. 한마디로 요한이 본 것은 '환상'이고 자신이 본 것은 '실상'이라는
것이다. 직접 읽어보자.

> *"여기에서 특별히 기억해야 할 것이 있으니 약 이천 년 전 계시록*
> *을 기록한 사도 요한은 본문에 기록한 하나님의 보좌를 **환상으로 보***
> ***았을 뿐이며** 계시록 성취 때에는 그와 같은 입장으로 오는 목자가 있*
> *어 참 하나님의 보좌 형상을 본다는 점이다. **사도 요한의 위치에 있는***
> ***그 목자는** 초림 예수님께서 그랬듯이 하늘 영계에서 **자신이 보고 들***
> ***은 것을 그대로** 증거한다."*(이 씨의 책, p. 109)

이 씨는 계21:10의 '성령에 감동하여' 부분을 해설한다고 하면서
같은 주장을 반복하고 있다. 역시 직접 살펴보자.

> *"약 이천년 전 사도 요한은 본장의 새예루살렘 성을 **환상으로 보았***
> ***지만** 본문 성취 때 그의 입장으로 오는 **한 목자는 실상을 보게 된다.***
> *그리고 마치 모세가 산에서 하늘 영계의 장막을 보고 내려와 그 모*

형으로 이 땅에 장막을 지은 것처럼 거룩한 성 새예루살렘을 이 땅
에 창조한다. 거룩한 성을 사도 요한의 입장으로 오는 목자에게 천
사가 보여준 까닭은 그로 하여금 이 땅에 영계와 같은 거룩한 성을
짓게 하기 위해서이다."(이 씨의 책, p. 459~460)

무슨 말인가? 이 씨가 주장한 것을 정리해 보면 '엔 프뉴마티'의 상
태 즉, 요한이 '성령에 감동하여' 본 것은 마치 영화를 보는 것과 같은
'환상'적인 것이고, 진실된 것인 '실상'은 사도 요한의 입장으로 이 땅
에 온 이만희 씨가 보게 된다는 것이라 할 수 있다.

위에 언급된 이 씨의 계1:10의 해설과 계21:10의 해설을 연결하
면 더욱 재미있는 결과가 주어진다. 정리해 보면 다음과 같다. 요한은
'성령에 감동하여' 그의 영이 하늘로 올라가 육안이 아닌 영안으로 모
든 것을 보았지만 그것은 실상이 아닌 허상에 불과하다는 것이다. 다
시 말해 아무리 성령에 감동하여도 결국 보는 것은 진실이 아닌 그림
자와 같은 것이며 무조건 이 씨를 추종하는 자만이 진실된 것을 본다
는 말이다. 이만희 씨가 말하고 싶은 '성령에 감동하여'의 의미가 바
로 이것이라고 한다. 허허허….

## (2) '성령에 감동하여'란?

요한계시록에는 '성령'과 관련된 구절이 많이 나타난다. 앞서 언
급한 대로 '성령에 감동하여'의 구절은 계1:10 등 요한계시록에 4

번 나타난다. 그뿐 아니다. 성령에 대한 다른 언급들도 있다. 모두 10
번 나타난다(2:7, 2:11, 2:17, 2:29, 3:6, 3:13, 3:22, 14:13, 19:10,
22:17). 그리고 역시 성령을 의미하는 '일곱 영'의 표현도 4번 등장한
다(1:4, 3:1, 4:5, 5:6). 즉, 요한계시록 22장 전체에서 성령과 관련된
구절이 18번이나 등장한다. 이는 거의 매 장마다 한 번씩 성령에 대
한 언급이 나타나는 셈이다. 무슨 의미인가? 요한계시록은 저자 요한
이 철저히 성령에 의해서 기록되었다는 뜻이지 않을까?

그렇다면 과연 본문에서 언급하고 있는 '성령에 감동하여'(εν
πνευματι)라는 구절의 의미는 무엇일까? 리처드 버쿰은 '성령에 의
해서 생포(rapture)된 상태, 그로 인한 환상의 경험을 기술적인 용어'
로 설명하고 있다(Richard Bauckham, "The Role of the Spirit" The
Climax Prophecy. 1993. pp.150~151). 이 말은, 요한은 환상을 보면
서 자유로운 대리인(agent)으로 남아 있다는 뜻이다. 다시 말해 이는
요한이 경험하고 있는 '성령에 감동하여'(εν πνευματι)의 상태는 성령
에 의해서 생포되어 황홀한 지경에 빠져있기는 하지만, 요한 자신의
정상적인 감각들이 성령에 의해서 그에게 주어진 시각들과 청각들로
대체되었다는 말이다. 즉, 성령에 의해서 혼수상태에 빠졌지만, 그의
감각은 그대로 유지되어 있는 상태라는 의미다. 이것을 '엔 프뉴마티'
라고 하는 것이다.

홍창표 교수는 '성령에 감동하여'(εν πνευματι)를 '영적 고양'(the
exaltation)된 상태라고 설명하기도 한다(홍창표, p.199). 이때의 영
적 고양 상태는 황홀감(a trance)과 몰아의 경험(ecstatic experience)
으로 묘사된다. 홍창표 교수는 본문의 '엔 퓨뉴마티'의 상태를 욥바에

서 사도 베드로의 경험(행10:10; 11:5)과 예루살렘에서 사도 바울의 체험(행22:17; 고후12:2~4)과 연결시키기도 했다.

데이빗은 '엔 프뉴마티'와 관련된 가장 가까운 구약성경으로 미가 3:8을 언급했다(David E. Aune, Revelation(WBC) 1-5, 김철 옮김, 〈요한계시록 상〉, 솔로몬, 2003. p. 441). "여호와의 신으로 말미암 아"(미3:8)라는 미가서 구절의 의미와 연결된다고 했다. 또한 그는 다니엘 7장이 요한계시록 1장에 지대한 영향을 끼쳤다고 주장한다. 좀 더 구체적으로 단7:9의 "내가 보았는데"라는 등의 표현이 계1:10 의 '엔 프뉴마티'에 근본 개념을 제공해 주었다고 말한다. 이는 '엔 프뉴마티'의 의미가 신구약에 걸쳐 나타나는 현상임을 보여준다는 뜻 이다. 데이빗도 위의 홍창표 교수처럼 '엔 프뉴마티'를 바울 서신과 연결시켰다. 특히 바울 사도가 기독교인들의 기도 생활과 '엔 프뉴마 티'를 연결시켰음을 언급했다(고전14:15).

권성수 목사는 '엔 프뉴마티'를 "하나님의 영에 의해 직접적으로 통 제받는 상태"로 표현했다(권성수, 〈요한계시록〉, 선교횃불, 2001. p. 32~33). 그는 인간의 영이 자연적인 세계와의 접촉에서 떠나 새롭 고 신령한 세계와 직접 접촉하는 '엑스터시'(ecstasy)(행10:10, 11:5, 22:17)한 상태가 '엔 프뉴마티'이지만 단순한 인간 영혼의 '엑스터 시'한 상태가 아닌 하나님의 직접적인 통제의 상태임을 강조했다.

이상을 정리해 보면, '엔 프뉴마티'는 인간 스스로가 술에 취한 듯 황홀한 무아지경에 빠져 횡설수설하는 상태를 말하는 것이 아니라, 하나님의 직접적인 통제 속에서 이성을 가지고 허락하시는 계시를 정확하게 보고 듣게 되는 상태임을 의미한다. 오히려 보통의 상태보다 더욱 또렷하고 정확한 의식 상태를 말한다.

이만희 씨가 주장하고 싶은 것은 그것이 아니다. '엔 프뉴마티가 어쩌고 저쩌고…'하는 것보다는 '사도 요한=환상 혹은 허상, 나=실상'을 계속적으로 말하고 싶어 한다. 그 목적을 위해 그는 성경 본문의 내용을 마치 SF영화라도 만들 듯 각색을 하고 있다.

영화 〈콘스탄틴〉의 결론은 보기에 따라 황당한 내용으로 끝난다. 마치 '금연' 홍보 영화인가 하는 생각을 갖게 한다. 사탄은 줄담배로 인해 망가진 콘스탄틴의 폐를 깨끗케 해주며 그를 이 땅에 다시 살린다. '자기 희생'으로 천국에 가려는 콘스탄틴을 이 땅에 살려서 다시 줄담배로 지옥에 올 것을 기대하면서 말이다.

영화는 종종 황당하고 허무한 결론으로 마쳐진다. 이만희 씨의 주장도 그와 다르지 않다. 성경을 성경답게 읽고 해석하려고 하지 않기 때문이다.

# 10. '알파와 오메가'도 비유라고?
- 요한계시록 1:8~9

얼마 전 한 사람에게 복음을 전할 기회가 있었다. 그는 예수님을 영접했다. 기쁘고 놀라운 일이었다. 그분은 병원에서 죽음을 앞두고 있는 환우였다. 그분이 예수님을 구주로 영접하겠다고 고백하는 순간 그분의 가족들은 모두 놀랬다. 가족들조차 잘 알아볼 수 없을 정도로 정신이 혼미했던 그가 필자의 구원초청에 또렷하게 대답을 했기 때문이다.

그 환우는 필자가 섬기는 교회 한 청년의 친구 아버지였다. 그 청년과 교제하던 중 "제 친구 아버지가 위독하세요. 며칠 못 갈 것 같아요."라고 흘린 그의 말을 '전도의 기회'라고 감을 잡았던 게 계기였다. 그래서 "그 환우를 위해서 예배를 드릴 수 있도록 연락을 취해봐라"고 했었다.

요즘 자주 듣고 있는 CCM(복음송)이 있다. '주님 다시 오실 때까지'라는 곡이다. '주님 다시 오실 때까지 나는 이 길을 가리라~'라는 첫 부분의 노랫말이 '소명'을 생각하게 해 준다. 죽음을 생각하면서 그 때까지 내가 무엇을 하며 살아야 하는가에 대해서 말이다.

이만희 씨의 책 <천국비밀 요한계시록의 실상>을 분석해 가면서 필자는 소명을 다시 한 번 생각하지 않을 수 없었다. 한국교회 이단문제에 대해서 말이다. 어디 그것이 필자만의 소명일까?

## (1) '알파와 오메가'가 비유라고?

이만희 씨는 요한계시록 1장 8절을 해설한다면서 역시 자기중심적이고 비성경적인 접근을 했다. 성경본문과 함께 그의 해설을 살펴보자.

*"주 하나님이 가라사대 나는 알파와 오메가라 이제도 있고 전에도 있었고 장차 올 자요 전능한 자라 하시더라"(계1:8)*

*"본문 8절에서는 하나님을 알파와 오메가요 장차 오실 자라고 소개한다. 헬라어 알파벳의 첫 글자와 마지막 글자인 알파와 오메가는 '시작과 끝'을 상징하는 것으로 아담 범죄 이후 회복의 역사를 시작하신 하나님께서 계시록을 이루심으로 모든 일을 완성하신다는 것을 나타낸다."(이 씨의 책, p.56)*

이만희 씨는 성경 본문(계1:8) 중 '알파와 오메가'라는 구절만 떼어내어 그것에 해설의 초점을 맞추었다. '이제도 있고 전에도 있었고 장차 올 자요 전능한 자' 등의 구절에 대해서는 아무런 언급이 없다. 큰 의미가 없는 구절이라고 생각하는 것인지 아니면 자신도 그 뜻을 모르기 때문인지 아무런 접근을 하지 않았다.

'알파와 오메가'라는 구절은 요한계시록에 본문 외에 2번 더 나온다. 계21:6, 계22:13이다. 이 씨는 이 두 성경구절을 해설하면서 자신의 성경 해설 '의도'를 좀 더 구체적으로 드러냈다. 성경이 스스로 자증하고 있는 성경적인 해설과는 거리가 먼 채로 말이다. 이 두 성경구절에 대한 이 씨의 해설도 살펴보자. 먼저 계21:6에 대한 이 씨의 해설이다.

> "헬라어 알파벳의 첫 글자인 알파와 마지막 글자인 오메가는 처음과 나중 즉 시작과 끝을 가리키기 위해 **비유한 말이다.** … 예언을 알파라고 하면 실상은 오메가가 된다. … 약 이천 년 전 신약 성경에 약속한 예언을 계시록 성취 때에 다 이루신다(요 14:29계2→1:6). **예언의 말씀과 그 짝인 실상을 믿는 자는 천국으로, 믿지 않는 자는 지옥으로 가게 된다.** … 하나님께서는 생명수 샘물을 값없이 주신다고 약속하셨으므로(6절) **하나님의 말씀이 있는 곳은 적어도 '무료로' 성경을 가르쳐 주는 곳이지, 돈을 내야 배울 수 있는 기성 신학교는 아니다.**"(이 씨의 책, pp.454~455)

이 씨는 '알파와 오메가'라는 성경구절을 '비유'라고 말하고 있다. '알파와 오메가'는 그 자체의 진실된 뜻이 있는 것이 아니라 본 뜻의 '무엇'을 가리키고 있다는 식의 해설이다. 그 본 뜻을 '실상'이라고 주장하고 있다. '알파와 오메가'가 비유라고 하는 것은 참으로 얼토당토 않는 주장이다.

이 씨는 계속해서 '실상을 믿는 자는 천국, 믿지 않는 자는 지옥'이라는 끔찍한 주장을 펼치고 있다. 도대체 무슨 말인가? 여기서 이 씨의 계1:1의 해설을 떠올리지 않을 수가 없다.

위의 이 씨의 주장과 그의 계1:1의 해설을 연결시켜 보면 참으로 어처구니없는 결과가 만들어진다.

살펴보자. 다음은 계1:1의 이 씨의 해설이다.

> "그러므로 계시록이 응할 때에는 이미 죽은 지 오래인 사도 요한이 이 땅에 살아나서 자신이 기록한 말씀과 그 실상을 전하는 것이 아니라 **'사도 요한과 같은 입장의 목자'가 나타나 실상 계시를 보고 듣고 증거하게 된다.** 계시록 성취 때 필요한 계시는 계시록 전장에 약속한 말씀대로 나타난 사건을 증거하고 알려주는 실상계시이지 환상계시가 아니다. 그러므로 계시록 성취 때에는 모든 성도가 **사도 요한의 입장으로 오는 대언의 목자에게 계시록의 실상을 증거 받아야 한다.**"
> (이 씨의 책 p.45~46)

위의 해설에서 '사도 요한과 같은 입장의 목자'는 누구를 가리키는가? 이 책을 읽는 이 씨 측의 신도들이라면 우선적으로 이만희 그 자신을 생각하게 될 것이다. 그것이 맞는다면 이 씨가 실상 계시를 받게 되는 인물이 된다는 말이다. 그 말과 '실상을 믿는 자는 천국, 믿지 않는 자는 지옥'이라는 위의 이 씨의 주장과 연결시키면 어떠한 결론이 만들어지는가? 황당하다는 생각밖에 들지 않는가?

이 씨는 '알파와 오메가'를 해설한다면서 그 결론으로 '신학교'를 언급했다. 기성신학교는 틀렸고 자신들의 신학교가 옳다고 했다. 또

신학교의 옳고 그름의 판단 기준이 성경의 올바른 해석 기준보다, 이 씨에게는 등록금을 받느냐 안 받느냐에 달렸다고 생각하는 모양이다.

이런 자아도취식 '알파와 오메가'에 대한 이 씨의 해설은 계22:13에도 계속 나타난다. 살펴보자.

> "헬라어 알파벳의 첫 글자와 마지막 글자인 알파와 오메가는 처음과 나중이요 시작과 끝을 상징한다. 그러므로 '예언'을 '알파 즉 처음과 시작'이라고 하면 그 '실상'은 오메가인 나중과 끝'이 된다. … **본문의 상벌은 약속한 계시록의 말씀이 응할 때 성취된 실상을 믿는 자와 믿지 않는 자에게 내리는 것이다.**"(이 씨의 책, p 486)

실상을 믿음으로 상벌이 결정된다는 것(이 씨의 계22:13 해설)과 구원이 결정된다는 것(이 씨의 계21:6 해설)에는 큰 차이가 없어 보인다. 모두 황당한 비성경적인 주장일 뿐이다.

위와 같은 주장들로 마음이 답답할 때마다 필자는 하나의 성경구절을 자주 생각한다. 마음과 믿음을 되돌아보게 해 주기 때문이다. 앞서 한 번 언급했던 성경구절이다. 바로 사도행전 4:12절 말씀이다.

> "다른 이로서는 구원을 얻을 수 없나니 천하 인간에 구원을 얻을만한 다른 이름을 우리에게 주신 일이 없음이니라 하셨더라"(행 4:12)

## (2) 이만희 씨가 헬라어를 읽는다?

이 씨는 '알파와 오메가'의 구절을 해설하면서 줄곧 '헬라어 알파벳 글자'임을 언급했다. 이 씨가 요한계시록을 해설한다면서 '헬라어'를 운운하는 것은 정말 의외의 일이다. 이 씨가 헬라어를 읽을 줄 안다는 말인가? 그를 무시하는 말이 결코 아니다. 오히려 정말 좋은 현상 중 하나다. 계속 성경 원어에 관심을 갖고 그 기준에 맞추어서 해설하려고 하기 때문이다.

헬라어에 조금만 관심을 기울인다면 계1:8을 해설하면서 빠뜨릴 수 없는 중요한 부분이 있음을 발견하게 되는데, 그것이 바로 "나는"이라는 말이다. 이만희 씨도 관심을 기울인 헬라어로 된 성경원문을 한 번 살펴보자. 계1:8 중 "나는 알파와 오메가라"라는 부분이다.

*"Εγώ είμι τό άλφα καί τό ώ"(계1:8)*

계속해서 위 본문에 대한 다른 번역성경인 영어 성경도 함께 살펴보자. 보다 원문에 충실한 번역 원칙을 삼은 NRSV와 역동적인 번역을 기준으로 삼은 NIV 성경이다.

*"I am the Alpha and the Omega"(계1:8, NRSV)*

*"I am the Alpha and the Omega"(계1:8, NIV)*

위의 두 영어 성경은 동일하게 번역을 했다. 그렇다면 보다 자유번역 원칙을 삼은 영어 번역본인 Good News Bible도 살펴보자.

*"I am the first and the last"*(계1:8, GNB)

위에서 예를 든 한국어 성경(한글개역성경)과 영어 성경 모두 계1:8 본문의 '나는'에 대한 접근이 동일하다. 모두가 '나는'(I am)으로 번역하고 있기 때문이다. 그렇다면 '나는'에 해당하는 헬라어 성경의 'Ἐγώ εἰμι'('에고 에이미')와는 어떤 차이가 있을까?

'Ἐγώ'와 'εἰμι'는 각각 '나는 … 이다'라는 동일한 의미를 가지고 있는 두 개의 1인칭 주격 동사들이다. 두 단어가 한 곳에 같이 등장해야 할 하등의 이유가 없다. '에고'(Ἐγώ)와 '에이미'(εἰμι) 둘 중 하나만 사용해도 된다. 동일한 의미의 두 단어이기 때문이다. 다시 말해, 내용상 두 단어 중 하나를 빼어도 의미가 통하게 된다. 아니, 오히려 두 단어 중 하나만 사용하는 것이 더 자연스럽다. 그 자연스러운 예가 바로 계1:9에 나타난다. 요한계시록을 기록하고 있는 요한은 자신을 소개하면서 "나 요한은" 이라고 말하고 있다. 직접 살펴보자.

*"Ἐγώ Ἰωάννης"*(계1:9)

요한은 계1:2절과 1:4절에서 자신을 소개하면서 사용하지 않은 'Ἐγώ'(나)라는 말을 계1:9에서는 사용했다. 이는 계1:2과 계1:4의 '요한'이 바로 자신과 동일한 인물임을 밝히려고 한 것이다.

그렇다면 계1:8에서 하나님의 속성을 소개하면서 '나는 … 이다'라는 동일한 의미의 단어('Ἐγώ'와 'εἰμι')를 연달아 두 번 사용한 것은 어떤 이유에서 일까? 이는 '나는 … 이다'라는 의미를 매우 강조하기 위한 것이라고밖에 볼 수 없다. 다시 말해 하나님께서 자신이 누구이신가를 대단히 강조하며 드러내고자 하기 위해서 그 단어들을 연달아 사용하셨다는 뜻이다.

이 의미가 한글성경과 영어성경에서는 잘 살아나지 못했다. '나는 나는' 또는 'I and I'라는 식의 표현이 어색하다. 문장 구조상 불가능하다. 그러나 헬라어는 그것이 가능하다. 바로 이것이 헬라어 성경, 원어성경을 읽는 '맛'이다. 따라서 계1:8의 본문은 '하나님은 누구이심'이 그 중심사상이 된다는 의미이다. 이는 성경 본문이 스스로 그 강조점을 밝혀주고 있기 때문이다. 하나님은 누구이신가? 바로 '알파와 오메가'라고 하신다.

## (3) '알파와 오메가'란?

이만희 씨의 지적대로 '알파와 오메가'는 헬라어 알파벳의 처음과 마지막 글자이다. 이 씨가 그것은 잘 언급했다. 그렇다면 그 의미는 무엇일까? 이 씨는 해설한다며 그 의미를 '예언과 실상', '무료 신학교' 등으로 연결시켰다. 그렇게 말하는 게 옳을까?

버쿰은 '알파와 오메가'에 대해 "하나님에 대한 신적 칭호로써, 그리스도에 의해서 자기칭호, 즉 신적 자기선포(divine self-declaration)로 나타난다"고 언급했다(Richard Bauckham, "The Role of the Spirit" The Climax Prophecy. 1993, p.25). 다시 말해 '알파와 오메가'는 하나님 자신을 나타내 주는 '관용적인 표현'이라는 말이다. '알파'나 '오메가'를 따로 분리해서 해석해야 하는 것이 아닌 하나의 단어처럼 사용해야 한다는 말이다. 그 주체는 바로 '하나님'이다.

홍창표 교수도 같은 견해이다. 그는 '알파와 오메가'는 "하나님을 위해 사용된 속성의 표현이 그리스도에게 적용된 것"이라고 지적했다(홍창표, 〈요한계시록 해설 1권〉, 크리스천 북, 1999, p.167). 그는 계속해서 "이는 절대적 시작(the absolute beginning, αρχη)과 절대적 끝(the absolute end, τελος)이 되시는 하나님을 표현하는 말이다"고 강조했다. 이것은 하나님은 모든 것의 '시작' 곧 기원이시고, 모든 것의 끝 곧 종말이 되신다는 의미이다. 인류 역사상에 일어나는 모든 일의 '주'가 되신다는 의미도 갖는다. 이처럼 상징적인 두 글자, 알파와 오메가는 모든 것(παντα)을 대표하는 말이기도 하다.

'알파와 오메가'의 사상은 이미 구약성경에서도 사용되었다. 이사야 44:6은 "이스라엘의 왕인 여호와 이스라엘의 구속자인 만군의 여호와가 말하노라 **나는 처음이요 나는 마지막이라** 나 외에는 다른 신이 없느니라"고 되어 있다. 하나님이 누구이심을, 즉 처음과 끝을 주관하시는 전능하심을 이미 구약성경에서부터 잘 설명하고 있다는 것이다.

'알파와 오메가'에 해당되는 히브리적 상징 표현은 '에메트'(אמת)이다. 하나님은 '처음이시고 중간이시고 마지막이시다'는 의미이다(David E. Aune, Revelation(WBC) 1-5, 김철 옮김, 〈요한계시록〉,

솔로몬, 2003, p.399~400). 왜냐하면 알렙(א)은 히브리어의 첫 글자이고 멤(מ)은 중간 글자이며 타우(ת)는 마지막 글자이기 때문이다. 이것을 통해 하나님의 주권을 매우 강조하려는 의도이다.

결국 예수 그리스도는 '알파와 오메가'의 용어를 자신에게 적용시킴으로서 자신이 하나님의 완전하고 영원한 '계시'가 되심을 나타내 보이셨다. 즉, '알파와 오메가'라는 표현은 구약에서는 '하나님'을 지칭하는 용어로, 신약의 요한계시록에서는 하나님뿐 아니라 예수님에게도 동일하게 사용된 용어라는 점이다. 따라서 계1:8 본문에서 '알파와 오메가'는 하나님을 가리키는 의미로 사용된 것이다.

## (4) 하나님의 자기 선언

'알파와 오메가'는 하나님의 하나님되심의 자기 선언에 대한 용어이다. 이에 대한 용어가 계1:8에 연달아 두 번 더 나온다. 하나는 "이제도 있고 전에도 있었고 장차올 자"이고 그 다음은 "전능한 자"이다.

홍창표 교수는 그리스도의 속성을 잘 나타내 주는 용어라고 설명을 하고 있다(홍창표, 위의 책, p.169). 그리스도께서 영원하며 동시에 역사의 사건들에 영향을 받지 않는 초월하신 자로, 모든 것의 궁극적인 완성(consummation)을 선언하신 것이라고 강조했다. 다시 말해 우리가 믿는 하나님은 자신 스스로 일을 계획하시고 그의 선하신 뜻대로 일을 수행하실 수 있는 분이시라는 것이다. 하나님의 계획하심이 마귀나 사탄 등 그 어떠한 존재나 상황에 의해서 방해를 받거나 실패 당하지 않는다는 뜻이다.

요한계시록 1:8은 하나님의 어떠하심을 잘 보여주는 중요한 구절이다. '이만희'라는 이름이나 '실상' 또는 '신학교' 등 그와 관련된 어떠한 용어나 의미가 그 성경 본문 해석에 들어갈 자리가 전혀 없다. 실수의 틈도 없다. '알파와 오메가'에 대한 이만희 씨의 해설 중에서 '알파와 오메가는 헬라어 알파벳의 첫 글자와 마지막 글자다'라고 언급한 기본 상식 외에는 귀담아 들을 것이 없다.

몇 년 전 한 대학교에 전도 사역을 한 적이 있다. 누구나 들어가기를 바라는 유명한 대학교였다. 필자와 함께한 몇몇 청년들은 그 대학 학생들에게 전도지를 나누어 주고 또 개별적으로 접촉을 통해 복음을 전하려고 했다. 그러나 대부분의 학생들은 우리들의 전도지를 쳐다보려고 하지 않았다. 눈길조차 주지 않았다. 개별 접촉도 거의 이루어지지 않았다. 같은 방식으로 다른 대학교에서 했던 결과와 상당한 차이가 있었다.

그날 이후 다음과 같은 생각을 해 보았다. 그 대학에 다닌다는 지나친 자신감이 복음에 대한 눈과 귀를 막고 있는 것이지 않을까 하는 점이다. 그러면서 사람은 육신이 병들어 약해지면 모든 것이 약해진다는 말이 생각났다. 영혼조차도 말이다.

이만희 씨에게 '복음'을 전해봤으면 좋겠다는 생각을 해 보았다. 너무 엉뚱한 상상일까? 북한 선교에 종사하시는 어느 분이 '김정은에게 복음을 전할 소망'을 품는 것을 보았다. 그것에 비하면 그리 어려운 것도 아닐 것 같은데 말이다. 언제나 그런 기회가 올 수 있을까?

# 11. 이만희 씨는 자신을 신(神)이라 생각하나?

필자는 신학교 외에 종종 외부 강의 사역도 하고 있다. 물론 이단사이비 문제에 관한 내용이다. 강의 중 필자는 다소 엉뚱해 보일 수 있는 질문을 던지곤 한다. 그 질문 중 하나를 이 글의 독자들에게도 한번 던져 보겠다. 다음과 같다.

"여러분들은 신앙이 깊어지면 깊어질수록 자신의 모습이 더욱 더 '사람'다워진다고 생각하십니까 아니면 '신'다워진다고 생각하십니까?"

어떻게 생각하는가? 필자는 그 질문을 던진 후 '하나님이 원하시는 진정한 믿음의 사람이 되어 간다'는 등의 답을 기대했다. '사람다워진다'는 것이다. 강의에 참석한 사람들은 모두 마치 약속이나 한 듯이 필자의 기대처럼 그렇게 대답을 했다. 그런데 어느 교회 집회에서 뜻밖의 일이 발생했다. 50대로 보이는 한 여인이 '신다워집니다'라고 큰 소리로 말하는 것 아닌가? 필자는 그에게 다시 한 번 질문을 했다. 그녀는 자신 있게 손까지 들며 동일한 대답을 반복했다.

　나중에 그 교회 사람에게 들은 말이다. 그 여인은 교회 밖에 어느 곳에서 성경공부를 하고 있는 사람이라고 했다. 그곳이 어디인지 담임목사가 물어봐도 숨기고 있다고 했다. 그 여인은 그 성경공부를 한 후 교회 생활이 180도 바뀌었다고 했다. 성도들과 잘 어울리지 못하고 예배에 참석은 하되 설교시간에는 자신의 어떤 노트를 펼치고 그 것만 쳐다보고 있다는 것이었다.

　다시 위의 상황으로 가보자. 모든 교인의 이목이 그 여인에게 집중됐다. 그 여인도 분위기를 파악했는지 조용히 손을 내렸다. 그러나 그녀는 자리에 앉으면서 '성경에 그렇게 기록되어 있다'며 작은 소리를 내뱉었다. 정말 그녀는 특정한 곳에서 독특한 성경공부를 한 것이 틀림없어 보였다.


## (1) 우리가 '신'이 된다고?

　성경이 정말 우리가 신이 될 수 있다거나 또는 신이라는 식으로 말하고 있을까? 그녀가 흘려 말한 성경구절은 과연 그렇게 말하고 있을까? 그 구절은 요10:34이었다. 그 구절을 살펴보자.

　　　*"예수께서 가라사대 너희 율법에 기록한 바 내가 너희를 신이라*
　　　*하였노라 하지 아니하였느냐"(요10:34)*

　언뜻 보면 예수님께서 율법을 언급하시면서 '너희가 신이다'는 말씀을 하고 계신 것처럼 보인다. 그 구절이 과연 그런 뜻일까? 성경 본문의 보다 정확한 뜻을 파악하기 위해 다른 번역 성경을 한 번 살펴보자.

"예수께서 그들에게 말씀하셨다. '너희의 율법에 내가 너희를 신들이라고 하였다 하는 말이 기록되어 있지 않으냐?'"(요10:34, 〈표준새번역〉)

"예수님께서 대답하셨습니다. '[내가 선언하는데, 너희는 다 신이다]라는 말이 너희 율법에 쓰여 있지 않느냐?'"(요10:34, 〈쉬운성경〉)

"Jesus answered, "Is it not written in your law, 'I said, you are gods'?"(요10:34, NRSV)

요10:34절의 배경은 다음과 같다. 예수님께서 "나와 아버지는 하나이니라"(요10:30)라고 선포한 말씀에 대해 유대인들이 신성모독이라며 반기를 들었다. 또한 예수님을 돌로 치려고 하는 상황이 발생했다. 유대인들은 예수님께서 자칭 하나님이라고 했다며 흥분해 있는 상태다. 자칫 예수님께서 돌에 맞아 죽을 수도 있는 긴박한 순간이다.

이때 예수님은 정면 돌파를 한다. '너희들의 율법에 무엇이라 기록되어 있느냐'며 적극적으로 말씀하셨다. 그러면서 말씀하신 요10:34절은 시편82:6절을 인용한 말씀이다. 시82:6절은 예수님은 물론 유대인들도 이미 잘 알고 있는 구절이다. 그 시편 구절을 살펴보자.

"*내가 말하기를 너희는 신들이며 다 지존자의 아들들이라 하였*
*으나 너희는 범인 같이 죽으며 방백의 하나 같이 엎더지리로다*"(*시*
*82:6~7*)

예수님은 위의 시편 구절을 인용하며 "나와 아버지는 하나이니라"
(요10:30)의 선언에 반기를 드는 유대인들을 잠재우려고 한 것이다.
무슨 말인가. 좀 더 자세히 살펴보자.

시편 82편에는 '엘로힘'이라는 히브리어 단어가 1절과 6절에 동
일하게 나타난다. 흔히 '하나님'으로 번역할 수 있는 그 '엘로힘'을
영어성경에서 각각 '신들'(gods)이라고 번역을 해 놓았다. '하나님'
(GOD)이 아닌 '잡신들' 또는 '신적인 권위의 사람들'의 뜻을 가지고
있는 'gods'로 번역을 해 놓은 것이다.

이는 무엇을 말해주는가? 시편의 '엘로힘'은 하나님을 표현해 주
는 단어가 아니라는 말이다. 문맥의 흐름을 볼 때, '신적인 권위를 가
지고 있는 사람들'이라는 의미가 된다. 당시 고관들의 자녀들이 여기
에 해당된다. 시편82:6절에서는 그들을 '지존자의 아들들'이라고 직
접적으로 말해주고 있다. 그래서 시82:1절에서 하나님은 그 '신들'의
모임에서 그들을 심판하신다고 했다.

예수님께서 이 시편의 말씀을 인용한 의도는 무엇인가? 이에 대
해 부르스(Bruce)는 "하나님께서 그들을 '신들'이라고 부르셨다면 어
째서 아버지의 보내신 자가 자신을 하나님의 아들이라고 부른다고

해서 죽을 죄를 지었다고 할 수 있느냐 하는 것이다"고 말한다(F.F. Bruce, The Gospel of John, 서문강 역, 〈요한복음〉, 도서출판 로고스, 1996, p.411). 무슨 말인가?

당시 재판관들은 '신들'(gods)로 불리곤 했다. 그 만큼 그 권한과 역할이 신성하고 중요함을 의미하기 때문이다. '말씀을 듣는 존재'들도 마찬가지다. 오늘날 정말 그 본래의 의미대로 재판관들과 말씀을 듣는 존재들이 활동을 한다면 하나님의 나라가 훨씬 더 빠르게 확장될 수 있을 것이다. 시편 82편은 그 '신들'이 자신들의 역할을 제대로 하지 않은 것에 대한 심판을 말하고 있다. 그들은 결국 인간의 죽음을 맛보게 될 것이라고 한다(시82:7). 이는 자신을 신이라고 생각한 두로왕의 운명에서도 나타난다. "네 마음이 교만하여 말하기를 나는 신이라 내가 하나님의 자리 곧 바다 중심에 앉았다 하도다 네 마음이 하나님의 마음 같은 체 할지라도 너는 사람이요, 신이 아니(라)"(에스겔 28:2). 두로왕 자신이 진짜 신이라는 말이 아니라, 신적인 권위가 있는 사람이라는 의미다.

그리고 요10:34은 그렇게 신들로 불러진 유대인들이 '예수님이 하나님의 아들임을 왜 못 알아보느냐'며 반문을 하고 이는 장면과 연결된다. 요10:36절을 살펴보자.

*"하물며 아버지께서 거룩하게 하사 세상에 보내신 자가 나는 하나님 아들이라 하는 것으로 너희가 어찌 참람하다 하느냐"(요10:36)*

결국 요10:34은 우리가 신이라는 말이나, 신이 될 수 있다는 말을 뜻하는 구절이 아니다. 오히려 '신들'이라고 불린 이들의 참혹한 결말을 소개하며(시편 82편), 또한 계속해서 '신들'이라고 불리는 유대인들이 어찌 '참신'이신 예수님을 알아보지 못하느냐고 하는 예수님의 질책하시는 말씀이다. '신이라면 신을 알아볼 줄 알아야 한다'는 논리를 통해 유대인들의 불의함과 부정직함을 꼬집고 예수님 자신의 어떠함을 드러내고자 한 이중적인 포석의 말씀이다.

우리는 주일에 공교회에서 예배를 드린다. 주일예배 한 번만 드린다고 해도 1년이면 약 50번 예배의 시간을 갖는다. 주일 저녁 예배나 수요예배 또는 금요예배 등 한 차례만 더 해도 1년이면 100번의 예배시간 앞에 엎드리게 된다. 10년 신앙생활을 했다면 약 1천 번의 예배를 드리게 된다. 1천 번 예배, 그 정도라면 이제 예배를 그만 해도 되지 않을까? 기도는 어떠한가. 일주일에 기도를 몇 번 하는가. 10년이면? 그 정도면 기도를 그만해도 괜찮지 않을까? 찬양, 감사 등도 동일하게 생각해 볼 수 있다.

그러나 이상하게도 예배가 거듭되면 될수록 우리는 더욱 목말라 하지 않는가? 기도의 시간이 늘어날수록 부족한 기도시간에 안타까워하지 않은가? 더 이상 예배를 드리지 않아도 될 것 같은데 전혀 그렇지 않다. 이 정도 기도했으면 그만해도 될 것 같은데 오히려 정반대다. 갈수록 하나님 앞에서 더욱 연약해지고 바보 같은 내 자신을 발견해 가게 되지 않은가? 그래서 '주님 없이는 하루도 못 삽니다'라는 고백이 점점 '주님 없이는 한 순간도 못 삽니다'로 바뀌어 가지 않은가?

## (2) 이만희 씨는 자신이 '신(神)'이라 생각할까?

이만희 씨의 책 〈천국비밀 요한계시록의 실상〉을 분석하기 위해서 다시 한 번 '쭉~' 훑어보았다. 그러다가 이 씨의 '신격화' 구절들에 밑줄을 그으면서 잠시 생각에 잠겼다. 이만희 씨는 정말 자신이 '신(神)'이라고 생각할까?

이 씨의 책 곳곳에서 널려있는 이 씨의 '신격화' 구절들을 한 곳에 모아보았다. 독자들은 이 구절을 읽고 '아! 정말 이 씨가 신이구나!'라는 생각이 드는지 확인해 보기 바란다. 이 씨의 신격화 구절은 책 후반부에 갈수록 더욱 노골적이다. 몇 구절만을 인용해 보자.

> "구약 39권이 예수님 한 분을 증거한 책이라면(요5:39) **신약 27권은 이기는 자 한 사람을 알리는 말씀이라고 해도 지나친 말이 아니다.** 그러므로 오늘날 우리가 아무리 성경을 상고하여도 **이기는 자를 찾지 못하면 아무 소용이 없다.**"(이 씨의 책, p.102)

> "계시록 성취 때에는 **사도 요한의 입장에 있는 목자에게** 천국에 관한 설명을 듣고 믿어야 **구원을 얻을 수 있다.**"(이 씨의 책, p.117)

> "계시록의 사건은 영적인 것이므로 사람의 눈으로 바라보면 깨닫기 힘들다. 그러므로 성도는 말씀으로 깨어 있어야 예언대로 실상이 나타날 때 알아볼 수 있다. 결박된 네 천사가 들어 쓴 거짓 목자들과 본문의 년 월 일 시에 관해서는 사건의 현장을 직접 본 증인에게 증

거받기 바란다. 그는 바로 계시록 모든 사건을 보고 천사에게 설명 들은 **'사도 요한의 입장으로 오는 목자'이다.**"*(이 씨의 책, p.199)*

"이 천사가 보혜사 성령이면 그가 함께하는(요14:17) **사도 요한과 같은 목자도 보혜사라 부를 수 있을 것이다.**"*(이 씨의 책, p.210)*

"**본장은 예수님께서 약속하신 목자 한 사람을 우리에게 알리는 내용이다.** 그는 바로 사도 요한의 입장으로 와서 하늘에서 온 열린 책을 받아 먹고 통달한 자요 **보혜사 성령의 위치에 있는** 본장의 천사가 함께하는 예수님의 대언자이다. 계시록 성취 때에는 사도요한과 같은 입장으로 오는 한 목자가 계시록 전장 예언과 그 실상을 전하지 이미 죽고 없는 요한이 그 일을 감당하지 않는다."*(이 씨의 책, p.217)*

"그러므로 지상 모든 목자와 성도는 약속한 본장 말씀을 시인해야 하며 구원의 처소로 추수되어 갈 수 있도록 추수꾼 목자를 찾아야 한다. … 잠자는 신앙인이 되지 말고 **성경을 통달한 약속한 목자를 만나** 이 모든 것을 증거받기 바란다(계10:8~11)."*(이 씨의 책, p.317)*

이만희 씨를 가리킨다고 보이는 여러 용어들이 등장한다. '사도 요한의 입장으로 오는 목자', '사도 요한과 같은 목자', '보혜사', '이기는 자', '예수님께서 약속하신 목자 한 사람', '성경을 통달한 자' 등이다. 이러한 용어들에 해당하는 '인간'이 정말 있다면 그는 사람에 가까운가 아니면 신(神)에 가까운가?

이 씨 측 단체에 대한 설명도 자주 나온다. 몇 구절만 살펴보자.

"그러므로 예수님의 재림을 앞둔 오늘날 성도에게는 약속한 계시록의 말씀과 실상을 깨닫는 것이 구원에 이르는 길이 된다."(이 씨의 책, p.213)

"본 장에서 특별히 기억해야 할 것은 증거장막 성전은 약 이천 년 전 '예수님께서 미리 이름까지 지어 놓으신 약속한 성전'이라는 사실이다. 그러므로 **증거장막 성전**은 성경에 약속하지 않은 지구촌 모든 교회와는 감히 비교조차 할 수 없는 **'참 정통'이다.** … 그러므로 하나님께서 떠난 유대교도 가톨릭도 개신교도 더 이상 자칭 정통을 주장할 것이 아니라 하나님께서 창조하신 증거장막 성전만이 유일한 정통임을 깨달아야 한다. … 장로교, 감리교, 침례교, 성결교 등과 같은 큰 교단에 속하지 않았다고 하여 '오직 하나님과 예수님께 속한 **증거장막 성전'을 이단이라고 하는 사람은** 성경의 '성'자도 모르는 자요 계시록의 '계'자도 모르는 자이다. 아니면 교권을 앞세우며 예수님을 찌르거나 사도들을 죽인 귀신들린 자들일 것이다."(이 씨의 책, p.331)

"그러므로 모든 신앙인은 성경을 부인하지 말고 멸망 받는 만국 교회에서 약속한 **증거장막 성전(계15:5)으로 피해야만 구원이 있음을 깨닫기 바란다**(슥2:7, 계18:4)."(이 씨의 책, p.400)

> "이 **천 년 왕국은** 하나님의 뜻이 하늘 영계에서 이룬 것같이 영적 새이스라엘 열두 지파가 이 땅에 창조된 날**(1984년 3월 14일)로부터 시작되었다.**"(이 씨의 책, p.438)

이 씨는 자신의 단체인 '증거장막성전'만이 유일한 정통이라고 주장한다. 그것도 유대교, 가톨릭(로만가톨릭을 말하는 것으로 이해됨-필자 주), 개신교 등을 언급하면서 자신들만이 정통이라고 한다. 구원이 자신의 단체에만 있다고도 한다. 더욱이 이 씨는 요한계시록 20장의 '천년설' 문제를 자신의 단체가 설립됐다는 날짜(1984년 3월 14일)와 연결시키고 있다. 정말로 '참람하다'는 말밖에 할 말이 없다.

만약 필자에게 이만희 씨 단체에서 강의를 할 수 있는 기회가 주어진다면 신도들에게 꼭 던져보고 싶은 질문이 있다.

"이만희 씨를 신(神)이라고 생각합니까, 사람이라고 생각합니까?"

# 12. '성령체'에 대해서
### – 요한계시록 1:12~16

8월 중순이 조금 넘으면 대부분 교회들의 여름수련회가 끝난다. 필자가 섬기는 교회도 마찬가지다. 평상시 교회 생활을 통해 갖기 힘들었던 신앙훈련과 체험들을 다양한 프로그램을 통해 좀 더 깊이 있고 진지하게 갖는 시간들이었다. 그래서 수련회가 끝나면 많은 성도들은 '은혜 받았다'고 고백을 한다.

수련회는 그 자체 시간만을 목적으로 갖고 있지 않다. 수련회가 끝난 이후의 삶에 더 큰 목적을 두고 있다. 즉, 수련회 때 받은 은혜를 가지고 이후 자신의 삶에 어떻게 적용할 것인지에 더 많은 관심이 있다. 그래서 수련회가 끝나면 다시 '삶의 수련회'가 시작된다고 할 수 있다.

필자가 섬기는 교회에서는 수련회가 끝난 이후 작은 변화가 생겼다. 성경, 즉 하나님의 말씀의 소중히 여겨야 한다는 열망이 그 어느 때보다도 높아진다. 매일 아침 정해 놓은 성경묵상 다시 말해 큐티(QT, Quiet Time) 시간을 통해서 말이다. 그뿐 아니다. 이 시대 최고의 문명 이기인 휴대폰을 통해 자신이 묵상한 말씀을 서로 간에 전달해 주는 일들이 활발해지기 시작한다. 처음 한 명이 자신이 묵상한 성경 말씀을 주변 성도들에게 보내자 이에 자극 받은 이들이 또한 같은 일을 하게 된 것이다. 필자의 휴대폰도 매일 아침 불이 난다. 성도들이 보내는 문자 메시지에 진동이 그치지 않는다. 물론 필자도 동일하게 매일 성경 묵상 문자를 보낸다. 많은 교회에서도 이와 같은 은혜의 변화가 있으리라 본다.

이만희 씨 측 신도들도 수련회를 마쳤으리라 생각한다. 그렇다면 그 신도들 사이에는 수련회가 끝난 이후 어떠한 변화가 일어날 수 있을까? 기성교회처럼 하나님 말씀에 대한 사모함이 더욱 크게 일어날까 아니면 오히려 그 반대로 성경 본래의 의미에서 멀어지고 이 씨 신격화 등에 더 깊이 빠져 들어가게 될까? 성경을 멀리한다는 것은 성경을 안 본다는 말이 아니라 성경을 있는 그대로 해석하지 않고 이 씨의 교리 방식대로 보게 된다는 의미이다.

## (1) 칭찬 한 마디

필자는 이만희 씨의 책 〈천국비밀 요한계시록의 실상〉을 분석하고 있는 중이다. 그의 책을 분석하다보면 이 씨 측 신도들이 어떠한 영향을 받았을 것인지 짐작하게 된다. 이 씨의 성경 해설을 살펴보자. 요한계시록 1:12~16까지의 본문을 이 씨는 '일곱 금 촛대와 인자 같은 이'라는 제목으로 풀어 설명을 했다.

*"그렇다면 요한은 왜 자신이 따라다니던 주를 알아보지 못하고 인*

자 같은 이라고 했는가? 그 이유는 촛대 사이에 나타난 예수님의 형
상이(13~16절) 이 땅에 계시던 육신의 모습이 아니었기 때문이다.
**이천 년 전 부활하신 예수님을 제자들이 알아보지 못한 이유도 그 이전
형상이 아닌 변화하신 성령체의 모습이었기 때문이다.** 인자 같은 이가
일곱 교회에 보낸 편지글에(계2,3장) '성령이 교회들에게 하시는 말
씀을 들으라'고 일곱 번이나 말한 것을 보면 **육체가 성령체임을 확실
히 알 수 있다.**"(이 씨의 책, p. 59)

　　잠시 말을 한 번 돌려보자. 누군가의 사상이나 교리를 분석하게 되
면 대체로 '비판'을 하게 되는 경향이 짙다. 분석이 거듭될수록 비판
의 횟수와 강도 역시 점점 더 강해지기 마련이다. 분석자의 논리를 계
속 따라가다 보면 마치 비판을 받고 있는 그 대상자나 그의 사상은
'대체로' 또는 '항상' 틀렸다고 보여지기 쉽다.

　　이만희 씨의 교리도 그렇게 비춰질 수 있다. 이 씨나 이 씨의 사상
으로부터 피해를 보았다고 하는 이들에게는 더욱 그렇다. 물론 이 씨
의 교리는 정통 기독교 핵심에서부터 상당히 거리가 떨어져 있음을
부인할 수 없다. 그렇다고 이 씨가 주장하는 모든 것이 100% 틀렸다
고 말할 수는 없지 않을까?

　　말이 나온 김에 이 씨의 성경 해석 능력(?)에 대해서 칭찬 한 마디
해보려고 한다. 이 씨의 책에 나타난 비성경적인 사상 비판의 자리에
서 그를 칭찬한다는 것이 어색하고 엉뚱해 보일 수 있지만 있는 그대
로 드러내 보자. 위와 동일한 본문(계1:12~16)의 해설 중 이 씨는 '좌
우에 날선 검'이라는 소주제에 대해서 다음과 같이 해설을 하고 있다.

"인자 같은 이의 입에서 나오는 **좌우에 날이 선 검은 무엇인가?**(16
절) ⋯ 초림 예수님께서는 '내가 화평을 주러 온 줄 생각 말라, 검을
주러 왔다'고 말씀하셨고(마 10:34) **바울은 하나님의 말씀을 성령의
검이라고 하였다**(엡 6:17). 본문의 검 또한 예수님의 입에서 나오는
하나님 말씀을 가리킨다."(이 씨의 책, p. 60)

이 씨는 본문에 나타난 문구, 즉 '좌우에 날선 검'을 발견했다. 또
한 과연 그 의미가 무엇인지에 대해서도 접근을 했다. 위에서 보는 바
와 같이 이 씨는 '좌우에 날선 검'의 뜻을 사도 바울이 언급한 '성령의
검'과 연결시켰다. 그리고 그 뜻을 '하나님의 말씀'이라고 해설했다.
훌륭한 접근이다. 성경에 나타난 문제를 발견하고 그 문제를 다른 성
경과 연결시켜 해석하려고 하는 시도는 충분히 칭찬을 받을 만한 일
이다.

칭찬은 여기까지이다. 문제는 이 씨가 항상 그와 같은 방식으로 성
경을 해석하려고 하고 있지 않다는 데 있다. 위의 '인자 같은 이'에 대
한 이 씨의 해설을 보면 그것이 잘 나타나 있다. 먼저 이 씨는 '인자
같은 이는 누구인가?'는 문제를 발견했다(이 씨의 책, p. 59). 그 문제
에 대해 이 씨는 "요한은 왜 자신이 따라다니던 주를 알아보지 못하
고 인자 같으신 이라고 했는가?"라는 질문으로 그 문제에 답을 대신
하고 있다. 다시 말해 이 씨는 '요한이 예수 그리스도를 알아보지 못
했다'는 의미로 '인자 같은 이'의 의미를 해설하고 있다. 부활하신 예
수님을 알아보지 못했다면 그것은 제자들의 눈이 갑자기 이상해졌다
는 말인가, 아니면 예수님의 모습이 전혀 다른 사람의 모습으로 바뀌

었다는 것인가, 그것도 아니면 예수님이 유령과 같은 존재가 되었다는 말인가?

이 씨는 성경 본문(계1:12~16)에서 요한이 예수님을 알아보지 못했다며 그것을 입증이라도 하듯 '부활하신 예수님을 제자들이 알아보지 못한 사건(?)'을 언급했다. 그 이유가 부활하신 예수님은 '성령체'였기 때문이라고 한다.

도대체 무슨 말인가? 부활하신 예수님을 제자들이 알아보지 못한 사건은 무엇을 말하고 있는 것인가? 이 씨는 자신의 주장을 펼칠 때마다 관련 성구를 자주 사용해 왔다. 그리고 그 관련 성구를 통해 성경을 통일성 있게 해석하려고 노력하기도 했다. 위의 '좌우에 날선 검'의 해석적 접근처럼 말이다.

그러나 이 부분에 와서는 전혀 다르다. 마치 글쓴이가 서로 다른 사람인 것 같은 착각을 일으키게 된다. 먼저는 자신이 제기한 '인자 같은 이가 누구인가'에 대한 문제에 대한 '요한은 인자 같은 이, 즉 예수님을 알아보지 못했다'는 엉뚱한 의미로 해설을 했다. 그러면서 자신의 주장을 입증할 만한 관련 성구를 언급하지 않았다. 왜일까? 자신의 주장이 지극히 당연한 것이라고 생각한 것일까? 아니면 관련 성구를 찾지 못해서일까?

부활하신 예수님과 제자들과의 만나는 장면은 성경을 통해서 어렵지 않게 찾을 수 있다. 부활하신 예수님을 제자들이 알아보지 못했다는 이 씨의 주장이 나올만한 성경구절이 있다면 대표적으로 요20:14이지 않을까 생각한다.

*"이 말을 하고 뒤로 돌이켜 예수의 서신 것을 보나 예수신줄 알지 못하더라"(요20:14)*

예수님의 무덤을 찾아간 마리아에게 부활하신 예수님이 나타나셨지만 마리아가 그분을 알아보지 못했던 장면이다. 이 성경구절이 과연 이 씨가 주장하는 '부활하신 예수님을 제자들이 알아보지 못했다'는 내용과 어울릴까?

이 부분에 대해서 부르스(F.F. Bruce)는 "마리아는 단순히 그 눈의 눈물로 인하여 눈이 가려졌을 뿐"이라고 언급했다(F.F. Bruce, The Gospel of John, 서문강 역, 〈요한복음〉, 도서출판 로고스, 1996. p. 677). 극도의 슬픔에 잠긴 마리아에게 보인 한 사람은 그저 동산지기로 보였을 뿐이라는 뜻이다. "마리아는 그가 동산지기인 줄로 알고"(요20:15)라는 성경 본문도 그것을 잘 보여주고 있다. 오히려 예수님께서 다시금 "마리아야"라고 부를 때 마리아는 곧바로 부활하신 예수님을 알아보게 된다(요20:16).

마리아가 자신의 슬픔 상황 속에 빠져 부활하신 예수님을 알아보지 못했다면 '엠마오 사건'(눅24:16)은 조금 다르다. 제자들의 '눈이 가려져서' 예수님을 알아보지 못한 사건이다. 그에 대한 교훈을 본문은 말하고 있다. 성경을 곡해하지 말고 있는 그대로 끝까지 믿어야 한다는 가르침이다. 그럴 때 마음이 뜨거워짐을 제자들은 경험을 하게 된다. 결국 엠마오 사건의 제자들도 부활하신 예수님을 발견하게 된다.

위와 같은 성경 본문들이, 이 씨가 주장하는 '부활하신 예수님을 제자들이 알아보지 못했다'는 의미일까? 아니면 이 씨는 다른 본문을 예를 들어 보여줄 수 있는가?

## (2) 희한한 이 씨의 '성령체' 교리

　이 씨는 부활하신 예수님을 제자들이 알아보지 못했다는 이유로 예수님께서 '성령체'가 되었기 때문이라고 했다. 이 씨는 그 증거로 요한계시록 2, 3장에 걸려 나타난 "성령이 교회들에게 하시는 말씀을 들으라"는 구절을 들고 있다. 그 구절을 통해 이 씨는 "성령체임이 확실하다"며 강조하고 있다.

　무슨 말인가? 이 씨는 '부활하신 예수님', '인자 같은 이', '성령'을 동일선상에 올려놓고 생각한 모양이다. 이 씨의 해설은 한 마디로 위의 세 단어는 동일한 존재이며 그 모습은 인간이 잘 알아볼 수 없는 유령체와 유사하다는 것으로 보인다. 그것을 이 씨는 '성령체'(?)라고 부르고 있다.

　먼저 이 시점에서 이 씨에게 질문을 던지지 않을 수가 없다. 이 씨는 하나님의 존재 방식을 어떻게 생각하는가? 예수님과 성령님을 같은 존재라고 보는가 아니면 다른 존재라고 보는가? 기성신학에서 '삼위일체 하나님'이라고 믿고 표현하는 것에 대해 동의하는가?

　다시 본론으로 돌아가자. 이 씨는 부활하신 예수님의 모습에 대해 잘 이해를 못하고 있는 것 같다. 예수님의 부활체에 대한 언급은 이미 필자가 앞의 8장에서 언급한 바 있다. 그 때의 내용을 요약, 정리하면 다음과 같다.

　　예수님은 그 부활체의 몸으로 사랑하는 제자들에게 나타나셨다. 예수님께서 12제자 중 한 명인 도마에게 나타나셨을 때(요0:24), 도마는 '그럴 리 없다'며 예수님의 부활을 믿지 않았다. 도마는 "내가 그 손의 못 자국을 보며 내 손가락을 그 못 자국에 넣으며 내 손을 그 옆구리에 넣어 보지 않고는 믿지 아니하겠노라"(요20:25)고 말했다. 무슨 말인가? 내 눈으로 보고 또 손으로 만져봐야만 믿을 수 있다는 것이 아닌가? '영'이 아닌 직접 자신의 눈과 손으로 보고 만질 수 있는 그런 '몸'이어야 한다는 것 아닌가? 그래서 예수님은 도마가 원하는 대로 그렇게 다가오셨다. 그래서 성경은 부활하신 예수님의 몸을 '신령한 몸'(Spiritual body, 고전15:44)이라고 말하고 있지 않은가? 지금의 우리 육체와 같으면서도 다른 그런 신령한 육체의 모습으로 말이다.

　　부활하신 예수님께서는 다시 하늘로 승천하셨다. 사도행전 1장 9~11절이 이를 잘 보여주고 있다. 예수님께서 승천하실 때 '흰 옷을 입은 두 사람'이 예수님의 재림에 대해서 언급을 했다. "하늘로 가심을 본 그대로 오시리라"(1:11, Jesus will come back **in the same way** you have seen him go into heaven)는 것이다. 무슨 말인가? 예수님의 재림의 모습은 부활하신 예수님께서 승천하실 때의 모습 그대로란 것 아닌가? 예수님께서 승천하실 때 '영'(Spirit)으로 승천하셨나? 사도행전 1장 9절은 위에서 이 씨가 자신의 교리를 설명하기 위해서 예를 든 본문이기도 하다. 성경 구절을 인용해 놓고도 그 말

이 무슨 뜻인지 모른다는 말인가? 마치 예수님께서 바리새인들을 향
해 "~읽지 못하였느냐"라고 책망하는 것과 무엇이 다른가?

한 마디로 부활하신 예수님의 존재가 볼 수 없는 희한한 어떤 모습
을 갖고 있다는 주장은 받아들여지기 힘들다. 이 씨는 '성령체'라는
단어를 사용하며 자신의 주장을 펼쳐보려고 하고 있지만 성경을 곡
해할 뿐이다.

## (3) '인자 같은 이'란?

이 씨가 본문(계1:12~16)을 곡해하게 된 기본적인 이유는 '인자 같
은 이'라는 용어를 잘못 이해했기 때문이다. '인자 같다'고 했기 때문
에 인자는 아닐 것으로 생각한 모양이다. 그러면서 계2, 3장에 7번이
나 연속해서 나타나는 '성령'이라는 단어와 '아무런 이유 없이' 연결
시켜 '부활하신 예수님=성령체'라는 희한한 교리를 만들어 냈다.

그렇다면 본문의 '인자 같은 이'의 뜻은 무엇일까? '인자 같은 이'
(ομοιον υιον ανθρωπου) 또는 '인자'(υιον ανθρωπου)에 대해서는 학계
에서도 난해 구절로 보고 있다. 그렇다고 그 의미를 전혀 접근할 수
없다는 말은 아니다. 다시 말해 이 씨의 주장처럼 '알아 볼 수 없는 존
재'라든지 또는 혹자의 말대로 '애매한 표현' 등으로 곡해해서는 곤란
하다.

일반적으로 '인자 같은 이' 또는 '인자'는 예수 그리스도를 지칭하

는 용어로 본다. '인자'의 표현은 당시 메시아를 뜻하는 특별한 용어로 사용되었다는 것이다. '인자 같은 이'(ομοιον υιον ανθρωπου) 또는 '인자'(υιον ανθρωπου)의 용어는 비록 정관사( ο )가 없지만, 동반하는 소유격으로 한정된 '아들'이라는 뜻의 '그 사람의 아들 같은 이'(one like the Son of Man)라고도 번역될 수 있다. 흔히 그리스도께서 자신을 묘사한 내용과 인자(그 사람의 아들)가 자연스럽게 연결된 것을 보면 잘 알 수 있다.

'인자 같은 이'의 표현에 대해 필립 E 휴즈는 "이 형상(인자 같은 이)은 의심할 여지없이 지금은 마땅히 그가 받아야 할 영광 가운데 찬연히 빛나는 성육하신 아들 그리스도이시다"고 결론지었다(Hughes Phlip E., Revelation, 오광만 역. <요한계시록> 서울 여수룬, 1993). 홍창표 교수는 '인자 같은 이'의 표현이 그 동안 '천사 같은 이'나 '한 인간' 등으로 이해해 온 경우도 있다며 본뜻은 다니엘 7:13절에서도 암시하고 있듯이 '높임을 받으신 그리스도'로 이해해야 한다고 강조했다(홍창표, p.212).

홍 교수는 '인자 같은 이'가 예수님과 동일화되는 표현임은 요한계시록의 문맥을 통해서도 확인할 수 있다고 언급했다(홍창표, p.213). 선지자, 제사장, 왕의 3겹의 직무를 가진 예수님의 모습을 요한계시록을 통해서 발견할 수 있다고 했다. 계1:1은 하나님의 계시를 받은 '선지자적 직분'을 받은 분으로, 계1:5은 '땅의 임금들의 머리' 즉 왕의 직무를 소유하신 분으로 그리고 계1:13은 제사장 직무를 감당하는 분으로 묘사되고 있기 때문이다. 따라서 계1:13의 '인자 같은 이'는 예수님을 지칭하는 용어가 된다는 것이다.

이만희 씨가 특별히 해설을 안 했지만, 예수님에 대한 표현은 본문 (계1:12~16)에 계속 나타난다. "그 머리와 털의 희기가 흰 양털 같고 눈 같으며 그 눈은 불꽃 같고…"(계1:14) 등은 예수 그리스도에 대한 '장엄한' 환상을 표현하는 구절들이다.

계1:9~20(본문을 포함)은 뒤에 이어질 요한계시록 2~3장의 머리 말임과 동시에 일곱 서신에 대한 서문의 형식을 띄고 있다. 따라서 이 본문의 중심 내용은 일곱 서신의 근원이 되시는 예수 그리스도를 나타내는 데 있다. 구약의 몇몇 선지자들이 그랬던 것처럼(이사야 6:1; 겔1:1~3 참조) 요한도 이 서신을 쓰면서 그가 보았던 예수 그리스도에 대한 장엄한 환상을 먼저 제시했다. 그래서 이 서신의 주관자가 '누구'임을 명확히 밝히고 있다. 이러한 예수 그리스도에 관한 묘사를 이만희 씨가 곡해한 것이다.

## (4) 이만희 씨와 함께 성경을 읽었으면

수련회가 끝난 후 은혜의 유무를 판단하는 방법 중 하나가 있다면 그것은 '성경에 대한 사모함이 나타나는가'라 할 수 있다. 올바른 수련회는 성경에 관심을 기울일 것이고 또한 성경은 거룩한 수련회로 인도한다고 믿기 때문이다. 이것이 꼭 수련회 때만 나타나는 현상일까? 우리가 항상 접하고 있는 정기적인 예배 때의 모습도 동일하지 않을까? 그것은 성경 말씀 속에 은혜가 있으며, 능력이 있기 때문이다.

한 이단자와 거리에서 만나 대화를 한 적이 있다. 가능하면 그들과 대화를 하지 않으려고 했지만 그 날은 예외였다. 늘 그랬듯이 이단자들과의 대화는 이상하게도 서로 성경을 말하는 것 같지만 마치 벽을 보고 말하는 것과 같은 느낌을 받곤 한다. 그때 한 가지 지혜가 떠올랐다. 필자가 그에게 다음과 같은 제안을 했다.

"우리 함께 이 성경을 읽는 시간을 가집시다. 어떠한 해석을 서로 달지 말고 있는 그대로 성경만 읽기로 해봅시다. 어떻습니까?"

필자는 믿었다. 성경 읽기가 능력임을 말이다. 성경을 읽다보면 있는 그대로 우리 주님께서 역사하시리라 믿었다. 필자의 제안에 그 이단자는 무엇이 두려웠는지 거절을 했다. 그는 성경을 이야기 하고 싶었던 것이 아니라 자신이 배운 것을 앵무새처럼 떠들고 싶었던 모양이다.

이만희 씨와도 그 일을 해 봤으면 좋겠다. 아무런 토를 서로 달지 말고 같이 성경을 1독만 해볼 수 있다면 큰 변화가 일어날 수 있으리라 믿는다. 성경이 스스로 우리를 진리로 인도해 주리라 확신한다. 그렇지 않은가?

# 13. 이 씨가 예수님께 직접 안수 받았다고?
- 요한계시록 1:17~20

    한 지인을 통해 어떤 교회의 한 해 표어를 들을 수 있었다. 다음과 같았다.

    '주일성수 잘 하여 영혼의 축복 받고, 십일조 잘 하여 육신의 축복 받자.'

    씁쓸했다. 웃을 수도, 울 수도 없는 마음이 들었다. 기복주의에 대해 오늘날 한국교회의 단면을 잘 보여주고 있는 것 같았다.

    '주일성수와 십일조를 잘 하자는 것이 무엇이 잘못인가'라는 반문이 있을 수 있다. 또한 위에 언급된 특정 교회를 비판하고자 하는 것도 아니다. 다만 '우리 한국교회는 무엇을 추구하도 있나'에 대해 한 번 더 생각하게 만드는 계기였다고 본다.

    성도들이 월요일부터 금요일까지 하루의 대부분의 시간을 보내고 있는 직장과 학교 그리고 가정에서 어떻게 시간을 보내고 있는지에 대해 관심을 기울이기보다는 그저 '주일성수'라는 이름 아래 주일에 교회에 왔는지, 그것도 목사의 설교 시간에 자리에 앉았는지 등의 기준으로 성도들의 신앙생활을 평가하려는 것은 아닌지 반성해 볼 일이다. 한 마디로 '내 눈에 보이기만 하면 훌륭한 신앙생활'이라는 식의 평가가 얼마나 많은가. 십일조도 마찬가지다. 성도가 돈을 어떻게 벌었는지에 대한 것보다 냈느냐 안 냈느냐 또 얼마를 냈느냐에 초점을 맞추려는 모습을 말하려는 것이다.

또 어떤 한 교회의 표어도 듣는 이의 마음을 여미게 만든다. 그 표어는 '총회장 교회답게 행동하자'는 것이었다. 그 교회 담임목사가 소속 교단의 총회장으로 선출된 모양이다. 그것이 그 교회의 교회다움과 무슨 상관이 있다는 말인가?

'표어'는 대표자가 무슨 생각을 하고 있으며 또한 무엇을 추구하고자 하는지를 잘 말해주고 있다. 본질을 생각하고 있는지 아니면 비본질에 더 많은 관심을 가지고 있는지에 대해서 말이다.

모 초등학교 금년 표어도 눈에 띤다. '선생님을 잘 섬기기'다. 선생님을 잘 섬기는 것에 반대할 일은 아니지만 그것이 그 학교의 금년 표어라는 것에 왠지 쓴 웃음이 입가에 머물게 된다. 왜 그럴까?

많은 목회자들의 설교에서 성경 내용을 찾기가 힘들다. 웃긴 이야기에서 시작하여 정치 논평(?)이나 자기 자랑으로 끝나는 경우가 허다하다. 주일성수와 십일조 등으로 교인들에게 겁주고 윽박지르는 일도 많다. 성경 본문의 이야기가 나오긴 하지만 왠지 그 역할이 엑스트라처럼 보인다. '그 목사는 성경을 읽을 줄이나 아는가?' 조금 고급스럽게 말하면 '그는 성경 주해를 할 줄은 아는가?'라는 질문을 던지지 않을 수가 없다. 필자가 한국교회 모습에 대해 지나치게 부정적인 판단을 하는 것일까?

이만희 씨의 책 〈천국비밀 요한계시록의 실상〉을 읽을 때마다 한국교회의 모습이 자꾸 머리에 스쳐 지나간다. 이 씨의 참으로 엉뚱하고 비성경적인 성경 해설에 많은 기존 성도들이 미혹된 것은 어떤 측면에서 보면 바로 한국교회의 책임이라는 생각을 지울 수가 없다. 성경을 해설한다고 하면서 오직 자신의 특별함을 드러내려는 데 초점을 맞추고 있는 이만희 씨의 모습과 건축, 총회장, 박사학위, 헌금 등에 지나치게 관심을 기울이는 한국교회의 모습이 서로 중첩된다. 그 외형이 서로 너무도 닮았다. 즉, 한국교회 안의 비본질적인 모습이 오늘의 이단을 성장시키는 발판이 되었다는 생각이 진하게 든다.

그렇다면 근본적인 한국교회의 부흥과 이단대처를 동시에 할 수 있는 방법이 있다면 그것은 역시 본질에 충실하는 것이지 않을까 한다. 그 본질의 중심에는 역시 성경이 자리 잡고 있을 것이다.

## *"나는 예수님께 직접 안수 받은 자"(?)

요한계시록 1:17~20절까지의 본문을 해설하고 있는 이 씨의 관심사는 '이만희 자신이 누구인가?'와 '자신의 단체가 얼마나 위대한가?'에 있다. 먼저 해당 성경구절을 살펴보자.

"내가 볼 때에 그의 발 앞에 엎드러져 죽은 자 같이 되매 **그가 오른손을 내게 얹고** 이르시되 두려워하지 말라 나는 처음이요 마지막이니 곧 살아있는 자라 내가 전에 죽었었노라 볼지어다 이제 세세토록

살아 있어 사망과 음부의 열쇠를 가졌노니 그러므로 네가 본 것과
지금 있는 일과 장차 될 일을 기록하라 네가 본 것은 내 오른손의 일
곱별의 비밀과 또 일곱 금촛대라 일곱 별은 일곱 교회의 사자요 일
곱 촛대는 일곱 교회니라"(계1:17~20, 개역개정)

이에 대한 이만희 씨의 해설이다. 이 씨는 '기름 부음 받은 요한'이
란 소제목을 달았다.

"오늘날 이러한 일이 있어 예수님께서 명하신 일을 증거하는 대
언의 사자가 있다고 하더라도 어느 누가 믿으려 하겠는가. 그가 참
으로 본문의 사도 요한과 같은 입장으로 오는 주님의 대언자일지라
도 사람들은 자기들이 인정하는 교단의 목자가 아니면 습관처럼 이
단이라고 정죄할 것이다. 그러면 이단이라는 비난을 듣지 않기 위해
**'예수님께 안수 받은 사자'가 또 누군가에게 목사 안수를 받고 그 교단에**
**속하여 일해야 하는가?** 예수님께서 주신 안수를 무지하고 부패한 인
간의 교권으로 대신할 수는 없다."(이 씨의 책, p.61)

이 씨의 주장을 요약하면 다음과 같다. '나는 예수님에게 직접 안
수를 받았다', '나는 기성교단에 소속되어 있지 않기 때문에 이단이라
는 소리를 듣고 있다' 등이다. 이 씨가 이렇게 자기중심적인 주장을
하게 된 데는 본문의 "그가 오른손을 내게 얹고"(계1:17)라는 부분의
해석 때문이다. 이 씨는 그 부분을 "예수님께서 오른손을 요한에게
얹은 것은 **성령의 기름을 부어** 직접 택한 목자로 삼으셨다"고 해설을

했다. 그리고 그것을 곧 '내가 예수님에게 직접 안수 받은 자'라는 뜻으로 연결했다. 다시 말해 이 씨는 '내가 곧 성령의 기름 부음을 받은 자다'라고 주장하고 있는 것이다. 요한계시록 본문은 마치 그것을 입증이라도 하듯 증거해 주고 있다는 식이다.

문제의 핵심은 성경 본문의 "그가 오른손을 내게 얹고"를 어떻게 보아야 할 것인가에 있다. 이 씨는 그 부분을 "성령의 기름을 부어"라고 직접적으로 표현했다. 과연 그런가?

먼저 다른 번역본을 살펴보자. 다른 번역본을 살핀다는 것은 좀 더 본문의 정확한 의미를 찾아가려는 수고이다. 우리가 읽고 있는 한글성경(어떠한 것이든)의 한계를 넘기 위한 작업이다.

> *"**그러자** 그분은 내게 오른손을 내밀며 말씀하셨습니다"*(〈쉬운성경〉)

> *"**그러자** 그분은 나에게 오른손을 얹으시고 이렇게 말씀하셨습니다"*(〈공동번역〉)

> *"**Then** he placed his right hand on me"*(NIV)

성경본문은 이만희 씨가 주장하는 대로 '기름 부음'이라는 표현이나 그러한 어떤 의미를 내포하고 있지 않다. 이 씨가 주로 보고 있는 한글개역성경뿐 아니라 현대어법에 맞게 번역된 새로운 번역본도 마찬가지이다.

잘 알다시피 '기름 부음'은 제사장, 왕 선지자들이 직무를 수행하기 전에 하나님에게로부터 임명을 받았다는 사실을 공적으로 표시하는 의식을 말한다(<청지기 성경사전>, p.186). 여기서 '기름 부음 받은 자'는 그러한 의식을 통해 공적으로 제사장, 왕, 선지자로 세움을 받게 된다. 예수 그리스도께서도 왕과 선지자 그리고 제사장으로서 이 땅에 오셨다(참조 눅4:18, 행4:27; 10:38). 이것을 메시아의 3중직이라고도 말한다. 또한 그 메시아를 믿는 하나님의 백성, 즉 모든 성도들도 성령에 의해 기름부음을 받은 바 된 것이다(참조 대상16:22, 시105:15, 요일2:20).

'오른손을 얹었다'는 의미를 좀 더 정확히 알기 위해서는 그 앞 구절인 "내가 볼 때에 그의 발 앞에 엎드러져 죽은 자 같이 되매"(17)와 함께 생각해야 한다. <쉬운성경>, <공동번역> 성경 등에서 '그러자 (Then)'가 뜻하는 부분이 바로 그것이다. 헬라어 '카이'(και) 역시 같은 의미다.

이것은 요한계시록의 저자 요한이 초자연적인 계시자의 출현에 대해 극도로 놀라고 두려워서 자기도 모르게 엎드린 장면을 보여준다. 다시 말해 신의 현현에 대한 경외함과 두려움에 대한 반응을 요한은 죽음으로 표현한 것이다(WBC, p.468).

이렇듯 두렵고 놀라며 엎드린 요한에게 예수님께서 손을 대신다. 그리고 다음과 같은 말씀을 하셨다. "두려워하지 말라 나는 처음이요 마지막이니…"라고 말이다. 이 영상을 통해 이 씨가 주장하는 '기름부음'이 그려질 수 있는가? 이 씨는 요한이 이때 왕이나 제사장 또는 선지자로 기름부음을 받았다고 생각하는데 정말 그럴까?

이 씨가 기름부음이라고 해설한 '오른손을 얹었다'는 구절의 의미는 문맥상 밧모섬에 갇혀 있는(계1:9) 요한을 위로하기 위한 모습으로 보는 것이 타당하다(권성수, p.38). 또한 "기록하라"(계1:19)는 구절과 연결했을 때 요한계시록을 기록케 하는 일을 맡기시기 위한 예수님의 지시적 행동으로도 이해할 수 있다(WBC, p.469).

앞 장(12장)의 분석 내용과 연결해 보면 재미있는 현상을 발견할 수 있다. 이만희 씨는 앞 장에서 계1:13의 '인자 같은 이'를 "요한은 왜 자신이 따라다니던 주를 알아보지 못하고 인자 같으신 이라고 했는가?"(이 씨의 책, p.59)라고 반문하며 해설했다. 다시 말해 '요한은 인자 같은 이를 알아보지 못했다'고 해설하고 있는 것이다. 자신만의 엉뚱한 '성령체 교리'를 주장하기 위해서다. 그래서 예수님을 '인자 같은 이'라고 표현했다는 것이다.

일반적으로 '인자 같은 이' 또는 '인자'는 예수 그리스도를 지칭하는 용어로 사용되고 있다. '인자'의 표현은 당시 메시아를 뜻하는 특별한 용어로 사용되었다는 것이다(12장 참고).

이 씨의 앞 장에 나타난 해설과 이번 장(계1:13, 계1:17)의 성경 해설을 연결해 보면 다음과 같은 결론이 만들어진다. 즉 '요한은 자신이 알아보지도 못한 어떤 이를 보고 엎드려 성령의 기름부음을 받았다'는 것이 된다. 이만희 씨는 자신의 책에서 자신을 종종 '사도요한과 같은 입장으로 온 이'라는 식으로 표현한다. 그렇다면 이 씨도 자신의 성경해설 내용처럼 '알지 못하는 이에게 안수를 받았다'는 말이 가능해진다. 이 씨의 사상을 조합해 보니 갑자기 '알지 못하는 신에게' 절을 하고 숭배했던 아덴 사람들의 모습이 떠오른다(행17:23). 그들을 복음으로 훈계하려고 했던 사도 바울의 모습도 말이다.

한 통의 상담 전화를 받은 적이 있다. 이단 문제에 관해 궁금한, 어떤 여집사의 전화였다. 그분은 이단문제 상담이 끝난 후 자연스럽게 자신의 신앙 문제를 털어놓았다. 사실 이단문제 상담이 신앙문제 상담으로 이어지는 것은 다반사다. 어떤 측면에서는 모두 다 신앙 상담인 셈이다.

그 집사님의 상담 내용을 요약하면 다음과 같다. '군에서 제대한 아들이 많이 아프다', '아들과 신앙적인 대화가 안 된다', '이를 위해 찾아간 기도원에서는 1천만원을 헌금해야 아들의 병이 낫는다고 한다', '경제적인 문제도 있다', '다른 기도원에 갔더니 나보고 신학을 해야 한다고 한다', '교회를 새로 정하고 싶다', '나의 건강도 좋지 않다', '철야, 새벽기도를 자주하지만 마음이 시원하지 않다'는 등이다.

상담 시간이 2시간이 지나가고 있었다. 시간이 지날수록 더욱 많은 삶의 문제들이 쏟아져 나올 것 같았다. 그리고 해결 방법은 더욱 더 캄캄해 보였다. 오직 그 이야기들을 들어주는 것밖에 없었다.

그러던 중 잘 알고 있는 마태복음 6:33의 구절이 생각났다. 우리에게 수많은 인생의 문제들이 있지만 '먼저' 무엇을 행해야 하는가에 대한 지표를 말해주고 있는 구절이다. 그래서 그분에게 그 성경 말씀을 이해시켜 주면서 다음과 같은 권면을 해 주었다.

"집사님, 제가 숙제 하나 내드려도 좋겠습니까? 집사님 이웃집에 사시는 분이 비기독교인 아닙니까? (네, 맞습니다) 이제부터 어떻게 하면 그분에게 복음을 전할 수 있을까에 대해서 모든 걱정의 초점을 맞추어 보시면 좋겠습니다. 그러면 마6:33의 '이 모든 것을 너희에게 더하시리라'는 말씀대로 그대로 될 것입니다. 성경 말씀을 있는 그대로 믿고 한 번 도전해 보십시오."

 그 집사님은 '그렇게 하겠다'고 대답을 했다. 성경대로 '무엇을 먹을까, 마실까, 입을까'를 걱정하지 않고 먼저 하나님의 나라를 위해서 고민하고 살아보겠다고 다짐했다. 그렇게 할 때 자신의 문제도 당연히 해결되리라고 믿고 기쁨으로 전화 수화기를 내려놓았다.
 한국교회 희망은 바로 여기에 있다. 성경이 의도하는 본질에 충실하며 살아갈 때 말이다. '주일성수'만이 아닌 '매일성수'의 삶으로 살아갈 때, 또한 '십일조'만이 아닌 '십의구'도 거룩하게 사용되는 삶을 살아갈 때도 그것을 발견할 수 있다.

# 제 2 부

## 신천지 <요한계시록의 실상> 大해부
:: 요한계시록 2~10장

---

# 14. 도대체 누구를 드러내려 하는가?
- 요한계시록 2:1~7

"장운철 기자이지요!"

첫 마디에 '기자'라는 신분을 확인하는 전화는 둘 중 하나일 경우다. 그 동안 필자가 취재 보도한 이단 문제 관련된 기사에 불만을 표출하고자 하는 것, 아니면 그 이단 문제에 대한 상담을 요구하는 전화다. 필자는 이러한 전화를 받으면 일단 긴장을 하게 된다.

"○○년에 Y목사에 대한 기사를 쓰셨죠!"

9년 전 일이지만 그 목사의 이름이 또렷이 기억났다. '항의 전화'라는 직감이 들었다. 필자도 경직된 목소리로 "그렇습니다"고 대답했다. 그러자 수화기 속의 그 남자는 잠시 긴 한 숨을 쉬면서 "저를 좀 도와주세요"라고 목소리를 낮추었다.

이야기를 들어본즉 그는 Y목사와 관련된 K목사로부터 약 1억 5천만원 사기를 당했다고 했다. '꿈에 뱀이 보였다', '꿈에 저승사자가 보였다' 등의 공포스러운 말로 협박을 당해왔다고 했다. K목사는 자신의 저주적인 꿈을 액땜하기 위해서는 돈 얼마를 바쳐야 한다는 식으로 그에게 접근을 했다고 한다.

그는 아무래도 이상하다는 생각을 지울 수 없어서 인터넷을 통해 K 목사와 관련된 자료를 구하던 중 필자가 작성했던 기사를 접하게 되었고, 그것을 읽어본 후 무릎을 치며 자신이 속았다는 것을 깨닫게 되었다고 했다. 그러나 그때는 이미 자신의 전 재산을 날린 뒤였다.

대화를 하는 도중 그분은 몇 번이고 한 숨을 내쉬었다. 어찌 답답하지 않겠는가. 위로와 용기를 주고 또 앞으로 해야 할 일들에 대해 이야기를 한참 나누었다. 그러던 중 이렇게까지 당하게 된 원인이 '하나님을 잘 알지 못했기 때문이다', '하나님 중심으로 생각하지 않아서 그렇다'는 등의 결론에 이르게 됐다. 정확한 성경을 근거로 신앙생활을 하기보다는 어느 특정인의 엉뚱한 주장에 끌려 다녔다는 것에 인식을 같이 했다. 다시 말해 하나님 중심의 신앙생활을 제대로 하지 못할 경우 우리는 사회적 윤리적 경제적 등의 위험에 노출되기 쉽다는 것이다.

## (1) 누가 주인공인가?

요한계시록을 해설했다는 이만희 씨의 책 〈천국비밀 요한계시록의 실상〉을 읽고 있으면 도대체 '누구를 드러내려고 하는 것인가. 하나님인가 아니면 이만희 자신인가'하는 의문을 갖지 않을 수가 없게 된다.

요한계시록 1장 해설에 이어 2장에서도 그것을 동일하게 발견하게 된다. 이 씨의 계2:1~7의 해설을 살펴보자. '첫 사랑과 촛대'라는 소제목의 내용이다. 계2:1과 관련된 그의 해설이다.

> "에베소 교회 사자의 첫 사랑은 신랑되시는 예수님이시며 그가 떨
> 어진 곳은 예수님의 손이다(1절). 예수님의 손에서 떨어졌다는 것은
> 예수님과 그 말씀을 떠나 배도(背道)의 길을 가고 있음을 말해준다"
> (이 씨의 책 p.69)

이 씨가 해설했다는 성경 본문은 아래와 같다.

> "에베소 교회의 사자에게 편지하기를 오른손에 일곱 별을 붙잡고
> 일곱 금 촛대 사이에 다니시는 이가 가라사대"(계2:1)

이 씨가 위 성경 본문 해설을 통해 강조하고 싶은 것은 무엇인가?
'배도(背道)'라는 용어를 등장시킨 것으로 보아 그것을 말하고 싶은
듯하다. 이 씨는 성경 본문 5절의 '떨어진 것'이라는 용어와 연결하여
그 단어, '배도'를 드러내려고 한 것으로 보인다.

그러나 계2:1은 성경 본문의 있는 그대로 "… 다니시는 이"가 강조
되는 것이 마땅하지 않겠는가? 계2:1은 요한계시록 2~3장에 나타나
는 일곱 교회와 그 교회를 향한 메시지를 이해하는 데 핵심이 되는 구
절이다. '누가 말하고 있는가'가 중요하다. 이는 일곱 교회의 문제점
을 해결할 이가 또한 누구인지를 발견할 수 있게 해 주기 때문이다.

앞 장에서 살펴본 본문인 계1:9~20은 계 2~3장의 머리말임과 동
시에 일곱 서신에 대한 서문의 형식을 띄고 있다. 계1:11절인 "가로

되 너 보는 것을 책에 써서 에베소, 서머나, 버가모, 두아디라, 사데, 빌라델비아, 라오디게아 일곱 교회에 보내라 하시기로"가 잘 말해주고 있다.

또한 이 본문(계1:9~20)은 일곱 서신의 근원이 '누구'인가를 발견하도록 안내해 주고 있다. 그분은 바로 예수 그리스도이시다. 구약의 몇몇 선지자들이 그랬던 것처럼(사 6:1, 겔1:1~3 참조) 요한도 이 서신을 쓰면서 그가 보았던 예수 그리스도에 대한 장엄한 환상을 먼저 제시하고 있다.

본문 계1:13 이하의 구절이 그것을 잘 표현해 주고 있다. 성경 본문을 살펴보자.

"촛대 사이에 인자 같은 이가 발에 끌리는 옷을 입고 가슴에 금띠를 띠고 그 머리와 털의 희기가 흰 양털 같고 눈 같으며 그의 눈은 불꽃 같고…"(계1:13)

이는 예수 그리스도가 장엄한 존재임을 환상적으로 표현하고 있다. 16절의 "그 입에서 좌우에 날선 검이 나오고" 등은 예수께서 엄청난 권위를 가지고 계심을 나타낸다. 이전 원고(12장)에서 이미 살펴보았듯이 '인자 같은 이'도 역시 예수 그리스도를 지칭하는 용어다. '인자'의 표현이 당시 메시아를 뜻하는 특별한 용어로 사용되었음을 발견했다. 또한 계1:8에 언급된 '알파와 오메가'라는 용어도 동일하게 예수 그리스도를 지칭하는 용어임을 살펴보았다. '알파와 오메가'는 하나님에 대한 신적인 칭호로써, 그리스도에 의한 자기칭호 즉 신적 자기선포(divine self-declaration)다(10장 참조).

이렇듯 요한계시록의 저변에 '쭉~' 깔려 있는 '예수 그리스도 = 주인공'의 사상이 2~3장의 일곱 서신을 해석할 때도 기준이 된다.


## (2) 잃어버린 촛대

이 씨는 바로 그 기준을 잃어 버렸다. 그의 성경본문(계2:1~7) 해설의 결과는 '촛대'를 설명하는 곳에서 잘 나타난다. 이 씨의 해설을 살펴보자.

> "본문의 촛대는 하나님께서 일곱 사자에게 부어주신 '보좌 앞 일곱 등불의 영(계 4:5)'을 가리킨다. 그러므로 촛대를 옮긴다는 것은 그에게 준 하나님의 영과 사명을 다른 사람에게 부어준다는 뜻이다. 촛대에 대한 자세한 설명은 계시록 4장 5절 해설을 참고하기 바란다."(이 씨의 책 p. 69)

이 씨는 '촛대 = 보좌 앞 일곱 등불의 영'이라고 했다. 그것을 증명이라도 한다며 계4:5의 본문 해설을 보라고 안내한다. 그곳을 따라가 보자.

> "일곱 등불의 영은 온 세상에 '하나님의 말씀을 대언하는 일곱 사자'이다"(이 씨의 책, p. 111)

그가 제시했던 성경 본문(계4:5)과 비교해 봐야 할 것 같다.

> "보좌로부터 번개와 음성과 뇌성이 나고 보좌 앞에 일곱 등불 켠 것이 있으니 이는 하나님의 일곱 영이라"(계4:5)

위 성경 본문(계4:5)에서 '일곱 영'이라는 용어가 나온다. 이 씨는 그것을 '일곱 등불의 영'이라고 표현했고, 그것을 '일곱 사자'와 같다고 설명했다. 그것이 이번 본문 해설과 연결시키면 '촛대'와도 같다는 것이다. 다시 말해 이 씨는 '촛대=일곱 등불의 영=일곱 사자'라고 주장하고 있는 것이다.

이 씨의 논리가 맞을까? 먼저 이 씨는 국어책을 읽을 줄 아는지 질문하고 싶다. 민망한 질문이지만, 요한계시록을 감히 해설한다는 것은 차치하고 먼저 요한계시록을 읽을 줄 아는가 하는 질문을 던지고 싶다. 이 씨에게 국어 문제를 한 가지 만들어서 제시해 보겠다. 이것으로 위에 나타난 이 씨의 주장에 대한 필자의 답변을 대신할 수 있으리라 본다.

* 아래의 지문을 읽고 문제에 답을 하시오.

[지문] "그러므로 네 본 것과 이제 있는 일과 장차 될 일을 기록하라. 네 본 것은 내 ㉠오른손에 일곱 ㉡별의 비밀과 일곱 ㉢금 촛대라. 일곱 별은 일곱 교회의 ㉣사자요 일곱 촛대는 일곱 ㉤교회니라. 에베소 교회의 사자에게 편지하기를 오른손에 일곱 별을 붙잡고 일곱

금 촛대 사이에 다니시는 이가 가라사대"(계 1:19~2:1)

[ 문제 ] 위 지문에 등장한 '촛대'란 과연 무슨 뜻일까요?
㉠ 오른손 ㉡ 별 ㉢ 금 ㉣ 사자 ㉤ 교회
[ 정답 ] ㉤ 교회
[ 해설 ] 지문을 잘 읽어보기만 하면 돼요.

예수님께서 직접 그리고 친절하게 '일곱 촛대=일곱 교회'라고 설명을 해주고 있다(계1:20). 무엇을 덧붙일 수 있겠는가. '촛대=영=사자' 등으로 표현한 이 씨에게 촛대는 잃어버려진 것이나 다름없지 않을까?

이 씨의 의도는 여기에서 그치지 않는다. 숨겨진 그 무엇이 있다는 말이다. 그것은 그의 특기(?)인 자신을 드러내려는 데 있다고 보인다. 이 씨가 안내했던 계4:5의 해설을 보면 어렵지 않게 그의 의도를 발견할 수 있게 된다. 직접 살펴보자.

"일곱 등불의 영이 대언하는 말씀은, 마음의 눈먼 자들이 예수님의 명령대로 사서 발라야 할 안약이다(계3:18). 그러므로 성경을 보아도 깨닫지 못하는 소경된 사람은 **이 일곱 등불의 영이 함께하는 목자에게** 말씀을 배워 영의 눈을 뜨게 해야 한다."(이 씨의 책, p. 112)

위의 이 씨의 해설에 나타난 '일곱 등불의 영이 함께하는 목자'란 누구를 말하는가. 바로 이만희 씨를 가리키는 것이 아닌가. 그가 해설

한 요한계시록 4장의 결론 부분을 살펴보면 그것을 더욱 명확히 발견
할 수 있다.

> *"계시록 성취 때에는 사도 요한의 입장에 이는 목자에게 천국에*
> *관한 설명을 듣고 믿어야 구원을 얻을 수 있다."*(이 씨의 책, p. 117)

이 씨는 요한계시록 2장을 해설한다고 하면서 그 중심 내용이 무엇
인지 제대로 파악하지 못하였다. 성경 본문 자체가 말하고자 하는 예
수 그리스도 중심의 해설보다는 특정인(바로 자신)을 드러내려는 데
집착하고 있다. 이로 인해 '촛대=교회'라는 매우 간단한 논리도 오판
하는 실수를 범하게 된 것이다.

## (3) '일곱 영'이란?

그렇다면 이 씨가 해설하려고 했던 '일곱 등불의 영'은 무엇을 말하
는가? 그가 제시한 성경본문(계4:5)에서는 '일곱 영'으로 표현되어
있다. 성경 본문에 나오는 '일곱 영'(των επτα πνευματων)은 결론적으
로 '성령'으로 보는 것이 일반적인 견해다(Richard Bauckham, "The
Theology of the Book of Revelation" Cambridge university press
1993. chapter 5. 참조.)
'일곱 영'은 요한계시록의 상징세계에 있어서 독특한 표현이다.
요한계시록에서 '일곱 영'에 관한 언급은 4번 나타난다(계1:4, 3:1,

4:5, 5:6). 버컴(Bauckham)은 '일곱 영'을 "온 땅에 보내심을 입은 하나님의 권능의 충만"이라며, 그것이 요한계시록 본문에 4번 언급되는 것에 대해서 "어린 양의 승리가 신적인 권능의 충만함을 통하여 전 세계에 걸쳐 실현되고 있는 것"이라고 설명하고 있다.

'일곱 영'이 제일 처음 언급된 계1:4~5을 자세히 살펴보자. 요한은 하나님과 예수님을 장엄한 가운데 묘사하고 있다. 즉 하나님을 '이제도 계시고 전에도 계시고 장차 오실 이'(ο ων και ο ην και ο ερχομενος)라고 표현했으며, 예수님을 '죽은 자들 가운데서 먼저 나신 자'(ο πρωτοτοκος των νεκρων) 등으로 묘사했다. 그러한 표현과 함께 요한은 '일곱 영'을 언급하고 있다. 이는 요한이 편지(요한계시록)를 쓰면서 자신의 편지를 받는 이들에게 성부, 성자, 성령의 삼위일체 하나님의 이름으로 문안을 하고 있는 모습이다.

필자에게 상담을 의뢰했던 그 내담자를 만났다. 필요한 자료도 챙겨줄 겸 또 직접 만나 위로도 해 주고 싶었다. 그는 인근의 교회에 매일 새벽예배를 나가고 있다고 했다. 다행이다. 정말 반가운 말이다. 종종 비성경적인 목회자에게 크게 실망한 이들은 신앙생활 자체를 힘들어 하곤 한다. 심지어 "하나님이 어디있냐"며 강짜를 부리기도 한다. 그러나 그는 이번 기회를 통해 오히려 많이 배웠다고 고백했다. 자신이 하나님을 너무 몰랐다며 반성을 했다. 하나님 중심으로 처음부터 다시 시작하겠다고 했다. 그나마 지금이라도 이렇게 그의 손길에서 벗어날 수 있게 된 것에 대해 감사하다고까지 했다. 당장 끼니를 걱정해야 하는 상황에 처했는데도 말이다.

# 15. '이기는 자'가 이만희 씨라고?
### - 요한계시록 2:7

　교회사 관련 책을 읽었다. 〈세계교회사〉(Clyde L. 맨슈랙, 총신대학교출판부, 1996) 중 근현대사 부분에 특별히 관심을 기울였다. 로이드 존스 목사의 〈설교와 설교자〉(복 있는 사람)를 읽으면서 '삶과 신앙의 활력을 얻기 위해서 교회사를 읽어보라'는 저자의 권면이 있기도 했다. 역시 역사는 항상 우리에게 반성과 각오 등 교훈을 전해준다. 한 동안 역사책과 멀어졌던 것이 미안한 맘이다.

　프랑스의 통치자 루이 14세가 생각난다. '짐이 곧 국가다'라는 말로 독재정치를 편 사람이다(1661년). 백성들이 굶주리고 있을 때 그는 기둥이 1,400여 개로 이루어진 베르사이유 궁전을 짓고 초호화 만찬을 즐겼다. 자신의 권력에 도전한다는 이유로 2만5천여 명을 강제 이주시키기도 했다. 그는 이 세상 모든 것이 자신을 위해서 존재하고 또 자신을 위해서 돌아가야 한다고 생각했다.

　역사 속의 이야기를 통해서 인간의 죄된 본성을 다시 한 번 발견할 수 있다. 단지 루이 14세만의 문제는 아니다. 진정으로 예수 그리스도를 만나고 또 성령으로 충만하게 살지 않으면 누구에게나 일어날 수 있는 그런 본성 말이다. 오늘 우리 주변에서도 어렵지 않게 발견할 수 있지 않은가? 자기중심적으로 생각하고 행동하려는 사람들 말이다.

## (1) '이만희 = 이긴 자'(?)

요한계시록을 해설했다는 이만희 씨의 책 〈천국비밀 요한계시록의 실상〉을 읽으면서도 이 씨의 독선을 발견하게 된다. 한편으로는 '무지'라는 생각도 든다. 요한계시록 2장 1~7절의 그의 해설을 통해서 확인해 보자. 특별히 7절 말씀을 관심 있게 살펴보자. 먼저 성경말씀이다.

> *"귀 있는 자는 성령이 교회들에게 하시는 말씀을 들을지어다 **이기는 그에게는** 내가 하나님의 낙원에 있는 생명나무의 열매를 주어 먹게 하리라"(계2:7, 개역개정)*

위 본문 말씀 중 '이기는 그' 또는 '이기는 자'라는 용어에 대해서 주목할 필요가 있다. 2장 7절에서 처음 등장하는 용어이고 또 의미도 중요하다. 성경을 곡해하려는 자들이 특별히 이 용어의 의미를 자신과 동일시하는 데 자주 사용하고 있다. 따라서 이 용어에 대한 의미만 알아도 오늘날 성경을 오해하고 우리네 교회를 어지럽히려고 하는 이들을 어렵지 않게 막아낼 수 있게 된다.

이만희 씨는 계2:7에 등장하는 '이기는 자'에 대한 설명을 특별히 하지 않고 있다. 이상한 일이다. 분명 '이만희 = 이기는 자'라는 공식과 같은 자신만의 해설이 나와야 하는데 말이다.

그러나 이 씨의 책을 몇 장만 더 넘기다 보면 '이기는 자'에 대한 이 씨의 의도를 바로 발견할 수 있게 된다. 계2:14~22절의 해설에서 나타난 이 씨의 주장을 들어보자.

> "구약 39권이 예수님 한 분을 증거한 책이라면(요5:39) **신약 27권은 이기는 자 한 사람을 알리는 말씀이라고 해도 지나친 말이 아니다.** 그러므로 **오늘날** 우리가 아무리 성경을 상고하여도 **이기는 자를 찾지 못하면 아무 소용이 없다.**"(이 씨의 책, p.102)

이 씨의 책이 2005년에 출판된 것이니 그의 해설에 나온 '오늘날'은 지금의 필자나 이 글을 대하고 있는 우리 모두에게 해당되는 동일한 시대를 말하는 것일 게다. 한 마디로 '지금' 우리 주변에 있는 누군가를 찾아야 한다는 것이다. 이러한 엉뚱한 주장을 이 씨는 실수로 한 것일까? 이 씨의 책에서 같은 의미의 표현들을 여러 개 더 발견할 수 있다. 그것은 실수가 아니라 그의 사상이라는 뜻이다. 계속 살펴보자.

> "영생과 천국을 얻기 위해 성경을 상고하는 성도는 예수님께서 약속하신 **이기는 자를 찾아야 한다.** 사단의 무리 니골라당과 싸워 **이기는 자들이 여러 명이 있으나 그들이 전부 예수님께서 '약속한 목자'라는 말은 아니다.** 왜냐하면 하나님과 예수님의 보좌에 함께 앉고 하나님의 이름과 예수님의 새 이름과 새 예루살렘 성의 이름을 기록 받

는 **이기는 자는 '오직 한 사람'뿐이기 때문이다.** 그러므로 성도는 다수의 이기는 자들과 이 약속한 한 목자 한 사람을 구분할 줄 알아야 한다."(이 씨의 책, p.101)

"주 재림을 앞둔 오늘날 모든 성도는 계시록이 응하는 것을 확인하여 무엇보다 2, 3장에 약속한 **이기는 자를 찾아야 한다.**"(이 씨의 책, p.102)

이 씨는 '이기는 자'를 찾아야 한다고 매우 강조를 하고 있다. 그것이 구원, 즉 영생과 관련이 있기 때문이라고 한다. 구원을 예수 그리스도와 연결시키는 것 같아 보이지만 천천히 읽어보면 그렇지 않다. 그의 주장을 자세히 들여다보자.

"따라서 만국 백성은 **이기는 자를 통해서 천국과 영생을 얻고** 예수님께 갈 수 있다."(이 씨의 책, p. 103)

"계시록이 응하고 있는 오늘날은 계시록에 약속한 **이긴 자(계 2,3장, 21:7)를 통하지 않고는 구원이 없다.**"(이 씨의 책, p.37)

'이기는 자'는 곧 '약속한 목자'이고 그를 만나야 영생을 얻는다는 게 이 씨의 주장이다. 지금 필자는, 이 씨가 '이기는 자'를 누구라고 말하고 있는가에 초점을 맞추고 있는 중이다. 그것을 염두에 두고 계속해서 이 씨의 주장 몇 가지를 살펴보자. 이 씨는 과연 '이기는 자'를 누구라고 말하고 싶은 것일까?

> "본장은 예수님께서 **약속하신 목자 한 사람을** 우리에게 알리는 내용이다. **그는 바로 사도 요한의 입장으로 와서** 하늘에서 온 열린 책을 받아 먹고 통달한 자요 **보혜사 성령의 위치에 있는** 본장의 천사가 함께하는 예수님의 대언자이다."(이 씨의 책, p.217)

> "계시록 성취 때에는 **사도 요한의 입장에 있는 목자에게** 천국에 관한 설명을 듣고 믿어야 **구원을 얻을 수 있다.**"(이 씨의 책, p.117)

> "이 천사가 보혜사 성령이면 그가 함께하는(요14:17) **사도 요한과 같은 목자도 보혜사라 부를 수 있을 것이다.**"(이 씨의 책, p.210)

위에 인용된 구절들을 종합해 보면 '이기는 자=약속한 목자 한 사람=사도 요한의 입장으로 온 목자=보혜사라 부를 수 있는 이' 등이 모두 같은 표현이다. 그리고 누구인가 한 사람을 지칭하고 있다. 이 씨의 주장 중 한 구절만 더 살펴보자.

> "**이기는 자가 중심이 되어 이룬 교회**는 만국이 가서 소성 받고 주께 경배하며 영광을 돌릴 **증거장막 성전이며** 어린양의 혼인 잔칫집이다"(이 씨의 책, p.40)

결국 '이기는 자'는 구원자이고 그가 세운 단체가 참 교회인데 그

곳은 '증거장막성전'이라는 것이다. 그런데 이만희 씨의 단체 이름이 '신천지예수교증거장막성전'이다(이 씨의 책, p.17). 이 씨가 그곳에 총회장이란 직책으로 있다. 그렇다면 '이기는 자=이만희'를 말하는 것이지 않은가? 이 씨도 이것을 주장하고 싶었던 것일 게다. 직접적으로 표현하기가 쑥스러운지(?) 아니면 감추어보려고 했는지 이리저리 말을 돌리고 돌려서 표현한 것으로 보인다.

물론 '증거장막성전'이라는 단체 이름이 또 있다. 이만희 씨와 상관없는 곳이다. 주로 자칭 재림예수 유재열 씨 수하에서 이만희 씨와 함께 교육 받은 이들이 세운 단체들이다. 증거장막성전(홍종효), 무지개증거장막성전(심재권) 등이 그곳이다. 이 씨의 주장을 글자 그대로 인정한다고 하면 구원자와 구원의 단체는 이 씨 측 외에도 많다는 셈이 된다. 이만희 씨가 그것을 말하는 것일까? 그렇지 않으리라 본다. 이 씨는 자신과 자신의 단체만이 바로 그곳이라고 주장하고 싶을 것이다.

## (2) "나도 이기는 자이다"

재미있는 일이 또 있다. 요한계시록에 나오는 '이기는 자'가 바로 자신을 가리킨다고 주장하는 이들이 또 있기 때문이다. 다시 말해 이만희 씨만 그 주장을 한 게 아니라는 말이다. 과연 누가 그런 주장을 했는지 그들의 말을 들어보자.

"지금은 감람나무 시대입니다. 그 이전과는 다릅니다. **당시에는 주님만 열심히 믿으면 구원받았어요.** 주님이 직접 역사하셨으니까요. **그러나 지금은 그게 안 됩니다. 이긴자 감람나무가 나타나면** 주께서 그에게 권한을 맡겨서 역사하시게 되어있습니다(계 2:27, 3:21~22 참조). '너로 말미암지 않고는 내게 올 자가 없다' – 이게 비극입니다. 왜 시대가 이 지경이 되었는지 나도 몸과 마음이 괴롭습니다. 이 자리에 오신 여러분은 하나님의 섭리를 깊이 깨달아 주의 뜻에 합당하게 움직여야 합니다"(이영수, 〈에덴의 메아리〉. 제11설교집, 서울: 에덴성회 선교원, 1997, p.303)

"이와 같이 끝까지 예수님의 일을 지키는 사명자 곧 **이기는 자에게** 예수님이 철장으로 만국을 다스리는 권세를 주신다고 하였다. 예수님이 이기는 자에게 만국을 다스리는 권세를 주리니, 이 권세를 예수님으로부터 받는 자는 예수님이 아니다. 또한 하나님도 아니다. 하나님께서 예수님에게 주신 권세이니까. 이로써 하나님도 아니요 예수님도 아닌 끝까지 예수님의 일을 지키는 자 곧 **이기는 자가 만국을 다스리는 심판의 권세를** 예수님으로부터 받게 되는 것을 알 수 있다 (렘 51:20~23). 예수님이 **이러한 권세를 이기는 자에게 주시는 것은** 예수님이 하나님께 받은 권세라고 한 것이다."(김풍일, 〈생명나무〉, 서울:실로출판사, 1982, p.146)

이영수 씨와 김풍일 씨 등도 이만희 씨와 동일한 주장을 하고 있다. 요한계시록에 나오는 '이기는 자'는 독특한 한 개인을 지칭한다며, 그 사람이 바로 자신이라고 말한다. 모든 이들이 성경을 해설한다고 하면서 한 주장들이다. 위 3명이 한 자리에 앉아 토론을 해 볼 수 있다면 좋겠다. 과연 누가 진짜 이긴 자(?)인지 말이다.

## (3) '이기는 자'의 의미는

과연 '이기는 자'의 의미는 무엇인가. '이기는 자=교주 자신'이라고 주장하는 교주들의 논리는 과연 옳은 것일까?

요한계시록 2:7에 처음 등장하는 '이기는 그에게'(τω νικωντι)라는 말씀은 예수님께서 교회들을 격려하는데 자주 사용하신 말씀으로 1세기 당시 널리 잘 알려진 히브리적 표현(Hebraism)이다(홍창표, <요한계시록 해설 제 1권>, 서울: 크리스천 북, 1999, p.420). '이기는 자'라는 표현은 계 2~3장에 나오는 일곱 교회를 향한 각 서신의 끝부분에 모두 나타난다. 각 서신은 예수님께서 '이기는 자'에게 맺으신 복된 약속의 말씀으로 결론을 맺고 있다.

홍창표 교수는 '이기는 자'를 세 부류로 구분했다. 첫째, 충성된 그리스도인을 일컫는 말이라고 한다(계2:11, 17, 26; 3:5, 12, 21; 12:11; 15:2; 21:8). 둘째, 그리스도 자신을 묘사한다고 한다(3:21; 5:5; 7:14). 셋째, 아무런 도덕적 의미를 갖지 않는 표현으로 사용됐다고 한다(6:2; 11:7; 13:7). 다시 말해서 '이기는 자'란 아무리 연약한 성도일지라도 그리스도인의 영적 전투의 삶에서 그리스도를 통해 마침내 승리하게 될 성도를 의미한다는 말이다.

　권성수 목사도 이러한 견해에 크게 다르지 않다. 그는 계2:7절의 해설에서 "'이긴다'는 것은 요한1서 5:5말씀처럼 믿음으로 세상을 이긴다는 막연한 이김이 아니라, 주님이 주신 말씀대로 순종하는 것을 말한다"며, 그에 해당되는 신자가 "특별한 사람들만이 아니(다)"라고 했다(권성수, 〈요한계시록〉, 서울: 도서출판 횃불, 1999, pp.54~55).

　그렇다면 '이기는 자'가 싸워서 이기는 이김의 대상이 무엇인가? 즉, 무엇을 이기느냐는 것이다. '이기다'라는 동사는 요한계시록 11장에 이르기까지 무엇을 이겨야 하는지 그 대상에 대한 언급이 자세히 나타나 있지 않다. 계 12~13장에 이르러서 비로소 그 이김의 대상이 명확히 등장한다. 그것은 '용', '뱀', '짐승', '바다 괴물', '땅의 괴물' 등으로 나타난다. 이들은 하나님께 대해 철저히 반대하는 세력들이다. 완성될 하나님의 나라를 방해해 보려는 존재들이다.

　이렇듯 하나님 나라의 반대 세력의 등장과 그들로부터의 '이김'에 대한 논리는 요한계시록에 대단히 중요한 골격이다. 이는 요한계시록의 독자로 하여금 신적 전쟁에 능동적으로 참여할 것을 요구하고 있다. 독자들로 하여금 모든 대적자들을 대항하여 하나님의 우주적 왕국을 세우기 위한 싸움에 참여하도록 도전해 준다(Richard Bauckham, "The theology of the book of revelation" chapter 4.).

　'이기는 자에게'(τω νικωντι)의 시제는 현재분사다. 이때의 현재분사는 일반적 현재분사로 어떤 종류의 것을 표시한다. 동시에 시간의 개념이 없는 현재사(the timeless present)이다. 즉, '현재'의 시점에서 투쟁하는 그리스도인의 영적 생활의 특징을 말해준다. 악의 세력에 대항하는 끈질긴 투쟁으로 마침내 승리한 자를 의미하는 표현이다. 이 승리는 육적 혹은 세속적 승리가 아닌 그리스도가 이긴 것과 같은 승리의 의미를 함축한다.

'이기는 자'를 '순교자'로 보는 견해도 있다. 계3:21, 15:2 등을 근거로 사탄의 갖은 유혹과 시험을 이기고, 마침내 그리스도와 함께 승리한 이를 가리킨다. 죠지 래드(G. E. Ladd)는 "예수님의 모든 제자들은 원리상 순교자이며, 신앙으로 인해 기꺼이 그의 생명을 내어줄 수 있는 사람들임에 틀림없다"며 순교자의 의미를 확장시켰다(G. E. Ladd, Revelation, <요한계시록>반즈주석성경, 서울: 크리스천서적, 1993, p.50).

즉, 그리스도인이라면 모두 이미 순교자나 다름없다는 말이다. 래드는 특히 이기는 자가 얻게 될 복을 설명하면서 "이것은 그리스도인들 가운데 어떤 특별한 이들에게만 주어지는 것이 아니라, 생명책에 그 이름이 기록되어 있는 모든 그리스도인에게 주어질 것이다"며, '이기는 자'는 특별한 존재가 결코 '아님'을 강조했다.

결국 요한계시록에서 말하고 있는 '이기는 자'는 어느 특별한 존재를 언급하는 것이 전혀 아니라는 사실이다. 더욱이 그 특별한 존재가 '교주 자신'이라고 연결하는 것은 성경 근거가 전혀 없는, 터무니없는 외침에 불과하다. 오직 이만희 씨와 '이기는 자'와의 관련이 있다면, 앞의 첫 글자가 한글로 '이'자라는 것뿐이다. 그 외에는 아무런 관계가 없다.

이만희 씨는 이미 한국교회 주요 교단으로부터 '이단'으로 규정됐다(통합/1995/이단, 합동/1995,2007/신학적 비판 가치 없는 집단,

무서운 이단, 고신/2005/이단, 기성/1999/이단 등). 최근 신천지에 대한 한국교회 피해 사례가 늘어가고 있는 추세다. 이에 예장합동은 2007년 신천지 문제를 다시 자세히 연구해 재규정을 내렸다. 결론은 역시 마찬가지다. 오히려 '무서운 이단'이라는 강도 높은 규정을 내렸다. 더 이상 한국교회 안에서 피해가 발생하지 않기를 기대하는 마음이다. 아래 예장합동 보고서 결론 부분을 인용한다.

> "결국 이 씨는 철장으로 만국을 다스릴 자라고 하고, 새 언약과 새 일을 지키는 자가 구원을 받게 된다고 가르쳐 자신을 믿어야 구원받는다고 가르치는데, 이 시대는 교주인 자신이 나왔으니 종말이 되었다고 하고, 자신을 믿지 않는 것이 곧 심판이라고 주장하는 재림주이다. 이만희는 한국교회 그 유래를 찾기 어려울 정도로 무서운 이단으로서 모든 교회가 최선을 다 하여 대처해야 할 것으로 사료된다."(예장합동 제 92회-2007년, 신천지예수교증거장막성전(교주 이만희)의 연구보고서)

# 16. 이 씨의 '만나 교리' 맞나?
- 요한계시록 2:12~17

　이만희 씨의 성경해석에 가장 큰 단점 중 하나는 바로 이것이다. 바로 문맥을 통한 해석보다는 단어 풀이식 해석이라는 점이다. 그리고 그때의 해석은 성경의 내용보다는 자기 자신의 어떠함을 드러내려는 데 초점을 맞추고 있는 식이다.

　이러한 이 씨의 성경해석 방식은 요한계시록 2:12~17의 버가모교회에 관한 내용의 해석에서도 잘 나타난다. 이 씨는 버가모교회가 어떠한 상황에 처해 있으며 그 교회를 향한 하나님의 말씀의 특징이 무엇인가에 대한 문맥의 흐름보다는 '만나는 무엇인가?', '새이름은 무엇인가?' 등의 소위 단어 찾기에 힘을 기울이고 있다. 그나마 그것마저도 자기중심적으로 해석하고 있다. 물론 이 씨가 성경의 배성을 설명하지 않는 것은 아니다. 간간히 이 씨는 성경 기록 당시의 배경을 설명하곤 한다. 그러나 성경 배경과 단어 설명이 잘 엮인다고 보기가 힘들다. '배경 따로, 단어 따로'의 식이다.

　요한계시록을 해설했다는 이만희 씨의 책 <천국비밀 요한계시록의 실상>을 통해서도 그것을 확인할 수 있다. 이 씨는 요한계시록 2:12~17까지의 성경을 해설한다면서 크게 4개의 소주제로 나누었다. '1) 발람의 교훈과 우상의 제물, 2) 니골라당의 교훈과 예수님의 입의 검, 3) 감추었던 만나, 4) 흰돌 위에 기록한 새이름' 등이 그것이다(이 씨의 책, pp.75~77). 소주제 제목이 그가 말하고 싶어하는 것을 잘 나타내 주고 있다.

이 씨는 소주제 1), 2)번을 통해서 당시의 역사적 배경을 나름대로 설명했다. 버가모교회가 하나님이 원하지 않는 발람의 교훈과 니골라당의 교훈을 따르는 것에 대한 책망의 내용에 대해 비교적 잘 설명해 놓았다. 대표적인 것이 우상에게 절을 하고 그 제물인 음식을 먹었다는 내용이다.

이 씨는 계속해서 성경 본문에 나타나는 '만나'라는 단어를 비중있게 다루었다. 그것을 '3) 감추었던 만나'라는 소제목을 달아 한 항목으로 취급하기까지 했다. 중요하게 여기겠다는 의도다. 이 씨는 '예수님께서 이기는 자에게 주시겠다고 약속하신 감추었던 **만나는 무엇인가?**(17절)'라는 질문을 던지면서 그 의미를 해설하려고 노력했다.

그의 해설 방식은 이렇다. 먼저 구약성경 출애굽기에 나온 만나의 사건을 예를 들었다. 그리고 신약성경 요한복음과 누가복음의 성경 구절을 들어가며 '만나'의 예를 또한 보여주려고 했다. 그런 후 이 씨는 그가 주제로 삼은 '감추인 만나'의 의미를 다음과 같이 설명했다. 이것을 위해 신구약 성경의 예도 들었다. 그의 말을 들어보자.

"약 이천년 동안 감추어진 그 만나는 예수님께서 이기는 자에게 주시고 이기는 자가 백성과 나라와 방언과 임금에게 주므로(10장)비로소 만인에게 공개된다. 예수께서 약속하신 만나는 오늘날까지 '비

유'로 감추어두었던 '천국비밀의 말씀'이다."*(이 씨의 책, p.76)*

이 씨가 말하고자 하는 '만나'의 의미는 무엇인가? 앞 장에서 '이기는 자=이만희'라는 이 씨의 의도를 밝힌 바 있다. 계2:7, 2:14~22 등의 성경구절에 대한 이 씨의 해설을 통해서 이 씨가 성경을 곡해하고 있음을 드러낸 바 있다. 이렇듯 앞 장의 내용과 연결을 시킨다면 '만나'에 대한 이 씨의 주장은 '예수님께서 이만희 씨에게 준 것이고 그것은 이 씨의 비유풀이 성경해석'이라는 뜻이 된다. 한 마디로 '만나=이만희 씨의 비유풀이'라는 식이다.

이번 장에서 필자가 말하고 싶은 것은 이것이다. 버가모교회를 향해 준 하나님의 말씀 중 이 씨 스스로 소제목으로 삼은 '발람의 교훈'과 '만나'가 이렇게 무관할 수 있겠는가 하는 점이다. 다시 말해 발람의 교훈과 만나는 전혀 관계가 없는 내용인가 하는 점이다. 이 씨의 성경해설을 보면 그 관계성을 전혀 찾아볼 수가 없다. 각각이 따로 논다. 마치 이 책 저 책에서 짜깁기를 해 놓은 듯하다.

이 씨의 네 번째 소제목인 '흰 돌 위에 기록한 새이름'도 마찬가지다. 그는 역시 '감추었던 만나와 더불어 예수님께서 니골라당과 싸워 이기는 자에게 주시겠다고 약속하신 흰 돌은 무엇이며 그 위에 기록한 새이름은 무엇인가?(17절)'라는 질문을 던지며 성경을 해설하려고 했다. 이 씨는 위와 비슷한 방식으로 구약성경과 신약성경의 몇 구절을 들어가며 '흰돌'과 '새이름'의 단어적 의미를 찾으려고 애쓰고 있다. 그나마 '새이름'이란 단어의 의미는 계3:12에서 설명하겠다고 그 해설을 미루었다. 동일한 단어의 같은 의미이기 때문에 한꺼번에 설명하겠다는 것으로 보인다.


## * 성경해석은 문맥을 통해서

성경의 어떠한 단어나 문장, 구 등을 해석할 때 반드시 문맥을 통해서 살펴보아야 한다. 글의 흐름 속에서 의미를 찾아야 한다는 뜻이다. 그래야 보다 명확한 의미가 살아난다. 성경은 국어사전이나 단어장이 아니다. 올바른 성경해석, 그 이해의 묘미는 바로 문맥에 있다고 해도 과언이 아니다.

계2:12~17절의 버가모교회를 향해서 만나를 주겠다는 하나님의 의도를 문맥을 따라서 해석해 보며 어떻게 되는가? 먼저 '만나'가 '우상제물'과 대조됨을 생각해야 한다. 버가모교회 당시의 유대인들과 일부 그리스도인들은 우상에게 제사를 지냈던 음식을 관행처럼 먹곤 했다. 몇몇 그리스도인들에 의해 그것이 금지되기는 했으나 여전히 그 행위가 남아 있었다. 니골라당 역시 성적인 부도덕과 우상에게 바쳤던 고기를 먹으라고 가르쳤던 것이다(David E. Aune, Revelation(WBC) 1-5, 김철 옮김, 〈요한계시록〉, 솔로몬, 2003, p.621).

이러한 부정적인 음식에 대한 죄악이 버가모교회에 여전히 남아 있었다. 하나님은 그들에게 회개할 것을 촉구했다(계2:16). 그리고 그 부정적인 음식이 아닌, 감추었던 만나와 새이름을 주겠다고 한다(계2:17). 즉, 만나는 멸망 받을 부정적인 음식에 대조되는 용어로 사용되었다. 문맥을 통해서 여기까지만 봐도 만나의 의미를 어느 정도 파악할 수 있다. 이 의미를 바탕으로 다른 성경에서 사용 예를 참고해 보자. 그리고 이를 먼저 연구한 연구가의 의견도 귀를 기울여 보자. 모두 성경 본문을 제대로 해석해 보기 위한 작업들이다. 데이비드 앤과 권성수 목사는 다음과 같이 해석을 했다. 종합해 보면 '만나'는 요한복음 6:49~51에서와 마찬가지로 '영생'으로 나타내는 또 다른 은유에 해당된다(David E. Aune). 또는 생명의 떡이신 '예수님 자신'으로 보는 것도 가능하다(권성수, 〈요한계시록〉, 선교횃불, 2001, p.74).

이 씨는 버가모교회에 관한 성경을 해설하면서 중요한 배경을 하나 놓치고 말았다. 버가모교회 주변에는 중요한 이방 신전들이 있었다. 제우스 신전이 유명했고, 특히 황제를 숭배해야 한다는 신전도 있었다. 버가모는 로마 황제 신전을 최초로 세운 도시로서 황제 숭배에 있어서 리더격의 도시였다. 신전들이 그만큼 그곳에 많이 있었다. 이곳에서는 '황제가 주님이시다'는 고백을 접하는 것도 어렵지 않다. 이것이 버가모에 있는 교회의 어려움이자 고난이었다. 이러한 정치, 사회 상황 속에서 '그리스도가 주님이시다'는 고백을 해야만 한다는 것은 결코 쉬운 일이 아니다(권성수, pp.68~69).

버가모교회 교인들은 예수님만을 주님으로 믿고 그분을 향한 신의를 저버리지 않았다. 그것이 성경에 "네가 내 이름을 굳게 잡아서"라고 표현되어 있다(계2:13). 이 씨가 설명하고 싶은 '새이름'은 바로 13절의 '내 이름'과 관련해서 이해해야 한다. 이것이 본문 문맥을 통한 접근이다.

성경에서의 '이름'은 이름을 받은 것, 그 이상의 의미를 소유하고 있다. 예를 들면, 아브라함의 이름 안에서 모든 족속들이 복을 받게 된다고 했다(창12:2~3). 그리고 '새이름'은 이와 관련된 사람의 입장의 변화, 곧 특별한 위치로의 높아짐이나, 혹은 의존 상태로의 낮아짐들의 변화를 표현한다. 이처럼 하나님께서는 자신의 택한 백성의 앞으로의 날을 고려하여, 그에게 새로운 이름을 주셨다. 예를 들면, 야곱은 이스라엘로 말이다. 죄인들의 이름은 '저주'가 될 것이지만(사65:15), 의롭다함을 받은 자들의 '이름'은 생명책에 기록(시69:28, 사4:3)되게 된다(홍창표, 〈요한계시록 해설 1권〉, 크리스천 북, 1999, p.397).

하나님은 어려운 상황 속에서 주님의 이름을 굳게 잡은 버가모교회에게 새이름이 기록된 '흰돌'을 주시겠다고 했다. 그들이 저주 받을 백성이 아니라 의로운 백성이라는 뜻이다. 멸망 받을 백성이 아니라, 소망의 백성이라는 칭찬이다. 그 증표가 새이름이며 또 그것이 기록된 '흰돌'인 것이다. 권성수 목사는 새이름이 기록된 흰돌은 메시아의 잔치에 확실하게 참석할 수 있는 것을 보장한다는 의미로 보았다(권성수, p.75). '새이름'에 대해 홍창표 교수는 예수 그리스도의 이름으로 보아야 한다고 설명했다. 죄인을 의인으로 변화시킬 구원의 이름이 바로 그것이라는 의미다. 그는 요한계시록 14:1의 '어린 양의 이름'도 역시 같은 의미로 보아야 한다고 강조했다(홍창표, p.464).

이만희 씨의 본명은 이희재로 알려져 있다. 그는 이름을 바꿈으로 자신이 좀 더 특별한 존재로 봐주기를 기대했던 모양이다. 그를 지칭하는 이름은 여러 개 더 있다. 이 씨를 따르는 이들에 의하면 이 씨는

'보혜사', '충신과 진실', '선생' 등으로 다양하게 불린다. 정통교회에서 그를 부르는 이름도 여럿 있다. '이단자', '자칭 재림예수 유재열의 아류', '마니교 교주' 등이다. 이름에는 그 사람의 상태, 비전 등 모든 것이 들어있다. 예수님만을 구세주로 믿는 사람을 우리는 그리스도인이라고 부른다. 하나님께서 이만희 씨를 부른다면 어떤 이름으로 부를까?

# 17. 주의 날이 도적 같이 임하지 않는다고 하니…
- 요한계시록 3:1~6

〈우리는 행복한가?〉(이정전, 한길사, 2008)라는 책을 읽었다. 경제학자인 저자가 말하는 행복에 대한 궁금증이 그 책을 손에 잡게 했다. '경제학자가 말하는 행복이란 뻔~하지 뭐'와 '혹시 돈 말고 다른 것을 말하지는 않을까?'라는 생각이 동시에 들었다. 그러다가 '행복이란 그런 것이 아니다'는 저자의 머리말에 그 책에 대한 궁금증이 커졌다.

이정전 교수는 결국 "행복은 우리가 만들어 갈 수 있다"며 '문화생활 영유'과 '다각적 교양 추구' 등을 통해서 가능하다고 말했다. 마지막 책장을 넘기면서 '용두사미'라는 단어가 떠올랐다. 경제학자로써 '돈≠행복'라는 주장에 신선함을 넘어서 도발적이라는 느낌에 관심을 기울였지만, 결국 어느 정도(?) 금전적인 여유가 있는 사람이 행복을 취할 수 있겠다는 느낌을 받게 되었다.

우리의 진정한 행복은 우리를 만드신 분의 사랑 안에 거할 때 가능한 것이지 않을까? 그 사랑의 메시지를 매일 같이 접하고 그 말씀대로 살아가는 것 자체가 우리의 어떠한 형편과 상황을 뛰어넘어 행복을 만끽할 수 있다고 믿는다.

이만희 씨는 행복할까? 물질이나 어떤 권세 때문이 아닌 하나님 앞에서 말이다. 그가 성경의 요한계시록 해설서를 집필했으니 겉으로는 일단 행복한 것으로 보인다. 그렇다면 속을 한 번 들여다보자. 그의 성경해설을 분석함으로 그 내면을 살펴보자는 말이다. 그는 정말 행복할까?

## (1) '도둑 같이···'

이만희 씨는 요한계시록 3:1~6절 중 "내가 도적 같이 이르리니"(3절)라는 구절의 해설에서 "주의 날이 도적같이 임할 수 없다"라고 주장했다. '도적 같이 임한다'는 성경구절을 정 반대로 '도적 같이 임하지 않는다'고 해설을 한 것이다. 이만희 씨의 책 <천국비밀 요한계시록의 실상>을 통해서도 그것을 확인할 수 있다. 직접 들어보자.

> *"주께서 도적 같이 온다는 말은 무슨 뜻인가? ①많은 성도들은 재림 예수님께서 구름을 타고 만민이 보는 가운데서 오시는 줄 알고 있다. ②그러나 신약 성경에는 예수님께서 밤에 도적같이 오신다는 말씀이 일곱 번이나 기록되어 있다."(이 씨의 책, p 88)*

이 씨의 해설을 읽으면서 정신을 바짝 차려야 한다. 자칫 논점을 잃어버리기 쉽다. '도적 같이 온다'는 의미에 대해 설명하려는 이 씨는 곧바로 '구름 타고 옴'에 대해 언급한다(①번 참조). 이는 '도적같이 옴≠구름타고 오는 것'이라는 구성이 된다. 무엇인가 어색하다. 곧바로 이 씨는 '그러나'로 반전시킨다. ①번이 아니고 ②번이라는 설명이 된다. 즉 '도적같이 옴 = ②번'이라는 것이다. 무슨 말인가? 정리하면 '도적같이 온다는 것은 신약성경에는 그것이 일곱 번 기록되어 있다는 것'이라는 논리다. 필자만 혼란스러워 하는 것인가?

이만희 씨는 예수님께서 재림하실 때 구름을 타고 오심과 만인의 눈이 그것을 보게 된다는 것을 부정한다(①번 참조). 이는 계1:7의 성경구절과 정면으로 충돌하는 말이다. 이 씨는 '구름을 타고 오심'은 '영으로 오신다는 뜻'이라고 주장한다(이 씨의 책, p.55). 이 씨가 자신이 한 말이 무슨 뜻인지 알고 한 것인지는 모르겠지만 이는 심각한 결과를 초래하게 된다. 예수님의 부활을 부정한다는 의미가 된다. '신령한 몸'으로 부활하신 예수님 자체를 부인하는 의미이기도 하다(고전15:44 참조). 또한 "하늘로 가심을 본 그대로 오시리라"(행1:11)는 성경도 부인하게 되는 셈이다(이 씨의 ①번 주장에 대한 자세한 내용은 지난 분석의 글 8장에 자세히 나와 있다).

어쨌든 이 씨는 계3:1~6의 해설 통해서 '도적 같이 임함'의 의미에 대해서 언급하고 있다. 그의 주장은 '도적 같이 임하지 않는다'는 것이다. 성경 본문의 내용과 정면으로 반대되는 말이다. 용감하다(?). 그는 자신의 주장을 입증이라도 하듯 살전5:1~5과 요1:1~5의 신약성경 구절을 인용하기도 했다. 그 구절들의 의미를 해설한다며 이 씨는 "그들에게는 **주 재림이 밤에 도적이 몰래 오는 것과 같을 것이며** 멸망이 홀연히 이를 것이다. 그러나 빛의 자녀들은 말씀을 깨달아 주께서 오시는 노정을 알고 있으므로 **주의 날이 도적 같이 임할 수 없다**"라고 말했다.

　이 씨의 주장 전체를 다시 한 번 정리하면 다음과 같다. 성경 본문의 '도적 같이 임함'의 뜻은 첫째 주의 재림을 의미하는 것이며, 둘째 주의 재림은 빛의 자녀들에게는 도적 같이 임하지 않는다는 것이다.

## (2) 단어와 구는 문맥을 통해서

　문장 중에 사용되어진 '단어와 구' 심지어 어떠한 '문장'도 모두 문맥에 따라 해석되어져야 한다(지난 장에도 강조했다). 우리가 흔히 예를 드는 '잘 논다'라는 말을 생각해 보자. 이것은 '정말 놀기를 잘한다'는 뜻도 되지만, 경우에 따라서는 '엉뚱한 짓을 한다'는 전혀 다른 의미로 해석되기도 한다. 문맥의 흐름에 따라서 구분된다.

　성경에서도 마찬가지다. '시험'이라는 단어를 예로 살펴보자. 야고보서 1장이다. 약1:2절과 약1:13절에는 모두 '시험'이라는 단어가 나온다. 그런데 가만히 읽다보면 그 의미에서 혼동된다. 같이 한 번 읽어보자.

> "여러 가지 *시험*을 당하거든 온전히 기쁘게 여기라"(약1:2)

> "사람이 *시험*을 받을 때에 내가 하나님께 *시험*을 받는다 하지 말지니 하나님은 악에게 *시험*을 받지도 아니하시고 친히 아무도 *시험*하지 아니하시느니라"(약1:13)

약1:2절의 시험은 긍정적인 뜻으로 해석이 된다. 약1:12의 문장이 도움을 준다.

**"시험**을 참는 자는 복이 있나니"*(약1:12)*

이때의 시험은 분명히 긍정적이다. 기뻐할 수 있고 또 복의 통로가 되기 때문이다. 그런데 약1:13절은 전혀 다르다. 부정적이다. 우리가 시험을 받을 때 하나님께 시험을 받는다 하지 말라고 한다. 약1:14절까지 읽어보면 더욱 그 의미가 확실해진다.

*"오직 각 사람이 시험을 받는 것은 자기 욕심에 끌려 미혹됨이니"*
*(약1:14)*

어찌된 일인가? 야고보서 1장의 '시험'이라는 단어의 의미는 도대체 무엇인가? 영어 성경(NIV)은 여기에서의 '시험'이라는 같은 단어를 두 개의 단어로 풀어서 설명을 해 놓았다. NIV는 하나님으로부터 오는 시험을 테스트(test) 또는 트라이얼(trial)이라는 용어로, 사탄과 마귀에 의해서 행해지는 시험을 유혹이라는 의미의 템테이션(temptation)이라는 용어로 번역했다. 즉, 약1:2과 약1:12은 테스트나 트라이얼로 번역을 했고, 약1:13~14절은 템테이션으로 번역을 해 놓았다.

원래 두 개의 다른 단어를 한국어로 번역할 때 '시험'이라는 한 단어로 번역한 것인가? 아니다. 헬라어 원어성경은 모두 페이라스모스 (πειρασμος)라는 하나의 단어로 기록되어 있다.

이것을 어떻게 받아들여야 하는가? 정답은 '문맥'이다. 같은 단어라도 문맥의 흐름에 따라서 다르게 해석되어야 함을 잘 말해주고 있다. 영어 성경(NIV)는 그 문맥의 흐름에 따라 의미를 살려주는 방식으로 번역을 한 것이다. 역동적인 번역의 원칙에 따라 번역을 했기 때문이다. 우리가 대부분 애용하고 있는 개역성경(개역한글 포함)은 직역의 원칙에 보다 충실하게 번역을 한 것이다. 따라서 우리 스스로가 문맥의 흐름을 염두에 두고 해석을 해야 한다.

'도적 같이 이르리(라)'는 성경 본문을 생각해보자. 사데교회를 향한 하나님의 말씀이다(계3:1~6). 사데교회의 행위가 하나님의 눈에 아름답지 못하게 보였다. '살아있으나 죽은 자'와 같다는 표현이 잘 말해준다(1). 겉으로는 교회인 것처럼 보이지만 실제로는 진정한 교회가 아니라는 책망이다. 그 사데교회를 향해서 하나님은 '회개하라'고 충고한다(3). 그와 동시에 '내가 도적 같이 이르리(라)'고 말씀하시다. 계속해서 하나님은 사데교회에 행위가 깨끗한 이들도 있음을 언급한다(4). 그들을 본을 삼아 회개하라는 촉구이다.

성경본문을 있는 그대로 단순하게 나열해 본 것이다. 필자의 정리가 부족하다면 성경 자체를 있는 그대로 보면 된다. 자, 사데교회를 향한 하나님의 말씀을 다시 한 번 훑어보자. 그런 후 '내가 도적 같이 이르리(라)'는 구절의 의미를 판단해 보자. '회개하라' 또는 '책망하리라'는 뜻에 합당한지 아니면 '예수님께서 재림하리라'는 뜻에 적합한지를 말이다.

권성수 목사는 "이 때의 '이른다' 즉 '온다'는 단어는 주님의 재림을 가리키는 것이 아니다"라고 지적했다(〈요한계시록〉, 선교횃불, 2001, p.102). 권 목사는 계속해서 "주님께서 구체적으로 '네게' 올 것이라고 하셨기 때문이다. '온다'는 것은 재림이 아니라 징계를 가리킨다. 주님께서 징계하시기 위해 사데교회에 오시겠다는 것이다"라고 설명했다.

권 목사의 지적은 사데교회뿐 아니라 다른 일곱교회에 보낸 메시지에서도 확인할 수 있다. 버가모교회를 향한 메시지를 살펴보자(계 2:12~17). 하나님은 발람의 교훈을 따르는 버가모교회를 책망하시면서 '회개하라', '내가 네게 속히 가(리라)'고 말씀하신다(16). 사데교회는 물론 버가모교회를 향한 하나님의 의도가 다르지 않다. 두아디라교회(계2:18~29)와 라오디게아교회(계3:14~22)를 향해서도 마찬가지이다.

물론, '도적 같이'의 의미는 '예상치 못한 출현'의 뜻이다(David E. Aune, Revelation(WBC) 1-5, 김철 옮김, 〈요한계시록〉, 솔로몬, 2003, p.666). 예수님의 재림 때는 물론이고 책망하실 때 역시 예상치 못하게 급박하게 하신다는 말이다. 그래서 그리스도인들은 회개하는 마음으로 믿음으로 언제나 정결하게 살아야 한다.

성경 본문 "내가 도적 같이 이르리니"(계3:3)에 대해 이만희 씨는 "주의 날이 도적 같이 임할 수 없다"고 해설했다. 성경 본문을 문맥을 따라 해석한 후 이 씨의 해설을 덧붙이면 다음과 같다. '하나님께서는 사데교회의 불신에 대해 회개를 촉구하고 책망하시기 위해서 오시지 않는다'는 말이 된다. 우스꽝스러운 모습이다. 잘못된 성경 해설이 하나님을 하나님으로 바라보지 못하게 만든다. 성경의 하나님과 나 자신이 이해한 하나님이 달라진다. 변형된 하나님의 모습을 바라보고 따르면서 참 행복을 기대할 수는 없다. 이만희 씨는 행복한가?

# 18. 이만희 씨의 마음 문 흔들릴까?
### - 요한계시록 2-3장

한 청년이 찾아왔다. 자신의 고민에 대해서 상담 차 방문했다. 같이 식사를 하고 차를 들면서 이런저런 대화를 이어갔다. 물론 그의 고민에 대해서도 충분한 의견 교환을 했다. 그러던 중 필자는 문득 "평소 자네가 꿈꾸어왔던, 정말로 하고 싶었던 일이 있다면 무엇인가?"라는 질문을 던졌다. 그는 순간 당황했다. 뜻밖의 질문을 받았기 때문일 것이다. 재차 질문을 던졌다. 그는 잠시 생각을 하더니 진지하게 답을 했다.

"미술 선생님이 되고 싶었어요?"

그 다음부터 나오는 그의 고백은 오히려 필자를 주춤하게 만들었다. 그는 미술 선생님이 되기 위해서는 어떤 과정을 밟아야 하는지 이미 잘 알고 있었다. 그보다 중요한 것은 그 다음이다. 그는 선생님이 된 후 학생들을 위한 다양한 교육 프로그램까지도 구체적으로 생각을 해 온 것이다. 그 말을 할 때 그의 얼굴에는 생기가 돌았다. 그러나 그의 꿈은 지금 그가 걷고자 하는 길과 매우 달랐다. 안타깝다. 다시 말해 꿈과 현실이 따로따로인 꼴이다.

　'꿈에 도전해 보라'고 권면했다. 마음에 담긴 꿈을 선교의 마음을 품고 어떤 방법으로든 폭발시켜보라고도 제안해 보았다. 그는 큰 숨을 내 쉬었다. 조금 더 긴장된 얼굴을 띠었다. '그렇게 하고 싶다'고는 했지만 걸리는 일이 한두 가지가 아니란다. 그러나 이 시점에서 '하나님이 마음의 문을 두드리고 계신다'는 점에 대해서 같이 인식했다. 우리에게 기도제목이 되었다.

　이만희 씨의 책 〈천국비밀 요한계시록의 실상〉을 읽으면서 같은 마음이 들었다. '우리 하나님께서 이만희 씨의 마음의 문도 두드리시지 않을까?'하는 것이다. 복음으로 굳게 닫혀 있는 그의 마음의 문도 두드리시리라 기대해 본다.

## (1) 이만희 씨가 구원자?

　이 씨는 요한계시록 3장을 해설하면서 다음과 같은 결론을 내리고 있다. 2장 결론에서 "편지에 말한 사건과 약속은 3장과 함께 결론내리기로 한다"고 한 것으로 보아 3장의 결론은 사실상 2장의 결론과 같은 셈이다. 요약, 인용하면 다음과 같다.

　"영생과 천국을 얻기 위해 성경을 상고하는 성도는 예수님께서 약속하신 이기는 자를 찾아야 한다. 사단의 무리 니골라당과 싸워 이기는 자들이 여러 명이 있으나 그들이 전부 예수님께서 '약속한 목

자'라는 말은 아니다. **이기는 자는 '오직 한 사람'뿐이기 때문이다.**"(이
씨의 책, p.101)

"주 재림을 앞둔 오늘날 성도는 계시록이 응하는 것을 확인하
여 무엇보다 2,3장에 약속한 **이기는 자를 찾아야 한다.**"(이 씨의 책,
p.102)

"구약 39권이 예수님 한 분을 증거한 책이라면(요5:39) **신약 27권
은 이기는 자 한 사람을 알리는 말씀**이라고 해도 지나친 말이 아니다.
그러므로 오늘날 우리가 아무리 성경을 상고하여도 이기는 자를 찾
지 못하면 아무 소용이 없다."(이 씨의 책, p.102)

"〈결론〉 따라서 만국 백성은 **이기는 자를 통해서 천국과 영생을 얻
고** 예수님께 갈 수 있다."(이 씨의 책, p.103)

무슨 말인가? 이만희 씨는 요한계시록 2~3장의 결론을 어떻게 내
리고 있는가? 한 마디로 '이긴 자=구원자'라고 결론 내리고 있다. 특
정인 한 사람이라고 지적한 그 '이긴 자'를 이만희 씨는 누구라고 말
하고 싶은 것인가? 예수님인가? 그것은 아니다. '이긴 자를 통해 예
수님께 갈 수 있다'는 그의 주장 등을 볼 때 논리상 맞지 않는다. 그럼
누구인가? 이 씨는 '바로 나다'라고 말하고 싶은 것 아닐까?(본 책 15
장 참조)

다시 말해 이만희 씨는 계 2~3장의 결론으로 '이긴 자'라는 특정

인물을 드러낸다. 이것은 예수 그리스도를 중심으로 성경을 해석하는 구속사적 신앙, 신학과 차이가 큰 차이가 난다. 이만희 씨를 '이단'으로 규정한 이유의 핵심도 바로 이것 때문이다.

그렇다고 이 씨가 예수님에 대해 언급을 하고 있지 않은 것은 아니다. 예수님에 대해 잘 드러내려고 애쓴 장면도 보인다. 계 2~3장에서 이 씨는 "예수님의 말씀을 듣고 악한 행실을 고침으로써 깨끗해 짐을 알 수 있다."(p.89), "옷을 더럽히지 않았다는 것은 주의 말씀을 지켜 심령과 행실을 더럽히지 않았다는 뜻이요."(p.89), "본문 사자가 가진 것은 예수님께 받은 말씀이요 면류관은 그가 받은 직분을 말한다."(p.93) 등의 언뜻 제대로 된 해설을 하기도 했다.

그러나 그것은 일부에 불과하다. 결국 이 씨는 예수님과 자신을 연결시키는 해설을 한다. 단순한 예수님과 한 사람의 그리스도인과의 연결이 아니다. 마치 예수님께서 이만희 자신에게 모든 권한을 위임해 주었다는 식이다. 들어보자.

> "예수님께서는 이기는 자 위에 하나님의 이름과 하나님의 성 새 예루살렘의 이름과 예수님의 새 이름을 기록해 주신다고 약속하였다(12절)."*(이 씨의 책, p.94)*

> "하나님의 새 이름이 그가 장가드신 예수님의 이름이 된 것처럼, 예수님의 새 이름은 예수님이 신부로 삼은 이기는 자의 이름이 된다."*(이 씨의 책, p.95)*

이 씨는 '새 이름'은 '이기는 자'에게 주어진 것이라고 해설을 했다. 이기는 자를 이만희 씨라고 여긴다면 '예수님께서 이만희 씨에게 권세를 주었다'는 식의 결론이 내려지게 된다. 이를 위해 이만희 씨는 '예수님 찬양'을 사용한 것으로 보인다. 이는 '새 이름'의 뜻이 무엇인지 모르는 데서부터 출발한 비성경적인 해설이다. 새 이름은 오직 예수 그리스도다(본 책 16장 참조).

## (2) 미지근한 신앙인은 누구?

이러한 이 씨의 성경 해석 오류는 계3:14~22의 '라오디게아교회의 편지'에서도 잘 나타난다. 이 씨는 라오디게아교회의 미지근한 신앙을 책망한 예수님의 말씀을 해설한다면서 오늘날의 신학교수, 목사, 성도들을 비판했다. 라오디게아교회의 미지근한 신앙은 어떠한 것이었으며, 예수님께서 책망하시고자 한 것이 무엇이었는지에 대한 이 씨의 고민은 보이지 않는다.

그는 '신학교에서 교회에서 요한계시록을 몇 퍼센트나 가르치냐'며 기성교회를 향한 부정적인 목소리를 높였다. 또한 그는 기성 신학교와 교회에서 신약 사복음서의 예언조차 풀지 못한다며 요한계시록을 못 풀 것(해석하지 못한다는 의미-필자 주)이라고 단정하듯 언급했다. 이만희 씨, 자신만이 요한계시록을 제대로 해설할 수 있다는 식의 주장을 하고 싶은 모양이다.

물론 라오디게아교회의 교훈을 통해 오늘 우리의 모습을 반성하자는 측면의 해설이라면 좋은 일일 것이다. 건전한 비판이요, 충고다. 미지근한 신앙의 모습을 누구에게서나 어렵지 않게 발견할 수 있기 때문이다. 과연 이만희 씨도 그러한 의도로 한국교회를 향한 비판의 수위를 높인 것일까? '약속하신 이기는 자를 찾아야 한다', '다수의 이기는 자들과 이 약속한 목자 한 사람을 구분할 줄 알아야 한다'(이 씨의 책, p.101)는 그의 주장을 보면 그렇다고 동의하기 힘들어진다.

이 씨의 성경 해설 목적은 오직 자신을 드러내는 것이며, 이를 위해 성경을 자의적으로 곡해하고 또 필요에 따라서 한국교회를 비판의 대상으로 삼고 있는 것일 뿐이다.

그렇다면 성경본문이 말하고 있는 '미지근한 신앙'(계3:16)은 무엇을 말하고 있는 것인가?

라오디게아는 골로새 근처, 다른 면으로는 히에라볼리 근처에 있는 지역이다. 히레아볼리에는 온천이 있었다. 현재의 데니질리라는 곳에서 북쪽으로 19km 떨어져 있는 온천지역으로 고대에 목욕탕이 있었다. 로마의 황제들도 그곳에 와서 석회수 온천을 즐기며 목욕을 했었다. 지금도 섭씨 35도의 석회수 온천이 있으며 의학적인 효과도 크다. 히에라볼리에서 솟아난 뜨거운 물이 내려오면서 라오디게아근처에 오면 석회가 섞인 아주 미지근한 물이 된다. 그러다가 골로새에 가면 아주 차가운 물로 바뀐다. 지정학적으로 히에라볼리에는 뜨거운 온천수가 골로새까지 흐르면서 아주 차가운 물로 변하는 그 가운데 라오디게아에는 미지근한 물이 흐르게 된다. 라오디게아교회의 신앙을 지역의 환경을 빗대어 표현하고 있는 것이다.

라오디게아교회의 '미지근한 신앙'은 영적인 미숙함이라고 보기 힘들다. 권성수 목사는 영적성장과정의 미성숙한 모습이라기보다는 입술로 고백하면서 실제로 행동을 통해 보여주지 못하는 외식적인 상태를 말한다고 지적했다(〈요한계시록〉, 선교횃불, 2001, p.122). "내가 네 행위를 아노니"라는 15절을 통해 짐작할 수 있다. 신앙의 겉모습이 잘 갖추어진 교인들을 언급하는 것이다. 그들은 회개의 필요성을, 근본적으로 복음의 필요성을 느끼지 못하는 이들이다.

예수님은 이러한 미지근한 신앙을 해결할 수 있는 방법을 제시해주고 있다. 그것이 바로 계3:20 말씀이다. "볼지어다 내가 문밖에 서서 두드리노니"로 시작되는 이 구절은 많은 이들이 외우고 있는 잘 알려진 구절이다.

첫째, 위 구절은 문맥상 앞의 19절인 '열심을 내라 회개하라'의 뜻과 연결된다. 미지근한 신앙에 대해서 먼저 회개할 것과 열정을 낼 것을 촉구하면서 '문을 두드린다'는 것이다. 그 초점은 역시 예수 그리스도이다. 예수님의 마음을 다시 생각하고 그분을 향한 열정을 다시금 일으키라는 말이다.

둘째, '더불어 먹겠다'(20절)는 말씀은 예수님과의 만찬을 말한다. 식사를 같이 한다는 것은 친밀함의 표현이다. 따라서 예수님과의 친밀한 교제를 회복해야 한다는 권면이다. 이것인 미지근한 신앙을 회복하는 방법이다. 이것은 앞으로 예수님 재림 이후에 영원 상태에서 완성될 교제까지 염두에 둔 것이다. 권 목사도 "21절의 '이기는 그에게는 내가 내 보좌에 함께 앉게 한다'는 말씀도 현세 천국에서 그리스도의 통치에 동참하고 재림 후 미래 천국에서 완성된 통치에 동참한다는 말씀"이라고 강조했다.

결국 미지근한 신앙의 상태를 해결하는 것은 내 인생의 문 밖에 계시는 예수 그리스도를 다시 받아들이는 것이다. 주님을 제외시킨 상태, 이것이 바로 미지근한 상태이다. 이것을 해결하는 유일한 길은 오직 그 주님을 다시 내 심령의 중심에 들어오시도록 초청하는 것이다. 이미 믿는다고 고백하는 이들에게는 회개를 통해 성령충만을 회복하는 것이고, 또 다른 면에서 아직 믿음이 없는 이들에게는 오직 예수님만이 구원자임을 고백하고 영접하는 일일 것이다.

그런 점에서 우리 하나님께서 오늘도 이만희 씨의 마음의 문을 두드리고 계시리라고 믿고 싶다.

# 19. '장차 오실 이'에 대한 오해
### - 요한계시록 4장

필자는 재난 영화를 좋아한다. 빙하, 지진, 홍수 등의 자연 재해가 금방이라도 실제 올 것 같은 생각이 그런 영화에 흥미를 끌게 한다. "곳곳에 기근과 지진이 있으리니 이 모든 것이 재난의 시작이니라"(마24:7~8) 등의 종말 재난과 관련된 성경 구절을 인식하고 있는 것도 그 이유 중 하나다. 지구에 빙하시대가 온다는 '투모로우'(감독 롤랜드 에머리히), 지구가 혜성과 충돌한다는 '딥임팩트'(감독 미미레더), 거대한 유람선이 침몰한다는 '포세이돈 어드벤처'(감독 로랄드 님) 등이 그 동안 흥미롭게 보았던 영화들이다.

재난 영화의 또 다른 매력은 극한 상황 속에서 드러나는 '순수한 인간성'이라 할 수 있다. 죽음 앞에서도 끝까지 자신의 목숨과 이익만을 위해 살살 피해 다니는 이들이 꼭 등장한다. 그러나 영화는 그들을 가만히 두지 않는다. 그들은 결국 제 갈 길로 가게 된다. 그와 반대로 희생정신을 발휘해 여러 사람의 목숨을 구해주는 의인도 등장한다. 그 의인이 종종 죽음의 선을 넘지 못하는 경우도 있다. 이때 관객들의 마음을 '짠~'하게 만든다. 극한 재난 속에서 보여지는 인간의 순수한 모습이 영화와 실제가 크게 다르지 않다는 점이 이런 영화를 찾게 만든다.

요한계시록을 재난 영화로 비유해서 본다면 너무 극단적일까? 죄와 악으로 뒤덮여 있는 이 세상의 모습이 마치 재난을 당하고 있는 것처럼 여겨지기 때문이다. 만약 이 세상의 모습을 재난 영화로 묘사할 수 있다면 이 영화의 관전 포인트는 무엇일까? 엄청난 재난의 영상일까? 아니면 그 속에 숨겨진 따뜻한 인간애일까? 그것들이 아니라면 과연 무엇일까?

이만희 씨는 위 질문에 대해 그의 책 <천국비밀 요한계시록의 실상>을 통해서 '사도요한의 입장에 있는 특별한 존재(인간)'를 만나야 한다는 식으로 답을 하고 있다. 그 특별한 존재란 누구일까? 혹시 이만희 씨 자기 자신을 가리키는 것이 아닐까?

이 씨는 요한계시록 4장을 해설한다고 하면서 그 결론을 다음과 같이 내리고 있다. "계시록 성취 때에는 사도 요한의 입장에 있는 목자에게 천국에 관한 설명을 듣고 믿어야 구원을 얻을 수 있다"(이 씨의 책, p.117). 이는 계3장의 해설 결론 부분인 "따라서 만국 백성은 이기는 자를 통해서 천국과 영생을 얻고 예수님께 갈 수 있다"(이 씨의 책, p.103)는 것과 그 맥을 같이 하고 있다. 1, 2장의 해설 결론 부분도 역시 마찬가지다. 즉, 이만희 씨의 요한계시록 해설의 결론은 어디를 보아도 그 흐름이 일치된다. '특별한 존재'를 만나야 구원을 얻을 수 있다는 것이다.

## (1) 보좌에 앉으신 이

요한계시록 4장의 내용이 과연 이 씨의 주장과 같을까? 살펴보자.

요한계시록 4장의 핵심 내용은 요한이 '성령에 감동되어' 하늘에 있는 '보좌'를 본 것이다. 보좌에 앉아 계신 이와 또한 24장로와 네 생물들이 그에게 경배하는 모습을 감동에 찬 모습으로 요한이 그리고 있다. 다시 말해 24장로와 네 생물들이 보좌에 앉으신 이를 찬양하는 것처럼 우리도 그렇게 해야 한다는 것이 요한계시록의 핵심 내용이다.

이 씨는 '성령에 감동하여'라는 말부터 오해를 하고 있다. 그는 성령에 감동하여 본 것을 마치 '허상'이라도 본 것처럼 잘못 이해하고 있다. 그가 "사도 요한은 본문에 기록한 하나님의 보좌를 환상으로 보았을 뿐"(이 씨의 책, p.109)이라고 표현한 것이 그 이유다. 그는 계속해서 성령에 감동하여 보았다는 뜻을 다음과 같이 자의적으로 해석하고 있다. "계시록 성취 때에는 그와 같은 입장으로 오는 목자가 있어 참 하나님의 보좌 형상을 본다는 점이다."(이 씨의 책, p.109). 무슨 말인가? 사도요한이 성령에 감동하여 본 것은 그림자에 불과하고, 특별한 존재가 보는 것(또는 그 내용을 해석해 주는 것)이 진짜(이 씨는 '실상'이라는 용어를 사용하려 한다)라는 말이다. 이 씨의 관심은 요한계시록의 해설을 통해 우리도 성경대로 하나님을 더욱 찬양해야 한다는 것이 아니라 특별한 존재에 관심을 기울여야 한다는 데 있다.

이 씨가 오해한 '성령에 감동하여'(εν πνευματι)라는 말의 뜻을 무엇인가? 이는 그 상태가 성령에 의해서 생포되어 황홀한 지경에 빠져있기는 하지만, 요한 자신의 정상적인 감각들이 성령에 의해서 그에게 주어진 시각들과 청각들로 대체되었다는 말이다. 즉, 성령에 의해서 혼수상태에 빠졌지만, 그의 감각은 그대로 유지되어 있는 상태라는 말이다. 오히려 보통의 상태보다 더욱 또렷하고 정확하게 보고 듣는 상태를 말한다. 이것을 '엔 프뉴마티'라고 하는 것이다. 그에 대한 보다 자세한 설명은 이미 지난 장(본 책 9장 참조)에서 소개해 놓았다.

계4:3은 요한이 본 보좌에 앉으신 이, 즉 하나님에 대한 묘사이다. 요한계시록 4장의 핵심 중 한 부분이다. 요한계시록 4장을 읽거나 해석을 할 때 이 부분을 빠뜨려서는 안 된다. 성경을 살펴보자.

> "앉으신 이의 모양이 벽옥과 홍보석 같고 또 무지개가 있어 보좌
> 에 둘렸는데 그 모양이 녹보석 같더라"(계4:3)

벽옥과 홍보석은 하나님의 거룩함과 정의로움을 뜻하는 상징어다. 무지개는 하나님의 자비를 의미한다. 한 편의 재난 영화 같은 대홍수 사건 속에서 하나님은 노아 방주를 통해서 자비를 베풀어 주셨다. 그와 같은 하나님의 모습을 요한은 '성령에 감동되어서' 보고 있는 장면이다.

그러나 이 씨의 성경해설은 성경 본문의 문맥의 흐름보다 마치 단어 수수께끼를 푸는 느낌을 준다. '이십사 장로', '일곱등불의 영', '유리바다' 등 본문에 등장하는 단어들에 대한 의미가 무엇인지를 찾아

가는 식이다. 본문 전체가 문맥의 흐름을 통해 지향하고 있는 핵심을 놓치고 있다. 그렇지 않다면 그가 의도하고 있는 방향으로 몰아가기 위한 것이라 볼 수 있다. 그렇다고 이 씨가 언급하고 있는 그 단어들에 대한 해설 또한 옳을까?

성경 본문 계4:8~11은 하늘 보좌 주변에 있는 24장로와 네 생물들이 보좌에 앉으신 이를 향해 경배하고 찬양하는 극적인 장면이다. 요한은 성령에 감동하여 이 장면을 묘사하면서 자신은 물론 재난과 같은 상황 속에 살아가고 있는 하나님의 자녀들이 동일하게 고백하며 살아야 함을 권하고 있는 것이다. 성경 구절을 읽어 보자.

> *"밤낮 쉬지 않고 이르기를 거룩하다 거룩하다 거룩하다 주 하나님 곧 전능하신 이여 전에도 계셨고 이제도 계시고 장차 오실 이시라"* *(계4:8, 개역개정)*

> *"우리 주 하나님이여 영광과 존귀와 권능을 받으시는 것이 합당하오니 주께서 만물을 지으신지라 만물이 주의 뜻대로 있었고 또 지으심을 받았나이다"(계4:11, 개역개정)*

이만희 씨는 이 멋진 성경 구절에 대한 해설을 하지 않았다. 못한다고 보는 것이 더 옳을 것이다. 성경이 말하고자 하는 바와 그가 주장하고자 하는 바가 다르기 때문이다.

## (2) '전에도 계셨고 이제도 계시고 장차 오실 이'

'안한 것만도 못했다'라는 말이 있다. '가만히 있으면 중간이라도 간다'는 말도 있다. 지금 그 말이 '딱-' 이만희 씨를 두고 하는 표현이다. 이 씨는 8~11절의 경배와 찬양의 내용 중 한 부분에 대해서 해설한다면 다음과 같이 언급했다. 질문과 답변 형식으로 말이다.

> *"하나님께서는 장차 언제 어디로 오시는가?(8절)"(이 씨의 책,*
> *p.116)*

이 씨는 스스로 던진 질문에 엉뚱한 답으로 결론을 내렸다. "천국이 본래 있던 영계로 떠나갔다"는 것이다. 동문서답이다. 그는 결국 '이긴 자에게 임한다'는 자기중심적인 엉뚱한 해설에서 벗어나지 못했다. 차라리 이 부분 전체를 언급하지나 말았으면 말 그대로 '중간'이나 갔을 것이다.

이 씨는 계4:8의 '전에도 계셨고 이제도 계시고 장차 오실 이'라는 구문을 해설한다며 손을 댔다. 위 이 구문은 계1:4에서 처음 등장했다. 이 씨는 그 때에도 역시 이 부분을 해설하지 않고 넘어갔다. 그런 그가 계 4장에 와서 그 본문 중 일부분인 '장차 오실 이'만 떼어내 해설한다며 자신과 연결시키려는 어처구니없는 모습을 보였다.

그렇다면 '전에도 계셨고 이제도 계시고 장차 오실 이'(ο ων και ο ην και ο ερχομενος, 계4:8)란 구문의 의미는 과연 무엇일까?

이 구문은 하나님에 대한 칭호로서 하나님의 존재를 설명하는 이

'역동적인' 표현 중 하나다. 이러한 표현은 요한계시록에서 다섯 번에 걸쳐 나온다. 그 이름의 장엄함을 음미해보자.

> 1. "이제도 계시고 전에도 계시고 장차 오실 이"(1:4)
> 2. "이제도 있고 전에도 있었고 장차 올 자"(1:8)
> 3. "전에도 계셨고 이제도 계시고 장차 오실 자"(4:8)
> 4. "옛적에도 계셨고 시방도 계신 주 하나님"(11:17)
> 5. "전에도 계셨고 시방도 계신 거룩하신 이"(16:5)

위 계4:8절 본문은 세 개의 시제(과거, 현재, 미래–또는 현재분사)로 구성되어 있다(계셨고, 계시고, 오실 이). 이러한 신적 존재를 나타내는 형식은 흔히 그리스 신들이나 철학적 지고신을 나타내는 데 사용되어 왔다. 이것이 후에 유대적 해석에 영향을 미쳤다. 그리고 다시 요한계시록에 영향을 끼쳤을 것으로 보고 있다(Richard Bauckham, pp.28~30).

삼중적 시제의 형식에서 미래형 대신에 현재분사형으로 다가올 세대를 뜻하고 있다. 요한은 이러한 용법을 사용하여 하나님의 단순한 미래적 실존이 아닌 구원과 심판을 위해 이 세상에 도래하시는 것으로서의 하나님의 미래를 묘사하는 효과를 얻게 했다. 그는 틀림없이 하나님이 구원과 심판을 위해 오실 것이라는 구약의 많은 예언적 메시지들을 염두에 두었을 것이다(참조 시96:13; 98:9; 사40:10; 66:15; 슥14:5). 초대교회의 그리스도인들은 이러한 구약의 메시지들을 세상을 향한 궁극적 목적을 성취하기 위한 하나님의 종말론적

오심으로 이해했다. 이것을 곧 예수 그리스도의 재림과 동일한 것으로 여겼다.

'이제도 계시고 전에도 계시고 장차 오실 이'(ο ων και ο ην και ο ερχομενος)라는 구문은 한마디로 하나님의 어떠하심을 표현하는 관용구다. 이 구문 중 '장차 오실 자'(ο ερχομενος)라는 표현이 관심을 끈다. 앞의 '이제도 계시고 전에도 계시고'라는 표현은 당시 로마 황제를 지칭하기도 한 것으로, 당시 사람들(헬라인)에게는 과거와 현재의 현상을 유지시켜주는 '신'을 표현하는 데 사용했다. 여기에 '장차 오실 자'라는 표현을 더 첨가시켜 하나님을 역동적으로 표현하고 있는 것이다.

이 표현이 의미하는 요점은, 하나님은 '새로운 일'을 행하시는 분으로, 곧 현재의 상황을 뒤집어엎으시고 모든 것을 새롭게 만드시는 '새 창조'(계21:5~6)의 하나님이심을 강조하려는 것이다. 종말의 끝까지 존재하여 왔던 모든 것이, '장차 오실 이', 곧 영원하신 하나님으로 말미암아, 근본적인 변화에 휩싸이게 될 것을 의미하는 것이다(홍창표, p.139).

필자의 기억 한복판에 자리 잡고 있는 재난 영화는 '포세이든 어드벤처'다. 마지막 장면에서 한 목회자의 희생으로 여러 명이 극한 상황에서 탈출하게 되는 장면이 여러 면에서 감동을 주었다. 일반 영화임에도 불구하고 '기독교'를 은연중에 드러냈다는 점 때문에 감동이 배가 되었다.

이 글을 접하는 독자가 만약 영화 감독이라면, 재난 영화를 통해서 무엇을 보여주려고 하겠는가? 우리네 삶이 재난과 같은 현실을 걸어가야 하는 것이라면 어떠한 길을 제시해 주겠는가? 이만희 씨가 말하려고 하는 비성경적인 길인가 아니면 성경이 있는 그대로 보여주는 '예수 그리스도'의 길인가?

# 20. 이만희 씨 때문에 요한이 울었다?
- 요한계시록 5장

글을 쓸 때, 또는 말할 때 사람들은 특정한 용어를 반복하곤 한다. 그 말을 강조하고자 하려는 단순한 버릇이다. 이는 누구에게나 해당되는 너무도 자연스러운 현상이다. 단순하고 기계적으로 강조점을 드러내는 방법이다. 그 외에 도치, 반대어 사용 등도 있다. 양괄식 구조도 강조를 위한 글의 틀로 사용된다.

성경도 마찬가지다. 일반적인 글의 질서와 형태를 가지고 있다. 어떠한 용어나 내용을 강조하기 위해서 위의 방법들이 흔히 사용된다. 요한계시록 5장을 차분한 마음으로 '쭉~' 한 번 읽어보자. 반복되는 용어가 무엇이 있는가? 있다면 그것이 성경 스스로 말하고자 하는 강조점이다. 결코 어려운 일이 아니다.

'책'과 '어린 양'이란 용어가 요한계시록 5장에 여러 차례 반복해서 등장한다. 각각 8번, 5번 사용됐다. 같은 단어는 아니지만 '유다 지파의 사자'(5절)와 '다윗의 뿌리'(5절) 등도 '어린 양'을 지칭하는 용어다. 계 5장이 스스로 말하고자 하는 강조점은 명확하다. 바로 '책'과 '어린 양'이다. 이는 그 초점에서 벗어나면 글을 잘못 읽게 된다는 점이다.

반면, 요한계시록을 해설한다는 이만희 씨의 책 〈천국비밀 요한계시록의 실상〉 전체를 읽다보면 '사도 요한의 입장으로 오는 목자', '사도 요한과 같은 목자', '이기는 자' 등과 같은 비슷한 의미의 용어가 반복된다. 이 씨가 자신의 책을 통해서 결국 강조하고자 하는 바는 '사도 요한의 입장으로 오는 목자'라는 어느 특정한 인물이라는 의미다. 그가 말하고 싶어 하는 특별한 인물이란 누굴까? 이만희 자신 아닐까?

## (1) 합당한 자가 보이지 않아서

요한계시록 5장에서 이만희 씨가 드러내고자 하는 바는 무엇인가? 그것이 앞서 언급한 요한계시록 5장이 스스로 강조하고 있는 '책', '어린양'과 같은지 아니면 다른지 살펴보자.

계 5장에서 요한은 '크게 울었다'고 표현된다.

> "이 책을 펴거나 보거나 하기에 합당한 자가 보이지 않기로 내가
> 크게 울었더니"(계5:4, 한글개역)

계 5장은 요한이 환상 중에 하늘의 장면을 보고 기록한 두 번째 내용이다(첫 번째 장면은 계 4장이다). 요한은 보좌에 앉으신 이가 오른손에 책을 가지고 있는 것을 보았다. 그리고 "누가 그 책을 펼 수 있는가?"하는 한 천사의 음성을 듣게 된다. 그 소리를 듣고 요한은 그

책을 펼 수 있는 합당한 자가 보이지 않기 때문에 크게 울게 된다.

요한이 크게 운 이유는 무엇인가? 이에 대해 문제를 하나 만들어 보았다. 함께 풀어보자.

> [문제 1] 계 5장에서 요한이 크게 운 이유는 무엇일까?
> ① 책을 펼 수 있는 능력이 인간에게는 없기 때문에
> ② 책의 내용이 계시되지 않았기 때문에
> ③ 책의 내용에 호기심이 강했기 때문에
> ④ 책을 펼 수 있는 합당한 자가 하늘 위에나 땅 위에나 땅 아래에
> 서 찾을 수 없기 때문에

필자 과거 학창 시절 때 지문 중에서 제일 긴 것이 답이라는 비법 (?)이 회자된 적이 있다. 위 문제의 답은 4)번이다. 지문이 길어서가 아니라 성경 본문이 그렇게 말하고 있기 때문이다. 요한은 인간의 능력이 한계가 있음을 잘 알고 있다. 따라서 인간의 능력 부족 때문에 울었다고 생각하기는 힘들다. 책의 내용이 계시되지 않았다는 것도 맞지 않다. 요한계시록을 계속해서 읽어보면 그 내용이 나타나 있다. 호기심 때문도 아니다.

권성수 목사는 요한이 운 이유에 대해 다음과 같이 설명했다.

> "요한이 운 것은 '저 두루마리의 내용이 개봉되고 집행되어야 성
> 도들의 원한이 풀릴 텐에, 주님은 성도들의 원한을 언제 풀어주시려
> 나" 구원이 언제 완성되려나'하는 것 때문에 울었을 것이다. '저 책

*이 펴져야 일이 될 텐데, 왜 저 책을 펼 자가 없지'하는 심정으로 울*
*었을 것이다. 하늘 위에나 땅 위에나 땅 아래에 능히 책을 펴거나 보*
*거나 할 이가 없는데 자기로서 어찌 할 수 없어서 우는 울음이다."*
*(권성수, p.159)*

그는 요한이 안타까워하는 심정을 전하고자 했다고 말했다. 그 책
이 펼쳐져야 하는데 그것을 펼 수 있는 사람을 하늘과 땅에서 도저히
찾을 수 없어서 발을 동동 구르고 있는 요한의 모습을 그리고 있다고
했다.

계 5장에서 요한이 '크게 울었다'는 점을 먼저 설명한 이유는 이만
희 씨도 그 부분을 설명하려고 애쓰고 있기 때문이다. 이만희 씨도 요
한의 울음에 대해서 많은 지면을 할애해 설명하고 있다. 이제 그의 설
명을 들어보자.

*"예수님께서는 계시록을 성취하시면서 하나님의 보좌 앞 일곱 등*
*불의 영(4:5)을 들어 비유를 풀어주시고 약 이천년 동안 그 누구도*
*해석하지 못했던 계시록을 펼쳐 일곱 금 촛대 교회의 일곱 사자(계*
*1:20)로 하여금 성도들에게 인 치게 하셨다. 그런데 그 책은 개봉이*
*중단되고 일곱 인으로 다시 봉해져서 본문과 같이 펴거나 보거나 할*
*이 즉 **참 뜻을 해석할 자가 없어졌다.**"(이 씨의 책, p.123)*

요한이 크게 운 이유에 대해 이 씨는 '참뜻을 해석할 자가 없어졌'
기 때문이라고 한다. 이 씨는 '사람'에게 초점을 맞추고 있다. 그 책의

내용을 해석할 누군가의 특정한 사람이 있다가 없어졌다는 것이다. 그는 또한 "그 결과, 기독교 세계를 대표하여 하나님께 택함을 받은 일곱 사자조차.. 영적 소경이 되어"(이 씨의 책, p.123)라고 해설을 붙임으로 기성교회 목회자들에게서 그 특별한 사람을 찾을 수 없다는 의미로 해설하고 있다.

흥미로운 것은 계 5장 마지막 부분 해설에서 이 씨가 특정한 사람 '누구'를 들먹이고 있다는 점이다. 심지어 그에게 가서 배워야 한다고 주장하고 있다. 계속해서 그의 해설을 들어보자.

> "영적 새 이스라엘은 계시록에 약속한 하나님의 새 나라요 그곳에 함께하는 하나님의 보좌와 네 생물과 장로들 앞에서 새 노래를 부르는 십사만사천 명(계 14:1~3)은 새로운 하나님 나라의 제사장 곧 새 목자이다. 계시록이 응하는 때에는 **모든 사람이 영적 새 이스라엘의 목자들에게 배워야 한다.**"(이 씨의 책, p.128)

이 씨는 '영적 새 이스라엘의 목자들에게 배워야 한다'는 대목에서 '자세한 내용은 계시록 7장에서 밝히기로 한다'며 첨언을 했다. 그의 계 7장 해설을 보면 비슷한 내용이 반복됨을 볼 수 있다. 특정한 사람을 찾아야 하며, 그가 속한 단체에 속해야만 한다는 것이다. 그래야 구원받을 수 있다고까지 하고 있다. 그 계7장의 해설도 들여다보자.

> "그러므로 계시록 성취 때에 참된 하나님 나라의 백성이 되려면 하나님의 인을 치는 약속한 목자를 찾아 영적 새 이스라엘 열두 지

*파에 속해야 한다."(이 씨의 책, p.159)*

과연 요한이 운 이유가 이 씨의 주장처럼 '사람' 때문이었을까? 계시록의 말씀을 진실 되게 풀어줄 '사람'이 없어서 그렇게 운 것일까? 그 사람을 이 땅에서 찾을 수 있으며 그 사람을 찾아야 구원을 받을 수 있다는 의미가 그 속에 있는 것일까? 그리고 그 사람이 이만희 씨일까?

## (2) 어린 양, 예수 그리스도가 합당한 자

이 씨에게는 미안하지만(?) 성경의 이야기는 계속해서 진행이 된다. 성경을 계속 읽어보자. 울고 있는 요한에게 희소식이 들려왔다. 그 책의 인봉을 떼시고 펼칠 수 있는 이가 있다는 소식이다. 24장로 중 하나가 그 소식을 요한에게 전해 주었다.

*"장로 중에 하나가 내게 말하되 울지 말라 유대 지파의 사자 다윗의 뿌리가 이기었으니 이 책과 그 일곱 인을 떼시리라 … 어린 양이 나아와서 보좌에 앉으신 이의 오른손에서 책을 취하시니라"(계 5:5~7)*

'유대 지파의 사자', '다윗의 뿌리', '어린 양'으로 불리는 이가 바로 그 책을 펼치신다고 했다. 그는 누구일까? 혹, 이만희 씨일까? 결코 아니다. 바로 그분은 바로 예수 그리스도이시다.

'유대 지파의 사자(lion)'(창49:9), '다윗의 뿌리'(사11:1,10, 계 22:16)는 다윗의 혈통에서 나신 메시아를 가리키는 구약적 표현이다. '어린 양'은 계시록에서 십자가에서 처형된 메시아를 가리키는 거의 전문적인 용어다. 따라서 요한은 하늘의 보좌에 앉으신 이가 가지고 있는 책은 오직 예수 그리스도만이 풀 수 있음을 거듭 강조하고 있다. 권 목사는 예수 그리스도에 대한 어린 양의 표현에 대해서 "어린 양이 하늘 왕궁의 중앙에서 성부의 두루마리를 이양 받아 성부의 세상 통치 계획을 계시하시고 집행하시는 핵심인물이라는 점이 제일 중요"한 것이라고 설명을 했다. 따라서 그 책은 이 씨 말대로 개봉됐다가 중단된 바도 없고, 그것을 풀기 위한 특별한 존재를 찾거나, 기다릴 필요도 전혀 없다.

## (3) '새 노래'란?

요한계시록 5장의 강조점은 '어린 양' 바로 예수 그리스도다. 계5:9절 이하는 그 책을 취하신 예수 그리스도를 찬양하는 내용이 계속해서 나타난다. 그 예수님을 향해 '그 책을 가지고 인봉을 떼기에 합당한 존재'(9)라고 설명한다. '합당한 존재'의 표현은 12절에 반복된다. 하늘 위에나 땅 위에나 땅 아래에서 예수님만이 그 일을 할 수 있기 때문에 합당한 분이시라는 말이다. 그 어느 인간의 이름도 그 자리를 대신할 수 없다는 언급이다.

이러한 예수님을 향해 '네 생물과 24장로들', '수많은 천사들' 그리고 '모든 만물들'이 각각 찬양의 노래를 부르고 있다. 그 찬양의 노래는 다음과 같다.

"주님은 봉인을 떼고, 두루마리를 펴기에 합당한 분이십니다. 주님은 죽임을 당하셨고, 그 흘리신 보혈의 대가로 모든 민족, 언어, 나라를 넘어서 하나님의 백성을 사셨습니다. 피로 산 그들을 하나님 나라와 제사장으로 삼으셨으니, 그들이 이 땅을 다스릴 것입니다"(계5:9~10, 〈쉬운성경〉)

"죽임을 당하신 어린양은 능력과 부귀와 지혜와 힘, 존귀와 영광과 찬양을 받으실 분이십니다"(계5:12, 〈쉬운성경〉)

"보좌에 계신 분과 어린양께 찬송과 존귀와 영광과 능력을 영원무궁히 올려드립니다"(계5:13, 〈쉬운성경〉)

이러한 찬양의 노래를 '새 노래'라고 부르고 있다. 이것은 모든 성도들에게 베푸신 주님의 새로운 긍휼과 은총에 대해서 감사하는 찬양이다. 죽음으로 승리하신 어린양의 구속 완성을 찬양하는 노래다. 한 마디로 '새 노래'는 예수님의 어떠하심을 드러내는 노래라는 뜻이다.

이 씨는 이러한 '새 노래'에 대해서도 역시 곡해하고 있다. 그는 "새 노래는 '계시록을 해석하는 말씀'을 의미한다"고 말한다. 또한 "계시록의 말씀을 새 노래 삼아 불러야 한다"고 주장한다(이 씨의 책, p.127). '새 노래'라는 용어가 계시록 14:3절에도 등장한다. 이 씨는 그곳에서 다음과 같이 황당한 해설을 하고 있다. 직접 들어보자.

> "본문의 새 노래를 시온산에 있는 십사만사천 인밖에 배울 자가 없는 이유는… 본문의 시온산을 모르는 자는 새 노래가 자신들의 교리와 맞지 않는다는 이유로 이단이라 정죄할지도 모른다(행 7:51~54). 그러나 시온산의 새 노래는 하나님의 보좌와 네 생물과 장로들 앞에서만 배울 수 있는 것이므로 '정통 진리의 말씀'이며, 일반 기성 신학교에서 자칭 신학이라는 이름으로 가르치는 인학과는 견줄 바가 되지 않는다."(이 씨의 책, p.302)

성경에서 말하는 '새 노래'란 이만희 씨가 풀어준다는 계시록의 해설이라는 것이며, 그 노래는 기성신학을 한 사람은 부를 수 없으며 오직 이만희 씨와 그의 추종자들만이 부를 수 있는 것이라고 주장하고 있다. 과연 그럴까?

이쯤에서 다시 한 번 문제를 만들어 보자.

> [문제 2] '새 노래'란 무슨 노래인가?
> ① 새로 작곡된 현대의 노래
> ② 새(bird)가 부르는 노래
> ③ 이만희 씨와 관련된 내용을 부르는 노래
> ④ 예수 그리스도를 찬양하는 노래

성경을 보는 관점에 따라서 답이 달라질 수 있다. 성경을 성경 스스로 해석하는 관점에서 보는 이들이라면 당연히 4)번이라고 답을 낼 것이다. 너무도 쉬운 문제다. 그러나 성경, 특히 요한계시록을 이만희 씨가 풀어주어야 한다고 믿는 사람이라면 답을 3)번이라고 하지 않을까?

이 문제를 푼 사람들의 답안지를 요한이 보았다면 그는 계속해서 통곡을 할 것이다. 하늘 위에서나 땅 위에서나 심지어 땅 아래에서도 보좌에 앉으신 이가 가지고 있는 책의 인봉을 뗄 특별한 인간이 존재하지 않음을 알고 있기 때문일 것이다.

# 21. 비유풀이의 달인?
## – 요한계시록 6장

한때 인기를 끌고 있는 개그 프로그램이 있다. 개그맨 김병만 씨가 등장하는 '달인을 만나다'라는 것이다. 한 가지 일을 오랫동안(16년) 해 왔다고 해서 '달인'이라고 별명을 붙였지만 주인공이 기대한 것과 달리 엉뚱한 행동을 함으로 웃음을 폭발하게 하는 프로그램이다. 달인을 소개하는 내용과 그의 이름 앞에 붙는 호(호)에서부터 개그는 시작된다. '여러 소리를 다 듣는 청각의 달인, 보청 김병만 선생', '한 번도 쉬지 않고 계산을 해 오신 계산의 달인, 일수 김병만 선생', '하루도 쉬지 않고 무술 연마해 오신 무술의 달인, 흰띠 김병만 선생', '화를 내 본 적이 없는 참을 인의 달인, 뚜껑 김병만 선생' 등이다.

이만희 씨는 성경은 비유로 풀어야 한다고 말한다. 이 씨는 그의 책 <천국비밀 요한계시록의 실상>을 통해 "성경은 때와 장소와 용도에 따라 빙자하여 비유 비사로 기록된 영적 말씀이다"(이 씨의 책, p.512)는 등의 주장을 하고 있다. 그의 주장을 살펴보자.

"하나님과 예수님께서는 성경의 예언 속에 인명과 지명을 주로 *빙자하여 기록하셨으며(호12:10, 마13:34~35)* 때가 되면 다시는 비사

*로 말하지 않고 모든 것을 밝히 일러주신다고 약속하셨다(요16:25).*
*본문의 사도요한과 아시아는 인명과 지명을 빙자한 것이다. **계시록***
***을 비유할 당시는 그 성취 때가 아니므로 실상을 비유로 대신하여 예언***
***했다"****(이 씨의 책, p.52)*

이 씨는 마태복음 13:34을 근거로 성경 해설을 자기 방식의 비유풀이로 해야 한다고 주장하고 있다. 이는 이 씨가 성경 해석을 어떻게 하는지 알지 못해서 한 말이다. '비유'에 대해서는 이미 본 책 7장(요한계시록을 비유로 해석해야 하나?)에서 자세히 다루었다. 비유란 무엇이며, 또 우리는 성경의 비유를 어떤 방식으로 해석해야 하는지에 대해 취급한 바 있다.

이만희 씨는 자신만의 비유풀이 방식을 통해서 말하고 싶은 바가 무엇일까? 성경의 내용이 '비유'라는 형식으로 비밀스럽게 감추어져 있다는 것과 그 의미가 밝혀지기 위해서는 특별한 존재가 나타나야 한다는 것이지 않을까? 물론 여기에서 특별한 존재란 이만희 자신을 뜻하는 말일 게다.

이만희 씨의 비유풀이는 그의 책 전반에 걸쳐서 자주 나타난다. 비유풀이의 달인(?)이라고 해도 지나치지 않을 정도다. 이 씨의 비유풀이는 요한계시록 6장의 해설 부분에서도 나타난다. 이 씨의 비유풀이는 특히 단어 풀이식이 많다. 즉 각 단어의 숨은 뜻을 찾는 수수께끼 방식이다. 직접 살펴보자. 먼저 계6:12~14의 성경구절이다.

*"내가 보니 여섯 째 인을 떼실 때에 큰 지진이 나며 해가 총담 같*

이 검어지고 온 달이 피같이 되며 하늘의 별들이 무화과나무가 대풍
에 흔들려 선 과실이 떨어지는 것 같이 땅에 떨어지며 하늘은 종이
축이 말리는 것 같이 떠나가고 각 산과 섬이 제 자리에서 옮기우매"
(계6:12~14)

이 씨는 위 성경구절을 해설한다면서 '해, 달, 별' 등의 단어에 큰
관심을 보였다. 마치 그 단어들이 가지고 있는 참뜻(?)을 찾아내 알려
준다는 식으로 해설을 하고 있다. 살펴보자.

"빛의 근원인 해는 말씀의 빛(시119:105)을 발하는 목자(영적 아
버지)를 말하고 해의 빛을 반사하여 빛을 발하는 달은 목자에게 말
씀을 받아 전하는 전도자(영적 어머니)를 가리키며 별은 성도(영적
자녀)를 의미한다."(이 씨의 책, p.148)

이 씨는 해, 달, 별 등의 단어를 비유로 풀어야 한다며 '사람'과 연
결시켰다. 그는 계속해서 다음과 같이 해설을 덧붙였다.

"본문의 해와 달이 어두워지고 별이 떨어지므로 한 시대(영적 이
스라엘)가 끝나고 그 밤에 다시 빛으로 오시는 예수님은 사방에서
알곡 성도를 추수하여 영적 새 이스라엘을 창조하신다. 그러므로 성
도는 없어지는 영적 이스라엘(해,달,별)이 아닌 영적 새 이스라엘에
속해야 한다."(이 씨의 책, p.149)

이 씨는 '해, 달, 별'이 무너지는 것은 한 시대가 끝나고 새로운 시대가 오는 것이라고 해설했다. 그 말의 뜻은 또 무엇일까? 이 씨는 자신의 계 6장 해설 결론 부분에 좀 더 자세히 기록해 놓았다. 계속해서 살펴보자.

> "이것이 바로 신약 성경에 약속한 말세 사건이며 영적 이스라엘이라고도 하는 기독교 세계의 모든 목자와 성도를 끝내는 종말이다. … 본장과 같이 한 세대가 끝이 난 후에는 다음 세대인 영적 이스라엘이 7장에 기록한 약속대로 창조된다."*(이 씨의 책, p.152)*

무슨 말인가? 한 마디로 '기독교'는 사라지고 새로운 '무엇'이 등장한다고 했다. 그 '무엇'은 그가 언급한 대로 계 7장 해설에서 찾아볼 수 있다. 계 7장의 해설을 미리 찾아보자. 아래와 같다.

> "계시록 성취 때에 참된 하나님 나라의 백성이 되려면 하나님의 인을 치는 약속한 목자를 찾아 영적 새 이스라엘 열두 지파에 속해야 한다."*(이 씨의 책, p.159)*

결국 계 6장의 '해, 달, 별'의 사건에 대한 이 씨의 비유풀이식 해설은 '특별한 존재'를 만나야만 한다는 것으로 연결된다. 비유풀이의 달인(?)이라고 아니할 수 없을 정도다. '특별한 존재를 만나야 한다'는 식의 특별 목적을 담은 해설은 이 씨의 단골 메뉴이다. 이 씨가 말하는 그 특별한 존재란 과연 누구일까? 하나님일까 아니면 이만희 자신일까?

그렇다면 이 씨가 오해한 '해, 달, 별' 사건을 어떻게 이해해야 할까? 계6:12 이하의 본문은 '진노의 큰 날'(계6:17)에 대한 설명이다. 예수님의 재림 직전의 현상으로써의 진노의 날로 보는 것이 자연스럽다(권성수, 〈요한계시록〉, p.188). 그것은 계6:12~17과 마24:29~30을 비교해 보면 어렵지 않게 발견할 수 있다. 두 성구를 비교하여 읽어보자.

"큰 지진이 일어나며 해가 총담 같이 검어지고 온 달이 피 같이 되며 하늘의 별들이 무화과나무가 대풍에 흔들려 선 과실이 떨어지는 것같이 땅에 떨어지며 하늘은 종이축이 말리는 것 같이 떠나가고 각 산과 섬이 제 자리에서 옮기우매 땅의 임금들과 왕족들과 장군들과 부자들과 강한 자들과 각 종과 자주자가 굴과 산 바위 틈에 숨어 산과 바위에게 이르되 우리 위에 떨어져 보좌에 앉으신 이의 낯에서와 어린양의 진노에서 우리를 가리우라 그들의 진노의 큰 날이 이르렀으니 누가 능히 서리요 하더라"(계6:12~17)

"그 날 환난 후에 즉시 해가 어두워지며 달이 빛을 내지 아니하며 별들이 하늘에서 떨어지며 하늘의 권능들이 흔들리리라 그때에 인자의 징조가 하늘에서 보이겠고 그때에 땅의 모든 족속들이 통곡하며 그들이 인자가 구름을 타고 큰 영광으로 오는 것을 보리라"(마24:29~30)

계6:12 이하는 마24:29~30과 매우 흡사하다. 예수님께서 재림하시기 직전에 있을 땅과 하늘의 격변에 관한 내용을 담고 있다. 인간들이 만든 모든 영화로운 문명들이 모두 파괴되어지는 모습이다(김서택, 〈역사의 대 드라마 요한계시록〉, p.347).

계6:12 이하는 계 6장 전체의 내용과 연관된다. 계 6장은 어린 양이 '인'을 떼시는 장면과 그 내용이다. 전체가 말세의 징조에 대해서 언급하고 있다. 이것은 예수님의 감람산 훈화(Oliver Discourse, 마24장, 막13장, 눅21장)와도 연결된다.

계 6장을 해석할 때 가장 중요한 요소는 '누가 인을 떼시는가'를 보아야 한다는 점이다. 이것을 놓칠 때 계 6장 해석에 오해가 발생한다. 특정한 인물을 찾아야 한다는 식의 엉뚱한 주장에 미혹되어서는 안 된다.

'어린 양이 인을 떼신다'는 것이 계 6장의 가장 중요한 요소다. 어린 양은 예수 그리스도를 말한다. 그분은 자신의 피로 우리를 자기 백성 삼으시고 제사장 삼으신 분이다. 그분이 인을 떼신다는 것이다. 그분이 인을 떼신다는 것은 예수 그리스도가 통제를 하고 계시다는 의미다. 핸들을 붙잡고 있다는 말이다. 따라서 우리 모두는 예수 그리스도께 속해 있어야 한다는 것이며 또 그러한 삶을 살아야 함을 말해주는 것이다.

# 22. 14만4천명은 누구를 말하나?
### - 요한계시록 7장

이단에 속한 자들은 정통 교회를 공격한다. '모든 교회(또는 교리)가 부패했기 때문에 새로운 것이 등장해야 한다'는 논리를 펼치기도 한다. 그것으로 자신들의 교주 또는 단체가 태어나야만 하는 필연성을 설명하려고 노력한다. 또한 교회의 이름이 드러나는 각종 사회적 부정적인 사건들을 들먹이며 자신들의 교주 또는 단체가 새롭게 나타나야 한다는 당위성을 언급하기도 한다.

이단에 속한 자들은 교회를 교회로 보고 있지 않다. 교회를 다른 모양으로 보고 있다. 세모(△)를 네모(□)로 보고 있는 식이다. 그리고 네모를 공격하면서 세모를 공격하고 있다고 생각한다. 문제는 우리네 성도들이다. 이단에 속한 자들이 교회를 다른 모양으로 보고 공격을 하고 있는데, 성도들은 그것이 교회를 공격하는 것인 줄 알고 두려워하곤 한다. 다시 말해 이와 같다. 우리는 세모의 모양이다. 상대는 그 모양이 네모인 줄 알고 네모를 공격한다. 우리는 네모가 바로 자신의 모양인 줄 알고 공격을 당하고 있다. 그러면서 두려워하기도 한다. 가만히 생각해 보면 말도 안 되는 일이다.

필자는 한 이단에 속한 자를 만나 대화해 본 적이 있다. 그는 우리네 교회를 공격하려고 했다. '기성교회는 왜 날을 지킵니까?'라고 말이다. 무슨 말인가 하여 자세히 들어봤다. 그는 '기성교회는 부활절, 성탄절 등의 날을 지키지 않습니까? 그것은 잘못된 것입니다'라고 덧붙였다. 그 신도는 우리의 교회가 우상을 섬긴다며 신랄하게 비판하려고 노력했다. 그러면서 자신들이야 말로 '날'을 지키지 않기 때문에 정통이라는 식으로 논리를 펼쳤다. 그들의 준비된 논리에 잘못하면 걸릴 수도 있겠다는 생각에 섬뜩하기도 했다.

우리가 '날'을 지켰는가? 날을 지킨다는 것은 그것을 지키지 않으면 큰 화가 미친다는 의미인데 교회에서 그렇게 배운 적이 있는가? 우리는 그렇게 가르친 적도, 배운 적도 없다. 그렇지 않은가. 교회에서 언제 '날'을 반드시 지켜야 한다고 배웠는가? 다행히도 부활절은 매년 그 '날'이 바뀐다. '날' 자체가 중요하다면 있을 수 없는 일이다.

문제는 여기에 일부 성도들이 넘어간다는 데 있다. 한 마디로 '교회'에 대해서 몰랐기 때문이다. 또한 교회의 그 진실함을 배우고 맛보기 이전에 교회로부터 이런저런 '상처'를 받은 것도 그 큰 원인 중 하나다. 그래서 교회를 부정적으로 설명할 때 동의를 하고 '그래서 새로운 무엇이 필요하다'라고 할 때 그들의 손을 붙잡게 되는 경우가 종종 있다.

이만희 씨가 이해하는 정통교회는 어떠한가? 요한계시록 7장을 해설한 그의 책 〈천국비밀 요한계시록의 실상〉을 통해서 살펴보면 다음과 같다.

"이 말씀(요한계시록 17장을 언급하는 것임–필자 주)에 비추어 볼 때 모든 교회와 교단이 음녀에게 미혹을 받아 귀신과 행음했음을

*알 수 있다."(이 씨의 책 p.164)*

이 씨는 기성교회를 부정하고 싶은 모양이다. 한국교회의 모든 교회와 교단이 '음녀에게 미혹을 받았다'고 했다. '귀신'과 행음했다는 끔찍한 표현도 거침없이 했다. 계속된 그의 주장을 들어보자.

> *"예수님을 영접한 사람들 가운데서 새 제사장이 세워졌으니 영적 이스라엘이라고 하는 기독교 세계의 목자들이다. 그러나 이들도 예수님의 말씀을 아는 지식도 생명도 평강도 없어 육적 이스라엘처럼 종말을 맞이하게 되었다(계 6장). 하나님께서는 이천 년 간 존속한 기독교 세계를 끝내시고 7장과 같이 영적 새 이스라엘 열두 지파의 새로운 제사장이 될 십사만 사천 명을 먼저 인 치신다."(이 씨의 책, p.161)*

기존 기독교에는 '생명도 평강도 없다'고 말한다. 그렇게 됐으면 좋겠다는 이 씨의 희망일 것이다. 그래야 자신의 존재를 설명할 수 있으니까 말이다. 다시 말해 이만희 씨가 이해하고 있는 기성교회는 '음녀에 미혹 받아 생명과 평강도 없는 곳'이라는 것이다. 그것이 이 씨가 알고 있는 기독교다. 우리 기독교가 그런가? 이만희 씨는 '기독교'를, '교회'를 매우 크게 잘못 알고 있다.

## (1) 14만4천명은 이만희 측 신도들?

요한계시록 7장에 등장하는 중요한 용어 중 하나는 '십사만사천명'이라는 숫자다. 위에 언급된 이 씨의 주장에서도 발견된다. 십사만사천명은 누구를 말하는 것일까?

이만희 씨는 십사만사천명은 특별한 존재의 수라고 주장하고 있다. 그 특별한 존재를 이 씨는 '영적 새 이스라엘 열두 지파'라고 부른다. 그의 주장을 들어보자.

> "계시록 성취 때에도 예수님을 믿는다고 해서 모두 하나님의 자녀가 되는 것이 아니라 예수님께서 세우신 새언약을 지키는 자만이 '영적 새 이스라엘 열두 지파'에 속하는 참 선민이 된다."(이 씨의 책, p.161)

이 씨는 '영적 새 이스라엘 열두 지파' 즉 '십사만사천명'에 속하는 것은 구원문제와 관계가 있다고 말한다. 다시 말해 십사만사천명의 수에 들어가지 않으면 아무리 예수님을 믿는다고 고백해도 하나님의 자녀, 즉 구원을 받을 수 없다고 했다. 예수님을 믿는다고 고백하는 것보다 십사만사천이라는 숫에 들어가야 한다는 논리다. 그 숫자에 들어가지 못한다면, 다시 말해 그것은 예수님을 믿어도 구원을 받을 수 없다는 말이 된다. 이것이 성경의 교훈인가?

이 씨는 자신의 비성경적인 사상을 계속해서 나열했다. "영적 새 이스라엘 열두 지파에 속하지 않는 자는 선민도, 정통도 될 수 없다.",

"영적 새 이스라엘이 예언대로 나타났는데도 자신이 속한 지파가 어디인지를 모른다면 이방인이라는 증거이다. 이방인에게는 구원도 영생도 천국도 없다."(이 씨의 책, p.161).

그렇다면 이만희 씨가 말하고 싶은 특별한 존재인 십사만사천명은 누구일까? 이 씨는 기성교회 성도들을 결코 포함시키지 않는다. 다시 말해 기성교회 성도들에게는 구원이 없다는 것이다. 그에게 그것은 당연한 일이다. 그의 주장을 살펴보자.

  *"본장을 살펴본 결과 성경대로 창조되는 영적 새 이스라엘 열두 지파와, 잠시 비추었다가 심판을 받아 사라지는 일곱 금 촛대 교회와, 일반 기성교회 중에서 어디에 구원이 있는지 알게 되었을 것이다."(이 씨의 책, p.169)*

그렇다. 명확해졌다. 이 씨의 의도가 말이다. 이만희 씨는 자신의 단체만이 영적 새 이스라엘 열두 지파에 속한다는 것을 말하고 싶은 것이다. 기성교회가 아닌, 자신들만이 구원받은 백성이 되는 것이요, 정통이라는 주장하려고 한다. 이것이 그의 속마음이다. 계속되는 그의 주장이 바로 그것을 암시해 준다.

  *"하나님의 보좌가 임하는 이 땅의 장막은 바로 만국이 주께 경배 드리러 가야 할 증거장막성전(계 15:2~5)이다. … 영적 새 이스라엘 위에 하나님께서 장막을 치신다고 하셨다"(이 씨의 책, pp.169~170)*

과연 그럴까? '14만4천명'은 이만희 씨 측 단체 신도들을 뜻하는 숫자일까?

## (2) '14만4천명 = 예수님을 믿는 무리들'

요한계시록 7장은 6장 맨 마지막 절인 16절, 즉 "진노의 큰 날이 이르렀으니 누가 능히 서리요"라는 말씀의 답변이다. 성경은 문맥을 통해서 읽어야 함을 앞서서 강조한 바 있다. 7장은 6장과 자연스럽게 연결하여 읽고 이해해야 함이 당연하다.

6장은 하나님의 진노의 날에 설 준비가 전혀 되어 있지 않은 불신자들을 언급하고 있지만, 반면에 7장은 하나님의 진노를 당하지 않을 사람들(1~8절)과 그들이 하나님의 진노를 당하지 않는 이유(9~17)를 밝혀주는 내용이다. 6장은 심판의 내용이지만 7장은 위로와 격려의 말씀이다.

그렇다면 하나님의 진노를 당하지 않는 '십사만사천명'의 숫자는 과연 누구를 가리키는 것일까? 이만희 씨는 십사만사천의 숫자는 상징의 수가 아니라, 실제의 수라고 주장한다(이 씨의 책, p.160). 과연 그런가? 살펴보자.

먼저 성경 계7:5절을 보자. 계7:5은 "유다 지파 중에 인침을 받은 자가 일만이천"이라며 12지파를 모두 동일한 숫자로 표현하고 있다. 이는 무슨 말인가? 각 지파의 인구수 중 일만이천 명만이 하나님의 진로를 당하지 않는다는 말인가? 일만이천 명이 넘으면 그 넘은 백성들은 하나님의 진노를 당하게 된다는 말인가? 단지 숫자에 들지 않았기 때문에 말이다. 아니면 각 지파의 인구수가 정확히 일만이천 명씩이라는 뜻인가? 각 지파의 인구수가 더하지도 빼지도 않게 어쩌면 그렇게 정확하게 일치할 수 있는가?

따라서 십사만사천이라는 숫자 역시 마찬가지다. 실제 숫자가 아닌 상징적으로 보는 것이 타당하다. 그 숫자의 의미에 대해서 그 동안 학계에서 여러 의견이 대두되어 왔다. 첫째 이스라엘의 신실한 남은 자들, 둘째 유대 출신의 그리스도인들, 셋째 기독교 순교자들, 넷째 유대인들과 이방인들로 이루어진 전체 그리스도인들, 다섯째 이방인들로 이루어진 그리스도인들 등이다(데이비드 E 아우네, 〈WBC 요한계시록 52중〉, p.201~202). 권성수 목사는 십사만사천의 의미에 대해서 "하나님의 구원받은 백성 전체를 가리키는 것(딤후 2:19)"이라고 말했다. 로버트 콜만도 같은 의견이다. 성도들을 의미하는 포괄적인 숫자라는 말이다(Robert E Coleman, Song of Heaven, 석창훈 역. 〈천상의 노래 요한계시록 강해〉, (서울: 두란노서원, 2000). pp.107~109).

'십사만사천'의 숫자는 요한계시록에서 7:4 외에 14:1, 3에 두 번 더 나온다. 모두 3번 언급된다. 그렇다면 7장의 숫자와 14장의 그 숫자의 의미는 같은 것인가 아니면 다른 것인가? 7장에서의 십사만사천은 유대인, 즉 이스라엘 자손에게만 해당되는 숫자이다. 그러나 14장의 십사만사천은 유대인과 이방인의 구분 없이 시온산에 선 자들 전체를 의미하고 있다.

7장의 숫자는 특별히 기독교적인 내용이 아무것도 언급되지 않은 반면에 14장의 숫자는 어린 양을 따르는 자들(1절), 즉 예수님을 믿는 그리스도인임을 명시하고 있다. 이렇게 상이한 면이 있음에도 불구하고 7장과 14장의 십사만사천명은 각각 그 이마에 표적을 가지고 있다는 점이 동일하다. 이러한 것 등으로 보아 요한계시록의 저자는 7장과 14장의 십사만사천의 수를 동일한 존재로 보고 있는 것으로 판단된다(데이비드 E 아우네, p.182). 이만희 씨도 7장과 14장의 십사만사천의 숫자의 의미를 같은 것으로 보았다. 그 이유에 대해서 특별한 언급은 없었지만 말이다.

이만희 씨는 계7:4의 십사만사천명과 계7:9의 '흰옷 입은 큰 무리'를 각각 다른 존재로 보았다. '그 둘 사이에는 분명한 차이가 있다'고 강조까지 했다. 그러나 그 이유에 대해서는 언급하지 않았다(이 씨의 책, p.160). 과연 그런가? 계7:4절의 십사만사천명과 계7:9절의 '흰옷 입은 큰 무리'가 다른 존재들인가?

결론부터 말하면 십사만사천명(계7:4)과 흰옷 입은 큰 무리(계7:9)는 동일한 그룹이다. 흰옷 입은 큰 무리는 마지막 완성된 구원에 동참할 자들을 의미한다. 그들의 장래 상태를 미리 보여줌으로써 그들을 위로하고 격려하기 위한 의도가 들어있다. '흰옷'은 오직 어린양의 큰 희생의 피로만 씻어 희게 할 수 있는 것이다. 본문 14절을 보자.

"내가 말하기를 내 주여 당신이 아시나이다 하니 그가 나에게 이르되 이는 큰 환난에서 나오는 자들인데 어린 양의 피에 그 옷을 씻어 희게 하였느니라"(계7:14)

즉, 흰옷 입은 자는 예수님을 통해 구원 받은 자를 말한다. 이는 계 14장에 언급된 십사만사천명의 숫자에 해당된다(1절). 그리고 14장의 숫자는 7장의 십사만사천과 동일하다. 따라서 7장의 십사만사천의 수는 흰옷 입은 큰 무리와 같은 의미가 된다. 이렇게 되면 이만희 씨는 스스로 모순에 빠지게 된다. 7장과 14장의 십사만사천의 숫자는 같은 의미로 보았는데, 7장 안에서 십사만사천의 숫자와 흰옷 입은 큰 무리는 각각 다른 그룹으로 보고 있기 때문이다.

다시 정리해 보자. 요한계시록 7장의 '십사만사천명'은 이만희 씨를 추종하는 신도들의 숫자를 의미하는 게 결코 아니고, 예수님을 믿음으로 구원 받은 일반적인 성도들의 전체 수로 보는 것이 타당하다. 또한 '십사만사천명'과 '흰옷 입은 큰 무리'는 각각 다른 그룹이 아닌 동일한 그룹을 의미하며, '흰옷'은 어린양 즉 예수 그리스도로 말미암아 구원을 받은 것을 뜻하는 용어이다.

필자는 앞선 글을 통해서 이만희 씨에게 '같이 성경을 읽어보자'고 제안한 바가 있다. 서로의 의견을 내면 1장도 못 읽고 논쟁이 빠질 수 있으니, 서로 아무런 설명을 하지 말고 같이 성경만을 읽어보자는 말이었다. 한 절씩 교독을 해도 좋고 한 문단씩 번갈아 읽어도 좋다. 성경이 하나님의 말씀이기 때문에 그 책을 읽는 중에 교회의 참 모습, 기독교의 올바른 이상을 진정으로 발견할 수 있으리라고 강하게 믿기 때문이다. 이것이 필자가 의도하고자 하는 바다.

# 23. 이만희 씨의 성경해설 원리
### - 요한계시록 8장

　고린도전서를 묵상했다. 많은 부정직, 부도덕한 고린도 사회 속에서 교회의 위치와 역할에 대해서 좀 더 깊이 있게 생각하게 된다. 마치 오늘 우리네 교회 현실을 보는 것과 같아 흥미롭다. 자칫 잘못하면 교회가 어지러운 사회로부터 선한 영향을 끼치기보다 악영향을 받기 쉽다. 이것이 우리의 오늘 상황이다.

　옛말에 '호랑이에게 물려가도 정신만 차리면 산다'는 말이 있다. 삶의 의지를 강하게 세워야한다는 뜻이다. 혼돈 가운데서 더욱 올바른 판단을 해야 한다는 점을 강조한다. 감정이나 욕심 등에 치우지지 말아야 한다는 의미이기도 하다.

　신앙의 세계라고 다르지 않다. 부정직, 혼돈 등의 세상 한 복판에서 성경의 기준, 더욱이 올바른 해석 기준으로 살아야 한다. 당연하다. 누구도 이의를 제기할 사람이 없으리라 본다. 그러나 현실에서는 그렇지 않다. 다른 기준으로 사는 사람들이 적지 않다.

　이만희 씨의 책 〈천국미빌 요한계시록의 실상〉을 분석하고 있는 중이다. 요한계시록 8장에 대한 이 씨의 해설을 천천히 읽어 내려가다가 필자는 성경을 보는 그의 관점을 정리할 수 있었다. 소위 '이만희 씨의 성경 해설 원리'다. 크게 3가지로 볼 수 있다.

> [이만희 씨의 성경해설 원리]
> ① 성경 본문이 스스로 말하고자 하는 의도를 무시한다.
> ② 문맥의 흐름보다 단어에 집착해 '이만희식 비유'로 풀이한다.
> ③ 중심되어 보이는 단어를 자신과 연결한다(그렇다고 중심 단어
>   를 제대로 선택한 것도 아니다).

이 씨는 성경을 해설한다면서 성경 자체가 말하고자 하는 '의도'에 관심을 기울이지 않는다. 그는 성경 해설에 앞서 큰 선입견을 가지고 있는 듯하다. 자신이 특별한 존재임을 드러내려고 하는 바가 바로 그 것이다. 그러다 보니 '비유'라는 이름 아래 성경 단어를 자신의 목적 대로 엉뚱하게 풀이를 하게 된다. 그것은 곧 문맥의 흐름을 무시하게 만든다. 이런 방식으로는 '흥부와 놀부전'을 가지고도 자신이 목적하 는 바로 의미를 만들어 낼 수도 있다. 국어사전과 옥편 그리고 비유라 는 방식으로 얼마든지 가능하다. 단어풀이 방식의 함정이다. 결국 이 씨는 성경해설의 중심을 자신과 연결시키는 크나큰 오류를 범하게 된다.

## (1) '이만희식 제멋대로 단어풀이'

이만희 씨의 해설을 직접 살펴보자. 요한계시록 8장을 해설한다면

서 이 씨가 보인 단어풀이를 정리하면 [표 1]과 같다.

**[표 1] 이만희 씨 단어풀이(계 8장)**

| 성경 용어 | 이만희 씨의 자의적 해설 |
|---|---|
| *나팔 | 하나님 말씀을 대언하는 육체 |
| 나팔부는 자 | 영(천사) |
| 나팔소리 | 증거의 말씀 |
| *금향로 | '약속한 목자' |
| 불 | 심판의 말씀 |
| 땅 | 사람 |
| *뇌성과 음성 | 약속한 목자의 입을 통해 나오는 진노의 하나님 말씀 |
| 번개 | 영들의 빠른 움직임 |
| 지진 | 성도들의 마음 흔들림 |
| 우박 | 하나님의 진노의 말씀 |
| 피 섞인 우박 | 진노의 말씀과 그 말씀을 받은 목자 |
| 땅, 수목, 풀 | 배도한 일곱금촛대 장막성도들 |
| 산 | 성도들이 많이 모인 교회 또는 조직 |
| 바다 | 세상 |
| 배 | 교회 |
| 횃불같이 타는 큰 별 | 멸망자들과 하나된 육체 |
| 강, 물샘 | 이방소굴에 들어간 일곱금촛대 목자들 |
| 별의 이름 쑥 | 쑥처럼 쓴 비진리 |
| 해, 달, 별 | 일곱금촛대 사람들 |

이만희 씨는 계8:2의 "내가 보매 하나님 앞에 일곱 천사가 서 있어

일곱 나팔을 받았더라"(개역개정)에서 '나팔이 무슨 뜻인가?'에 관심
을 기울였다. '나팔'이란 말은 말 그대로 악기가 아니라, 그 단어에 무
슨 특별한 숨은 뜻이라도 있는 듯 그것을 찾고자 한다. 이런 방식이
그의 성경해설에 널려있다. 비유풀이라는 이름 아래 제멋대로 해설
을 해 대는 것이다.

이 씨는 '나팔'을 '하나님의 말씀을 대언하는 육체'라는 뜻이라고
해설했다. 소위 어떠한 사람이라는 말이다. 그렇다면 이 씨의 방식대
로 계8:2을 풀어서 읽으면 다음과 같을 것이다. "일곱 천사가 하나
님께 일곱 사람(또는 육체)을 받았더라"가 된다. 7절에 대입해 보면
"첫째 천사가 사람(또는 육체)를 부니…"라는 우스꽝스러운 문장이
된다.

이 씨는 '나팔=육체'라는 해괴한 해설을 입증이라도 하려는 듯 몇
개의 성경구절을 그 증거로 제시했다. 사 58:1이 그것이다. 그 성경
구절을 살펴보자.

> *"크게 외치라 목소리를 아끼지 말라 **네 목소리를 나팔 같이 높여** 내
> 백성에게 그들의 허물을, 야곱의 집에 그들의 죄를 알리라"(사58:1,*
> *개역개정)*

이 씨가 제시한 사 58:1을 보면 '나팔'이라는 단어는 나오지만 그
것이 '나팔=육체'라고 볼 수 있는 어떠한 것도 없다. 한 번 읽고 두 번
읽고, 또 고개를 돌려서 읽고 누워서 읽고 거꾸로도 읽어봐도 그런 의
미를 발견할 수 없다. 문맥의 흐름으로 볼 때 사 58:1의 나팔은 '크게

외치라'는 앞 구절의 의미를 좀 더 시청각적으로 강하게 표현하고자 비유된 용어로 보아야 자연스러운 것이지 않겠는가? 이만희 씨의 눈에는 그 단어가 '육체'로 보이나?

이 씨는 사 18:3을 또 하나의 근거로 들었다. '나팔=사람(육체)'를 증명해 보이겠다며 말이다. 그것도 살펴보자.

> "세상의 모든 거민, 지상에 사는 너희여 **산들 위에 기치를 세우거든**
> 너희는 보고 **나팔을 불거든** 너희는 들을지니라"(사 18:3, 개역개정)

사 18:3도 마찬가지다. 필자는 아무리 살펴보아도 이 구절에 있는 '나팔'이 어떠한 사람을 뜻한다고 볼 수가 없다. 이 구절은 여호와 하나님께서 구스 땅의 백성들에게 말씀하시는 장면 중 한 구절이다. '하나님의 말씀을 똑바로 잘 들어야 한다'는 의미로 주어진 구절이다. '기치를 세우거든 보고, 나팔을 불거든 들어라'는 시각과 청각 등 모든 감각을 사용해서 똑바로 들어야 한다는 의미가 아닌가?

성경에서 나팔의 사용 용도는 다음과 같다. 나팔은 본래 의식 행렬에 사용되고(수6:1, 대상 15:24) 전쟁과 여행과 특별한 명절 때에 백성들을 모으는 데 사용되기도 하며(민10:9~10), 여호와의 날을 경고하거나(욜2:1), 새해를 알리는 데(민29:1) 사용되기도 한다. 본문에서는 하나님의 심판을 경고하는 도구로 사용되고 있다.

이 씨는 단어 모양이 같다는 이유로 인용 구절을 제멋대로 사용하고 있다. '나팔=사람(육체)'를 증명하기 위해 같은 단어가 들어있는 임의의 구절을 인용한다면 다음 구절들은 어떨까?

> "너희는 **나팔과** 피리와 수금과 삼현금과 양금과 생황과 및 모든 악
> 기 소리를 들을 때에 엎드리어 느부갓네살 왕의 세운 금신상에게 절
> 하라. 누구든지 엎드리어 절하지 아니하는 자는 즉시 극렬히 타는
> 풀무에 던져 넣으리라 하매 모든 백성과 나라들과 각 방언하는 자들
> 이 **나팔과** 피리와 수금과 삼현금과 양금과 및 모든 악기 소리를 듣자
> 곧 느부갓네살 왕의 세운 **금신상에게 엎드리어 절하니라**"(단3:5~7)

느부갓네살 왕이 금으로 신상을 만들어서 모든 백성으로 하여금 그
신상에 절하도록 명령을 내린 장면 중 한 부분이다. 나팔 등 악기소리
가 나면 금신상에 절해야 한다는 말이다. 위 표에서 이만희 씨는 '나
팔=사람', '나팔소리=증거의 말씀' 등으로 해설을 했다. 이 씨의 해
설대로 위 다니엘 3장에 대입하여 해설하면 '증거의 말씀이 울려 퍼
질 때 금신상에 절해야 한다'는 해괴한 해설이 만들어진다. 이만희 측
의 말씀이 전달될 때마다 금신상에 절을 해야 한다고 하니 이것을 이
만희 씨가 원한다는 말인가? 이만희 방식의 성경해설이 그래도 옳은
가?

## (2) '금향로=약속한 목자'?

계8:3의 '금향로'를 이 씨는 '약속한 목자'와 연결시켰다. 그의 해설
을 직접 들어보자.

> "금향로는 금같이 변치 않는 진리의 말씀을 자진 사람을 말한다.
> … 본장의 금향로는 양 즉 기도를 담은 '약속한 목자'를 가리킨다."
> *(이 씨의 책, p. 176)*

'금향로'가 의미한다는 '약속한 목자'는 구체적으로 누구를 말하는가? 사실 그에 대한 답은 '뻔~'하다. 그것은 차치하고 과연 '금향로'가 어떠한 '사람'을 의미한다는 게 맞을까에 대해서 접근해 보자.

이 씨는 '금향로=약속한 목자'를 증명하기 위해서 같은 단어가 들어있는 다른 성경 구절 인용을 하지 않았다. '금향로'라는 단어가 성경에 히브리서 9장 외에는 더 나타나는 곳이 없기 때문일 것이다. 그럼에도 불구하고 이 씨는 자신의 해설을 성경을 통해 억지로 입증해 보려고 노력했다.

그가 제시한 성경 구절은 행9:15이다. '금향로=사람'임을 증명해 보이기 위해서 들었다. 성경 내용을 살펴보자.

> "주께서 가라사대 가라 이 사람은 **내 이름을** 이방인과 임금들과 이스라엘 자손들 앞에 **전하기 위하여** 택한 나의 그릇이라"*(행9:15)*

위 성구에 대한 이만희 씨의 해설이다.

> "사도바울은 **복음을 전할** 그릇으로 주께서 자신을 택하셨다."*(이 씨의 책, p.176)*

이 씨가 주장하고 싶은 바는 자신도 사도 바울처럼 하나님께서 그렇게 택하신 그릇이라는 말일 게다. 그런가? 그렇다고 해보자. 백번 양보해서 만에 하나 그의 주장처럼 이만희 씨도 사도바울처럼 하나님께서 택하신 그런 그릇이라고 해보자. 하나님께서 사도바울을 일방적으로 택하신 것처럼 이만희 씨도 그렇게 택하실 수 있다는 개연성을 무시할 수 없다. 하나님은 일꾼을 얼마든지 택하실 수 있다.

그러나 그 택하신 목적을 살펴보면 이야기는 달라진다. 성경(행9:15)은 사도 바울을 택한 목적을 분명히 밝히고 있다. '내 이름(예수 그리스도)을 전하기 위해서'다(행9:15). 그렇다면 이만희 씨의 택함도 동일해야 한다. 사도바울처럼 '복음을 전(하기)' 위해서 라고 말이다. 과연 그런가? 이만희 씨가 사도바울과 동일한 복음 전함을 위해서 택함을 받은 그릇인가?

복음이란 무엇인가? 한 마디로 '예수=그리스도'라는 게 아닌가?(요20:31) 이 씨도 오직 예수님만이 구원자임을 전하고 있는가? 그분(예수)만이 성경의 중심이요, 우리네 삶의 중심이라고 가르치고 있는가. 혹시 그것이 아닌 '이만희 복음'이라는 것을 주장하고 있지 않은가?

이 씨는 '금향로=사람'을 증거한다며 또 하나의 성경구절을 들었다. 롬9:21~24이다. 성경구절 여러 개를 예로 들면 마치 그것이 성경적인 것처럼 보일 수 있다. 그러나 그 구절 역시 이 씨가 주장하는 내용과 거리가 멀다. 하나님의 권한, 주권을 강조하고 있다. 천한 그릇과 귀한 그릇을 만드는 것은 오직 하나님의 뜻에 달렸다는 것을 의미하는 구절이다. '그릇=사람'을 말하기 위한 구절이 결코 될 수 없다.

## (3) '뇌성과 음성'이 뜻하는 바는?

이 씨는 계8:5의 '뇌성과 음성'을 '약속한 목자의 입을 통해 나오는 진노의 하나님 말씀'이라고 풀이했다. 이 부분에서 이 씨는 앞의 것과 달리 아무런 관련 성경 구절을 직접적으로나 간접적으로도 인용하지 않았다. 못했다고 하는 게 더 나을 것이다. 이 씨가 해설하면 신도들은 그냥 그렇다고 믿어야 한다는 말이다.

뇌성이라는 용어는 계14:2에도 나온다. '많은 물소리', '거문고 타는 소리'와 함께 하늘에서 나는 소리를 설명하는 구절이다. 계14:1에 어린양과 함께 십사만사천명이 언급되고 있는 것으로 보아 2절의 하늘의 소리는 어린양을 찬양하는 소리임을 알 수 있다. 계속된 3절의 '새노래를 부른다'는 구절이 또한 이를 뒷받침해 준다.

이 씨의 주장인 '뇌성=약속한 목자의 입을 통해 나오는 진노의 하나님 말씀'이란 뜻을 같은 성경인 요한계시록 14:2에 대입해 보면 섬뜩한 결과가 나온다. 어린 양(예수님)을 향한 '진노의 찬양'이라는 말이 된다. 있을 수 없는 해설이 된다.

## (4) 요한계시록 8장의 의미

요한계시록 8장은 7인 재앙 중 마지막 7번째 인을 떼는 장면에서부터 시작된다. 7인 중에 7나팔 재앙이 포함되는데 계 8장은 그중 1~4나팔 재앙을 다루고 있다. 그 4가지 나팔 재앙을 정리하면 [표 2]와 같다.

**[표 2] 1~4나팔 재앙**

| 제 1나팔 | 불피 우박 | 땅 | 땅, 수목,<br>각종 푸른 풀1/3 타 버림 | 출9:18~26<br>욜2:30 |
|---|---|---|---|---|
| 제 2나팔 | 큰 불산 | 바다 | 바다1/3 피, 생물1/3 죽음,<br>선박1/3 파선 | 출7:19~21 |
| 제 3나팔 | 큰 불별 | 강/원천 | 물1/3 쑥, 다수의 사람들 죽음 | |
| 제 4나팔 | | 해달별 | 해달별1/3 어두워짐,<br>낮밤1/3 비췸 없음 | 출10:21~23<br>암5:18 |

계 8장은 다음과 같은 내용을 담고 있다(권성수, pp.213~219). 7인 재앙은 인간들을 직접 심판하는 것이었으나 7나팔 재앙은 자연을 통한 인간 심판을 말하고 있다. 7인 재앙과 7나팔 재앙은 같은 시기에 일어나는 것으로 보는 것이 좋다. 제 1~4인 재앙은 인간성을 파괴한다는 면에서 하나님의 심판을 다룬 것이고, 제 1~4나팔 재앙은 주로 인간이 사는 환경을 파괴한다는 면에서 하나님의 심판을 다룬 것이다.

인의 재앙들과 마찬가지로 나팔 재앙들은 서술되는 하나님의 처벌이 세상의 특정된 부분의 1/3에만 영향을 끼치는 예비적인 성격을 보이는 반면에, 나머지 2/3는 7대접으로 실행되는 환난의 마지막 단계까지 잔존한다(데이비드 E. 아우네, p.335). 다시 말해 7인 재앙(인간파괴)과 7나팔은 시간적으로 동시에 일어나지만 7대접 재앙(계 16장)은 7나팔 재앙 뒤에 일어난다는 것이다.

계 8장을 통해서 우리가 염두에 두어야 할 사항은 단순한 재앙의 내용을 살펴보고자 하는 것이 아니라 그 상황 속에서 우리는 어떻게 해야 하는가를 찾는 것이다. 1~4나팔 재앙이 임할 때 우리는 하나님의 의도를 알아차리고 더욱 예수 그리스도 중심에서 살아가야 함을 발견해야 한다. 불신자로 하여금 회개하고 예수 그리스도의 품으로 돌아오게 하고(계9:21), 동시에 신자들로 하여금 "깨어 자기 옷을 지켜 벌거벗고 다니지 아니하며 자기의 부끄러움을 보이지 아니하도록" 경성시키도록 해야 한다(계16:15).

## (5) 올바른 성경해석의 원리

이만희 씨의 자의적으로 엉뚱한 해설의 원리를 따르면 성경을 곡해하게 된다. 이것은 자신뿐만 아니라 다른 사람들까지도 잘못된 길로 이끌어가게 만든다. 그렇다면 올바른 성경해석의 원리는 무엇인가? 앞서 언급한 이만희 씨의 성경 해석 원리를 그대로 교정하면 된다. 아래와 같다.

> [올바른 성경 해석의 원리]
> ① 성경 본문이 스스로 말하고자 하는 바를 찾아야 한다.
> ② 문맥의 흐름을 따라가야 한다.
> ③ '예수 그리스도'가 언제나 성경 해석의 중심이어야 한다.

올바른 성경해석의 출발은 올바른 성경읽기에서부터 출발한다. 성경을 있는 그대로 꼼꼼히 읽는 것이 매우 중요하다. 그래서 앞선 원고에서 이만희 씨에게 '같이 성경을 읽어보자'고 제안했던 것이다. 거듭 제안해 본다. 그렇게 해보자.

# 24. 누가 '재앙'을 받을까?
### - 요한계시록 9장

한 걸인이 교회로 찾아왔다. 그의 목적은 자명했다. 그래서 약간의 돈을 그의 손에 쥐어주었다. 늘 그러했던 것처럼 그는 고개를 한 번 '꾸벅' 숙이고 등을 돌렸다. 가려는 그를 붙잡고 말을 걸었다.

"예수님 믿으시나요?"
"그럼요."

그는 마치 기다렸다는 듯이 대답을 했다. 입가에 미소까지 머금었다. 그와 몇 마디를 더 주고받았다. 그는 '예수님이 구원자'임을 연달아 고백했다. 그럴 때마다 그의 말에 힘이 실려 있었다. 일용직으로 근근이 살아왔는데 요즘에는 그나마 그 일도 없어서 결국 오늘의 모습처럼 되고 말았다고 한다.

"한 번 더 오세요. 같이 식사라도 함께 하죠…"

나도 모르게 말이 튀어 나왔다. 교회로 종종 찾아오는 걸인에게 다시 오라고 말한 적이 처음이었다. 그는 다시 고개만 끄덕이면서 말없이 떠났다. 정말 그가 다시 왔으면 좋겠다. 그의 손을 잡고 기도한 것이 잘했다 싶다. 거친 손이었지만 따뜻한 믿음의 온기가 느껴졌다.

그의 뒷모습이 멋있어 보였다. 겉모습 때문이 아니다. 믿음의 고백 때문이다. 올바른 믿음의 고백대로 살지 않으면 '영적 걸인'과 다르지 않겠다는 반성 아닌 반성도 일었다.

그 믿음의 고백은 이만희 씨의 책, 〈천국비밀 요한계시록의 실상〉을 분석할 때도 마찬가지로 적용된다. 예수님만이 그리스도임이 드러나야 한다는 게 필자의 목적이다.

요한계시록 9장은 8장에 이어 계속적으로 7나팔의 재앙이 나타난다. 1~4나팔 재앙은 8장, 5~6나팔의 재앙은 9장의 이야기이다. 재앙의 내용은 한 마디로 끔찍하다. "그날에는 사람들이 죽기를 구하여도 죽지 못하고…"(계9:6)라는 구절이 이를 잘 표현해 준다. 차라리 죽는 게 더 나을 정도로 재앙의 고통이 크다는 말이다.

## * 누가 재앙을 받는가?

이번에는 재앙의 내용보다는 재앙이 내려지는 곳, 즉 누가 재앙을 받는가에 초점을 맞춰보려고 한다. 이만희 씨가 그 부분에서 자기 자신만의 독특한 해설을 하고 있기 때문이다.

이만희 씨는 요한계시록 9장을 해설하면서 '일곱 금촛대 교회'라는 언급을 자주한다. 특히 앞에 '배도' 등의 수식어를 붙인 '배도한 일곱 금촛대 교회'라는 표현을 많이 사용한다. 그 곳이 성경(계 8~9장)이 말하는 재앙을 받는다고 한다. 직접 살펴보자.

> "무저갱에서 나는 연기는 지옥 사자 마귀들이 거짓 목자의 입을 빌려 외치는 사단의 교리를 말한다. ⋯ **무저갱 연기로 어두워지는 해는 '일곱 금촛대 교회의 목자들'이며** 공기는 그 '성도들의 지각'을 말한다."(이 씨의 책, p. 191)

> "무저갱 연기 가운데서 황충들이 땅으로 나왔다는 본문 말씀(계 9:2~3절, 필자 주)은 멸망자들이 거짓교리를 외치면서 자신들의 활동 본거지에서 **배도한 일곱 금촛대 교회로** 들어갔다는 뜻이다."(이 씨의 책, p. 192)

> "하나님의 인 맞지 아니 한 성도들은 **배도한 일곱 금촛대 교회의 성도들**을 말한다"(이 씨의 책, 194)

위와 같은 표현은 더 많이 나온다. 계 8장의 이 씨의 해설에서도 어렵지 않게 발견할 수 있다. 그렇다면 '일곱 금촛대 교회'란 무엇을 가리키는가? '배도했다'는 의미는 또 무엇인가? 이 씨는 그 표현을 통해서 무엇을 말하고 싶은 것인가? 하나씩 살펴보자.

'일곱 금촛대'라는 용어는 요한계시록 1:12절에 처음 등장한다. '촛대'가 '교회'를 의미함을 이미 살폈다(계1:20). 따라서 '일곱 금촛대'는 '일곱 교회'임이 자연스럽다. 이만희 씨는 이 두 용어를 혼합해서 사용한다고 볼 수 있다.

성경은 일곱 교회(계1:20)를 언급한 후 곧 바로 그 일곱 교회(에베소교회, 서머나교회, 버가모교회, 두아디라교회, 사데교회, 빌라델비아교회, 라도디게아교회)를 소개하고 있다. 요한계시록 2~3장에 걸쳐서 자세히 소개하고 있다. 각각의 교회들에게 주시는 하나님의 말씀을 언급하면서 말이다.

당시 소아시아에는 위의 일곱 교회 외에도 여러 교회가 실제로 존재하고 있었다. 역사적인 사실이다. 그럼에도 불구하고 왜 일곱 교회만 선택하였을까? 성경은 왜 그 교회들에게만 하나님의 말씀을 전달하였을까? 학자들의 여러 의견들이 있지만, 공통된 사실 중 하나는 "당시 소아시아의 일곱 교회이면서 동시에 그 메시지는 '성령'이 모든 시대, 모든 장소에 있는 '교회'들에게 주시는 것"이라는 말이다(권성수, p.25). 다시 말해 '일곱 교회는 모든 교회를 대표한다'는 것이 정통교회가 지향하고 있는 성경 해석이다.

이만희 씨는 그것과 뜻을 달리한다. '배도한 일곱 금촛대 교회가 재앙을 받는다'는 식의 그의 해설에서도 나타난다. '배도한 일곱 금촛대 교회'를 정통교회 해석 방식으로 본다면 이는 '이단 단체'가 된다. 이만희 씨도 그에 해당된다. 결국 이 씨가 재앙을 받게 된다는 말이 된다. 필자는 이 씨가 그 정도로 지각이 없다고는 생각하지 않는다. 그래서 이 씨의 '일곱 교회', 즉 '일곱 금촛대 교회'는 정통교회의 그것과 의미가 다른 것이다.

또 하나 증거가 있다. 이 씨는 계9:4의 "땅의 풀이나 푸른 것이나 각종 수목은 해하지 말고" 부분에 대한 해설을 한다면서 독특한 주장을 했다. 들어보자.

> "일곱 금촛대 교회를 하늘이라고 하면(계13:4) 그 외에 곳은 땅이
> 라고 할 수 있다. … 땅에 있는 푸른 풀과 푸른 것과 각종 수목은 **세**
> **상 중에 있는 각 교단 성도를(사 40:6) 가리킨다.**"(이 씨의 책, p. 193)

이 씨는 '일곱 금촛대 교회'와 '기성교회'를 분리시켰다. 특별한 단체임을 말하고자 한 것이다. '일곱 금촛대 교회'를 '하늘'이라고 표현하면서 '선한 곳'(?)이란 뉘앙스까지 던졌다. 성경 스스로 말하게 하는 정통교회 해석과 전혀 다르다.

이 씨는 그의 요한계시록 해설에서 '일곱 금촛대 교회'를 '하나님의 장막'이라고 해설했다. '계시록의 사건이 시작되는 현장'이라고까지 언급했다. 계1:12을 해설한다면서 언급한 그의 주장들이다. 왜 그런가에 대한 이유는 특별히 설명하지 않는다. 이만희 씨가 설명하면 '그냥 그렇다'는 것이다. 들어보자.

> "본문(계1:12~16절의 말함. 필자 주)에서 일곱 금촛대 교회로 비
> 유한 일곱 교회는 예수님께서 왕래하시는(계2:1) 하나님의 장막을
> 뜻한다. 이곳이 바로 계시록의 사건이 시작되는 현장이다"(이 씨의
> 책, p.59)

정리해 보자. 이만희 씨는 '일곱 금촛대 교회'를 특별한 단체로 설명하고 있다. 그 단체를 배도한 이들이 성경이 말하는 재앙을 받게 된

다고 한다.

성경의 재앙은 계 16장에 한 번 언급된다. '일곱 대접 재앙'이다. '일곱 인 재앙'(계 6~7장)과 '일곱 나팔 재앙'(계 8~11장) 그리고 '일곱 대접 재앙'(계 16장)은 모두 연결된다. 재앙을 내리는 이와 받는 이도 당연히 동일하다.

이 씨는 '일곱 대접 재앙'(계 16장)을 해설하면서도 재앙을 받는 이를 언급했다. 이 씨는 이 때 '배도한 첫 장막 성도'란 표현을 했다(이 씨의 책, p.361). 그 표현 역시 자주 나타난다. 의도를 갖고 사용했다는 말이다. '배도한 첫 장막 성도들'의 상대적 용어로 '증거장막 성도'를 사용한 것도 눈여겨 볼 일이다. 직접 살펴보자.

> "이상과 같이 살펴본 본장의 예언은 천사들과 **증거장막성전의 성도들이** 하나가 되어 귀신의 나라 바벨론 짐승의 무리와, 그들에게 표 받고 경배한 **첫 장막 선민을** 진노의 말씀으로 심판하는 내용이다. 13장에서는 짐승이 **첫 장막을** 멸망시켰으나 본장에서는 **증거장막 성도가** 짐승의 나라를 무너뜨린다. 진 자는 이긴 자의 종이라고 하였으니 (벧후 2:19) **배도한 첫 장막성도들은** 짐승의 종이 되었고 짐승은 증**거장막성전 성도들의** 종이 되었다."(이 씨의 책, p 361)

'증거장막성전'은 현재 이만희 씨의 단체를 가리키는 것으로 볼 수 있다. 이 씨의 단체 이름(신천지예수교증거장막성전)과 같기 때문이다. 또한 자신이 그 단체의 특별한 존재라고 설명하고 있기 때문이다. 그는 "천하 모든 종교는 이 증거장막성전을 인도하는 **약속한 목자가**

통치하게 된다"(이 씨의 책, 361)고 계속해서 해설하고 있다. 증거장막성전에 '약속한 목자'가 있다는데 그 사람이 이만희 씨가 아니겠는가?

'증거장막성전'이 현재의 이 씨의 단체라고 말한다면 '첫 장막'이라는 것은 자칭 재림예수 유재열 씨가 설립했다는 단체를 언급하는 것이라고 볼 수 있다. 이만희 씨는 유재열 측 소속 신도였다. 유재열 씨는 자칭 '재림예수'라고 주장한 바 있다.

결국 계 9장의 '배도한 일곱 금촛대 교회'는 계 16장의 '배도한 첫 장막 성도들'과 같은 용어이며, '배도했다'는 것은 '첫 장막', 즉 유재열 씨가 만들고 이만희 씨가 속했었던 그 단체를 배반해 나갔다는 말이라 볼 수 있다. 이만희 씨는 자신과 자신들의 단체를 통해서 과거의 영광(?)을 되찾겠다는 주장이다.

조금 복잡하다. 한 번 더 정리해 보겠다. 자칭 '재림예수' 유재열 씨가 만든 단체가 있었다. 이만희 씨는 그곳을 '하나님의 장막', '일곱 금촛대 교회'라고 표현한다(이 씨의 책, p. 59). 그 단체가 무너졌다. 사실 유재열 씨는 어느 날 갑자기 재림예수 '놀이'를 그만 두고 사라졌다. 그 추종자들 중 일부는 기성교회로 발길을 옮기기도 했다. 이 씨는 그것을 사탄의 공격 때문이라고 보고 있다. 기성교회로 간 이들을 '배도한 일곱 금촛대 교인들'이라고 표현하고 있는 것이다. 이 씨는 자신의 단체를 '영적 새 예루살렘'이라고 스스로 부르며(이 씨의 책, p.116 등) 자신들이 하나님의 나라를 세울 것이라고 생각하고 있다.

엉뚱하다. 이 씨처럼 성경의 역사를 어느 일개 단체의 스토리

(story)에 견주어 보려고 하는 행위 자체가 코미디다. 스스로 '비성경적 사상'임을 입증하는 일일 뿐이다.

더욱 한심한 것은, 이만희 씨는 자신이 성경 해설한 게 옳다고 하는데 그 이유가 자신이 그 사건을 집적 본 증인이기 때문이라고 한다. 자기중심적이다. 자아도취식이다. 또한 자신의 설명을 듣고 자기 신앙을 돌아보지 않으면 '배도한 일곱 금촛대 교인들'과 같다고 하니, 정말 그의 주장을 보고 웃어야 할지 울어야 할지 심히 난감할 뿐이다. 그의 주장은 아래와 같다.

> "계시록의 사건은 영적인 것이므로 사람의 눈으로 바라보면 깨닫기 힘들다. 그러므로 성도는 말씀으로 깨어 있어야 예언대로 실상이 나타날 때 알아 볼 수 있다. 결박된 네 천사가 들어 쓴 거짓 목자들과 본문의 년 월 일 시에 관해서는 **사건의 현장을 직접 본 증인에게 증거 받기 바란다. 그는 바로 계시록의 모든 사건을 보고 천사에게 설명 들은 '사도 요한의 입장으로 오는 목자'이다.**"(이 씨의 책, p.199)

> "본문의 사건을 설명 듣고도 자기 신앙을 돌아보지 않는 자는 수 차례 회개의 기회를 얻고도 돌이키지 않는 **배도한 일곱 금촛대 교회의 성도들과 다를 바가 없다.**"(이 씨의 책, p.204)

다시 한 번 맨 처음에 언급한 걸인이 생각난다. 비록 가진 것이 아무 것도 없지만, 진심으로 예수님만이 구원자임을 고백하며 살아가는 그 이 말이다. 생각할수록 그분이 정말 멋있어 보인다. 왜 그럴까?

# 25. '예언'이란 이런 것
### - 요한계시록 10장

　신문 광고면을 보면 '예언집회'라는 것을 어렵지 않게 접하게 된다. 그 용어 앞뒤로 '신년축복' 또는 '예언의 종 000' 등의 수식어가 붙기도 한다. 아예 강사 이름이 '예언'이라고 하는 곳도 있다. 그 집회에만 참석하면 예언에 대해 확실한 '무엇'을 경험할 수 있을 것처럼 유혹하고 있다.

　그러한 예언집회에 참석해 본 적이 있다. 서울과 지방 등 몇 곳을 두루 살펴보았다. 그 집회들의 공통점은 다음과 같다. 집회 참석한 신도들이 자신의 기도제목을 헌금봉투 겉에 기록을 한다. 물론 그 봉투 안에는 반드시 현금(?)이 들어가야 한다. 액수를 정해 놓은 곳도 있었다. 그 봉투가 집회 중의 강대상 위로 올라간다. 강사가 볼 수 있도록 한 행위다. 또는 강사와의 개인 면담을 위해 상담실로 들어가기도 한다. 강사는 방언기도라는 것을 한다. '쉬쉬쉬, 아싸라비아' 등 유창하게 중얼거린다. 그런 후 봉투에 적혀 있는 신도들의 기도제목을 보고 그 내용에 '답'을 내린다. 마치 직통계시라도 내려지는 듯이 말이다. 신도들은 연신 '아멘'으로 화답하며 그것을 믿으려고 한다.

　필자도 기도제목을 내보았다. 다소의 비용을 지출해야 했지만, 그 예언집회라는 것의 실체에 좀 더 깊숙이 들어가기 위해서다. 기도제목은 다음과 같았다. '여동생이 있다. 준재벌집 아들과 사귀고 있는데 여동생은 이제 헤어지려고 한다. 남자는 결혼하자고 한다. 어떻게 해야 할까?'였다.

봉투가 강대상으로 올라갔다. 필자의 봉투 순서가 되자 강사는 위와 같은 방법으로 마이크에 입을 대고 무엇인가 중얼댔다. 그런 후 답이 내려졌다. "결혼하라고 하시네. 결혼해서 하나님을 위해 크게 일을 하라고 하셔. …" 그의 예언(?)이라는 것은 정확히 틀렸다. 필자에게는 여동생이 없었기 때문이다. 여동생이 없으니 결혼 문제도 당연히 없는 것이었다. 기독교 이름으로 행해지는 예언집회라는 곳에 참석했지만, 어찌되었는지 무속적 '푸닥거리'를 겪은 느낌이었다.

고린도전서를 읽으면서 묵상하고 있는 중이다. 사도바울은 고린도교회가 갖고 있는 여러 가지 문제들을 해결해 주기 위해 권면을 말을 해주고 있다. 잘 알려진 고전 13장의 '사랑'은 바로 고린도교회의 문제들을 풀어줄 수 있는 키워드(Key word)인 셈이다. 14장에서는 방언과 예언에 대한 은사에 대해서 교통정리를 해 주고 있다. 그러면서 예언에 대해 잘 설명해 주고 있다.

예언의 은사가 사용되면 다음과 같은 일들이 일어난다고 설명하고 있다(고전14:24~25).

첫째 믿지 않는 자들과 무지한 자들(하나님에 대해서)이 자신의 죄를 깨닫게 되는 일들이 일어난다.

둘째 자신의 마음 가운데 감추어졌던 일들이 드러나게 된다. 그리고 마지막으로 사람들이 하나님께 엎드리어 경배하게 된다고 했다.

그런 면에서 사도바울은 방언보다 예언하기를 힘쓰라고 권면하고 있다.

요한계시록 10장 마지막 절에 "다시 예언하여야 하리라"(11)는 구절이 나온다. 예언이라는 성경적인 의미를 간과할 때 흔히 곡해할 수 있는 대목이다. 이만희 씨도 그의 책 〈천국비밀 요한계시록의 실상〉을 통해 계 10장을 해설했다. 그러나 그는 11절의 '예언'에 대해서 특별히 언급을 하지 않았다. 그렇다면 이만희 씨는 성경의 '예언'이라는 용어의 뜻을 제대로 사용하고 있는 것일까? 그가 예언을 언급한 부분을 살펴보자.

> "계시록의 사건은 영적인 것이므로 사람의 눈으로 바라보면 깨닫기 힘들다. 그러므로 성도는 말씀으로 깨어 있어야 예언대로 실상이 나타날 때 알아볼 수 있다. 결박된 네 천사가 들어 쓴 거짓 목자들과 본문의 년 월 일 시에 관해서는 사건의 현장을 직접 본 증인에게 증거받기 바란다. 그는 바로 계시록 모든 사건을 보고 천사에게 설명 들은 '사도 요한의 입장으로 오는 목자'이다."(이 씨의 책, p.199)

> "헬라어 알파벳의 첫 글자와 마지막 글자인 알파와 오메가는 처음과 나중이요 시작과 끝을 상징한다. 그러므로 '예언'을 '알파 즉 처음과 시작'이라고 하면 그 '실상'은 오메가인 나중과 끝'이 된다. … 본문의 상벌은 약속한 계시록의 말씀이 응할 때 성취된 실상을 믿는 자와 믿지 않는 자에게 내리는 것이다."(이 씨의 책, p 486)

이 씨는 종종 '예언'을 '실상'이라는 용어와 대조시키곤 한다. 그의 주장은 이렇게 이해된다. 그냥 예언만 가지고는 무엇인가 부족하고 그것이 실제의 상, 즉 실상으로 나타나야 한다는 것이다. 다시 말해 예언은 실상을 위한 그림자 역할이라는 말이다. 이러한 논리는 그의 다른 주장에서도 어렵지 않게 찾아볼 수 있다. '계시'를 설명하면서도 언급한 그의 주장을 들어보자.

> "계시는 두 가지로 구분한다. 하나는 장래 이룰 일을 이상으로 미리 보여주는 **'환상계시'**이며 다른 하나는 약속한 예언을 실물로 이루어서 보여주는 **'실상계시'**이다. 환상계시는 이룰 실상에 대해 증거하기 위해 필요한 청사진과 같다"(이 씨의 책, p.45)

이만희 씨는 계1:3을 해설한다면서도 '환상계시'와 '실상계시'라는 자신만의 비성경적인 교리를 언급했다. 그가 말하고 싶은 것은 '실상'이다. 예언이건 계시건 실상이 나타나야 한다는 것이다.

그렇다면 이 씨가 말하고 싶은 실상이란 무엇이며, 또 그것은 어떻게 드러날 수 있는 것인가? 그것을 계 10장에 대한 이 씨의 해설을 통해서 살펴보자.

> **"본장은 예수님께서 약속하신 목자 한 사람을 우리에게 알리는 내용이다.** 그는 바로 사도 요한의 입장으로 와서 하늘에서 온 열린 책을 받아 먹고 통달한 자요 **보혜사 성령의 위치에 있는** 본장의 천사가 함께하는 예수님의 대언자이다. 계시록 성취 때에는 **사도요한과 같은**

*입장으로 오는 한 목자가 계시록 전장 예언과 그 실상을 전하지* 이미 죽고 없는 요한이 그 일을 감당하지 않는다."(*이 씨의 책, p.217*)

이 씨가 말하는 실상이란 그 동안 감추어져왔던 성경의 내용이라고 한다. 성경의 참뜻이 바로 실상이라고 말한다. 그 참뜻이 그동안 알려지지 않았다고 했다. 그의 주장을 살펴보자.

*"주께서 명하신 대로 하나라도 가감하지 말아야 할 계시록의 말씀 (계22:18~19)은* **기록한 실상이 나타나지 않았기 때문에 그 동안 어느 누구도 참뜻을 해석하지 못했다.** *그러나 이제 성취 때가 되어 계시록의 예언이 홀연히 이루어졌으므로* **필자는** *그 실상을 직접 보고 성령에게 설명 들은 대로 낱낱이 증거하려 한다."(이 씨의 책 p.35)*

이 씨는 감추어져 온 성경의 실상을 알려줄 사람은 오직 이만희 자신이라고 주장한다. 이러한 주장이 설득력이 없음을 이 씨 자신도 알았기 때문인지 그는 자신을 스스로 신격화시켜 포장한다. 즉 '이만희=보혜사'라는 논리를 계 10장을 해설한다면서도 서슴지 않고 펼치고 있다. 살펴보자.

*"본문의* **천사는 예수님께서 보내시는 보혜사 성령이 분명하다.** *이 천사가 보혜사 성령이면 그가 함께하는(요 14:17)* **사도 요한과 같은 목자도 보혜사라 부를 수 있을 것이다."(이 씨의 책, p. 210)*

무슨 소리인가? 이 씨는 계10:1을 해설한다면서 본문의 '힘센 다른 천사'를 보혜사 성령이라고 결론을 내렸다. 그 이유로 그 천사에 대해서 설명하고 있는 "머리 위에 무지개가 있고" 등의 본문을 인용했다. 구문해설을 위한 접근 방식은 칭찬할만하다. 앞으로도 제발 그런 방식으로 성경을 해설해주길 기대해 본다. 그러나 성경이 스스로 성경을 말하도록 그런 식으로 성경을 읽어야 한다.

이 씨의 해설엔 오류를 품고 있다. 본문이 그 힘센 천사를 장엄하게 설명하기는 했지만 천사는 천사일뿐이다. 그 천사가 그리스도이거나 이 씨의 말대로 보혜사 성령이 될 수 없다. 그 결정적인 이유 역시 성경본문에 있다. 그 힘센 천사는 "다른 천사", 즉 여러 천사 중의 하나라고 성경은 설명하고 있다(영어성경 NIV에서는 "another mighty angel"로 표현했다). 그 힘센 천사를 그리스도나 성령으로 해설한다면 동일한 그리스도나 성령의 존재가 엄청나게 많아지게 된다. 본문만 잘 읽어도 이러한 오류에 빠지지 않게 된다.

위에 언급된 이 씨의 해설을 다시 한 번 살펴보자(이 씨의 책, p.210). 이 씨는 힘센 천사가 보혜사 성령이라고 주장한다. 그리고 자신도 보혜사가 된다고 말한다. 이유는 그 천사와 함께하기 때문이라는 것이다.

그의 논리가 엉뚱하다 못해 우습기까지 하다. 요한계시록 어느 부분을 해설해도 그의 논리는 언제나 이런 식이다. 자신이 '누구'임을 드러내는데 근본적인 목적을 두고 있다. 심지어 '이만희=구원자'라는 해괴한 주장도 하고 있다.

지난 분석의 글에서 다루었던 이 씨의 주장들 몇 가지를 다시 한 번 언급해 본다.

> "그러므로 우리가 찾고 만나야 할 사람은 사도 요한격인 야곱(보
> 혜사:이스라엘) **곧 승리자를 만나야** 아버지와 아들의 계시를 받게 되
> 고 **영생에 들어가게 된다는 것**을 명심해야 할 것이다."*(이만희 씨의*
> *책 〈계시록의 진상 2〉, p.52)*

> "계시록 성취 때에는 **사도 요한의 입장에 있는 목자에게** 천국에 관
> 한 설명을 듣고 믿어야 **구원을 얻을 수 있다.**"*(이 씨의 책, p.117)*

이만희 씨는 이러한 자신의 주장이 '이단'에 속하는 줄 짐작하고 있
다. '도둑이 제 발 저린다'는 격언처럼 말이다. 계 10장을 해설한다면
서 후반부에 자신의 속내를 그렇게 드러내기도 했다. 그러면서 이 씨
는 자신에게 이단이라고 말하는 이를 오히려 '지식이 없는 자'라고 몰
아세웠다. 반대로 참 지식이 있는 자는 자신을 보혜사 성령, 또는 구
원자로 믿고 따르게 된다고 했다.

그의 주장을 들어보자.

> "성경의 예언이 봉해진 채 사람의 교훈으로만 가르치고 있는 이
> 때에 펼쳐진 성경을 받아먹은 한 목자가 나타나 다시 예언하고 있다
> 고 생각해보자. 그의 말을 듣고 믿을 사람이 세상에 과연 몇 명이나
> 있겠는가. 대부분 사람들은 자신의 지식 없음은 생각지 아니하고 그
> 를 이단이라고 할지 모른다."*(이 씨의 책, p. 217)*

기회가 되면 '예언집회'라는 곳에 다시 한 번 가보려고 한다. 요즘도 신문을 보면 그 광고를 어렵지 않게 발견할 수 있으니 집회 참석은 시간문제일 뿐이다. 헌금 봉투에 다음과 같은 질문을 해 보아도 흥미로울 것 같다. '자신이 보혜사라고 하는 이가 있는데 그 말이 정말인지, 아니면 누가 보혜사인지 궁금합니다'라고 말이다. 예언집회 강사는 어떠한 답을 할까?

# 제 3 부

## 신천지 <요한계시록의 실상> 大해부
: : 요한계시록 11~22장

# 26. '두 증인'은 두 사람을 가리키나?
## - 요한계시록 11장

　요한계시록 11장의 핵심 내용 중 하나가 바로 '두 증인'이다. 그 두 증인에 관해 여러 가지 질문을 던질 수 있지만, 그 중 간과할 수 없는 것이 바로 '그가 누구인가?'일 것이다. 이만희 씨도 그의 책 <천국비밀 요한계시록의 실상>을 통해서 그것을 중요한 주제로 다루었다. 계 11장을 해설한다며 그 제목을 '두 증인과 일곱째 나팔'로 다룬 것에서도 알 수 있다.

　과연 두 증인은 누구인가. 그 관점에서 계 11장의 이 씨 해설을 직접 살펴보자.

　　*"두 증인은 계시록 10장과 같이 하나님의 펼친 책을 받은 사도 요한과 본장 1절에서 지팡이 같은 갈대로 비유한 육체를 말한다. 이들은 증인이라는 말 그대로 계시록 사건을 보고 들은 대로 증거할 **두 증인 중에서 성령으로부터 직접 말씀을 받아 역사하는 자는 '사도 요한의 입장에 있는 목자'이다***(계1:2, 22:8)."*(이 씨의 책, p.226)

　무슨 말인가? 한 마디로 '두 증인=이만희'라는 말이다. 두 증인 중 핵심 인물은 한 사람인데 그 사람이 바로 '사도 요한의 입장에 있는 목자', 즉 이만희 씨 자신이라는 것이다. 이 씨는 성경(요한계시록)에 나오는 좋은 용어(?), 즉 '사도 요한', '보혜사', '이긴 자' 등을 모두 자신과 연결시킨다. 마치 자신의 존재를 위해서 성경이 존재하는 것처럼 말이다. '교주 신격화 만들기'라는 이단 사상의 전형인 셈이다.

그렇다면 과연 '두 증인=이만희'라는 게 맞는지 따져보자. 먼저 '두 증인'이 언급된 요한계시록 11장의 성경구절을 보자.

> "또 내게 지팡이 같은 갈대를 주며 … **내가 나의 두 증인에게 권세를 주리니** 그들이 굵은 베 옷을 입고 천이백육십일을 예언하리라 그들은 이 땅의 주 앞에 서 있는 두 감람나무와 두 촛대니"(계11:1~4, 개역개정)

주어와 술어 등의 관계를 좀 더 명확하게 살펴보기 위해서 영어성경(NIV)을 한 번 더 살펴보자.

> *I was given a reed like a measuring rod and was told* **"Go and measure the temple of God and … And I will give power to my two witnesses, and they will prophesy for 1,260 days clothed in sackcloth."** *These are the two olive trees and the two lampstands that stand before the Lord of the earth.*(계11:1~4, NIV)

'지팡이 같은 갈대'(a reed like a measuring rod)를 받은 이는 요한이다. 그것을 준 이는 계 10장과 연결해 볼 때 '힘센 천사'로 이해하는 게 자연스럽다(계10:1). 그 천사는 요한에게 명령을 한다. 그 명령한 내용은 위의 영어성경(NIV)의 밑줄 친 부분이다. "가서 측정하라 … 그리고 나의 두 증인에게 권세를 주겠다. …"(영문 해석)는 것이다(3절). 이 명령에 요한은 그것을 따르는 '행위자'로 등장한다. 따라서 그 명령의 내용에 등장하는 '두 증인'에 요한이 들어가지 않음이 논리적으로 자연스럽다. 만약 두 증인 속에 요한이 들어간다면, 또는 요한을 가리킨다면 '내가 너에게 권세를 주겠다'라고 직접적으로 말했어야 옳다. 요한은 이미 그런 모양으로 직접적인 명령을 받은 바 있기 때문이다. "…기록하라"(계1:19), "… 올라오라"(계4:1) 등을 통해 그 예를 살펴 볼 수 있다.

따라서 본문 문맥상 요한이 두 증인에 속할 수 없는 것과 같이 사도 요한의 입장으로 왔다는 이만희 씨도 두 증인에 해당되는 인물이 아니라는 말이 된다.

내용면에서 한 가지를 더 논리적으로 살펴보자. 계11:3절의 내용은 '두 증인은 예언한다'로 요약할 수 있다("내가 나의 두 증인에게 권세를 주리니 그들이 굵은 베 옷을 입고 천이백육십일을 예언하리라"). 예언에 관한 신구약 성경 각각 한 곳을 펼쳐보자.

먼저 요엘 선지자가 말한 내용이다(구약성경).

> **그 후에** 내가 내 영을 만민에게 부어주리니 너희 자녀들이 장래 일을 말할 것이며 너희 늙은이는 꿈을 꾸며 너희 젊은이는 이상을

볼 것이며"*(욜2:28)*

그것을 사도 바울이 신약성경에서 인용했다.

"*하나님이 말씀하시기를 **말세에** 내가 내 영을 모든 육체에 부어주리니 너희의 자녀들은 **예언**할 것이요 너희 젊은이들은 **환상**을 보고 너희의 늙은 이들은 꿈을 꾸리라*"*(행2:17)*

사도 바울은 구약성경 요엘서를 인용하면서 "그 후에"라는 시점을 "말세에"로 해석했다. 말세에 '예언', '환상', '꿈' 등이 일어난다고 했다. 이 세 용어들은 독립적이지 않다. 성령의 인도하심에 따라 일어난다는 점에서 그 맥을 같이 한다. 또한 "누구든지 주의 이름을 부르는 자는 구원을 받으리라"(행2:21, 욜2:32)는 뒤따르는 구절로 집중된다. 따라서 예언, 환상, 꿈 등의 일들은 '예수=구원자'라는 결과를 일으킨다는 점에서 동일한 의미군에 속한다. 즉, '예언'이란 '예수=구원자'임을 드러내는 행위인 것이다(본 책 25장 '예언이란 이런 것' 참조).

신구약 성경에서 말하고 있는 '예언'의 의미와 요한계시록의 '예언'의 의미가 서로 다를 수 없다. 성경은 하나의 성령의 감동으로 인해서 기록된 것이기 때문이다(딤후3:16). 따라서 '두 증인은 예언한다'(계11:3)는 의미는 두 증인 역시 '예수=구원자'임을 드러낸다는 것과 그 줄기를 같이 한다.

이 씨가 만약에 '두 증인'에 속하고 싶으면 '예수=구원자'라는 예언을 해야만 한다. 그러나 그의 책을 통해서 나타난 그의 주장을 보면 그것은 불가능해 보인다. 살펴보자.

> "계시록이 응하고 있는 오늘날은 계시록에 약속한 **이긴 자(계2, 3
> 장, 21:7)를 통하지 않고는 구원이 없다.** 이를 부인하는 사람은 예수
> 님과 그 말씀을 믿지 않는 자이며 마귀의 영에게 조종을 받는 자이
> 다. 천하만국은 … 약속한 목자 앞으로 나아와 … 한다."*(이 씨의 책,
> p. 37)*

> "계시록에 예언한 말씀이 이루어질 때는 계시록에 약속한 **구원의
> 처소와 구원의 목자를 찾아야만 구원받을 수 있다.** 그 구원의 목자는
> 니골라당과 싸워 기지는 자이며 구원의 처소는 그가 인도하는 장막
> 이다."*(이 씨의 책, p.40)*

무슨 말인가? 결국 이만희 자신을 통해야만 구원의 문에 들어갈 수
있다는 게 아닌가? 이 씨가 올바른 '예언'을 할 수 없기 때문에 '두 증
인'에 해당되지 않는다는 말이 된다.

## (1) '갈대=사람'이라고?

이 씨는, '두 증인'은 특별한 두 사람을 뜻하는 것이며 그중 주인공
에 해당되는 인물이 자신이라고 소개하고 있다(위의 이 씨 해설). 그
말이 맞다고 해보자. 이 씨의 설명에 올바른 요소가 어느 정도 있기

때문에 맞다고 하는 게 결코 아니다. 이 씨는 혼돈하면 안 된다. 두 증인 중 또 한 인물에 대한 이 씨의 설명이 너무도 우스꽝스럽기 때문에 그것을 설명하기 위해서 그렇게 한 것일 뿐이다.

두 증인 중 한 인물이 이만희 씨라면, 또 한 인물은 누구인가? 이 씨는 그 또 한 인물을 설명하는 성경구절이 '지팡이 같은 갈대'라고 한다(계11:1). 이 씨는 그 갈대가 '한 사람'을 의미한다고 했다. 즉, '갈대=사람'이라는 것이다. 이런 그의 황당한 주장 역시 직접 살펴보자.

> "요한이 받은 지팡이 같은 갈대는 무엇인가?(1절) … 마치 예수님을 의심한 세례 요한처럼(마11:7) 믿음이 연약한 자이기는 한데 요한이 의지하며 함께 일하는 일곱 금촛대교회의 **성도 한 사람을 말한다.**"(이 씨의 책, pp.222~223)

이 씨는 진도를 조금 더 나갔다. '아담-하와', '모세-아론' 관계를 예로 들면서 두 증인 중 한 인물을 '영적배필'에 해당된다고까지 했다. 계속해서 그의 재미있는 주장을 들어보자.

> "그는 하나님께서 아담에게 붙여주신 하와와도 같고 모세에게 데려다주신 아론과도 같은 영적 배필이다."(이 씨의 책, p. 223)

다시 말해 두 증인은 '이만희 자신과 또 자신을 돕는 누구'라는 말을 하고 싶은 것이다. 과연 그런가? 이 씨의 주장대로 '갈대=사람'일까?

이 씨는 자신의 주장을 펼칠 때마다 마치 그것이 성경적인 뒷받침이 있는 양 종종 여러 성경 구절을 인용해 왔다. 그러나 이번 '갈대=사람'에 대해서는 마11:7을 제외하곤 아무런 성경구절의 언급이 없다. 그냥 자신의 주장이 옳다는 식이다. 이유는 없다. 왜! 그나마 인용한 마11:7이 '갈대=사람'을 입증해 주고 있지 않기 때문이다.

필자가 이 씨를 대신해서 '갈대' 관련 성구 몇 개를 찾아보았다. 갈대 의미를 다른 성경 구절을 통해서 밝혀 보려 한 것이다.

> "그 여자가 잉태하여 아들을 낳아 그 준수함을 보고 그를 석 달을
> 숨겼더니 더 숨길 수 없이 되매 그를 위하여 갈 상자를 가져다가 역
> 청과 나무 진을 칠하고 아이를 거기 담아 하숫가 **갈대 사이에** 두고"
> (출2:2~3)

> "저희가 떠나매 예수께서 무리에게 요한에 대하여 말씀하시되 너
> 희가 무엇을 보려고 광야에 나갔더냐 바람에 흔들리는 **갈대냐**"(마
> 11:7)

위 구절들은 자연 상태의 갈대(reed)를 의미한다. '연약함'의 의미가 있다. 이 씨가 예로 들었던 마11:7절 마찬가지다. 다른 구절을 살펴보자. 계11:1의 '갈대 지팡이'가 직접 언급되는 구절도 있다.

> "이제 네가 저 상한 **갈대 지팡이** 애굽을 의뢰하도다 사람이 그것을
> 의지하면 그 손에 찔려 들어갈지라 애굽 왕 바로는 무릇 의뢰하는

자에게 이와 같으니라"(왕하18:21)

"보라 네가 애굽을 의뢰하도다 그것은 상한 **갈대 지팡이**와 일반이라 사람이 그것을 의지하면 손에 찔려 들어가리니 애굽 왕 바로는 그 의뢰하는 자에게 이와 같으니라"(사36:6)

이 때의 '갈대 지팡이'는 매우 부정적인 의미다. 이방 나라인 애굽을 지칭하는 용어로 사용된 것이다.

무슨 뜻인가? 이 씨가 주장하려고 하는 '갈대=사람'의 논리는 성경적인 지지를 전혀 받을 수 없다는 말이다. 도대체 어떤 근거로 '갈대=사람'이란 말인가?

## (2) 너도나도 '두 증인'

본문의 '두 증인'의 의미가 자신에게 해당된다고 주장하는 이들은 이만희 씨 외에도 여럿 있다. 한결같이 정통교회로부터 이단으로 규정되거나 그 정도로 이단성이 짙은 이들의 주장들이다.

지난 2008년 6월 5일 한국장로교연합회(한장총) 이단대책위원회 주체로 열린 '한국 이단들의 요한계시록 오용의 역사에 대한 비판과 정통 견해 제시' 세미나에서 최병규 목사(한장총 이단상담소장)는 그 부분을 잘 정리했다. 즉 박태선, 홍종효 씨 등이 이만희 씨와 유사한 주장을 했다는 것이다.

특히 홍종효 씨는 한 동안 이만희 씨와 협력관계로 있었다. 그 두 사람이 '두 증인'으로 행세를 하기도 했다. 대한예수교장로회 합동측에서 이 부분을 잘 지적했다. 예장합동은 '신천지예수교증거장막성전(교주 이만희) 연구보고서'를 통해 "이만희 씨는 홍종효 씨와 함께 자칭 '두 증인', 또는 '모세'와 '아론'으로 행세하기도 했다"며 "그러나 둘은 1987년 사소한 문제로 다툰 후 결별"하게 됐다고 보고했다 (2007년 92회 총회). 이 씨의 주장대로라면 홍 씨는 이 씨의 돕는 배필로써 '두 증인'의 역할을 해왔다는 것이 된다. 그러나 결국 그들은 부부 싸움을 통해 이혼(?)한 셈이 된다. 이후 홍종효 씨는 자신이 '진짜 재림예수'라고 주장하기도 했다.

## (3) 두 증인이란?

그렇다면 성경 본문의 '두 증인'은 무슨 뜻일까? 먼저 '두 증인'이 실제적인 인물인가 아니면 상징적인 인물인가 하는 점부터 생각해야 할 것이다. 이만희 씨는 실제적인 인물, 그것도 자기 자신이 바로 그 '두 증인' 중 한 사람이라고 해설해 보려고 노력했다.

그러나 '두 증인'은 상징적인 인물로 보는 것이 더 타당하다. 이유는 성경 본문 스스로 그렇게 암시를 해 주고 있기 때문이다. 계11:4을 보면 '두 증인'은 '두 감람나무'와 '두 촛대'와 같은 존재로 불린다.

"이는 이 땅의 주 앞에 섰는 두 감람나무와 두 촛대니"(계 11:4)

다시 말해 '두 증인=두 감람나무=두 촛대'가 모두 동일한 의미의 용어라는 말이 된다. '촛대'에 대해서는 이미 성경 본문 스스로 교회를 상징한다고 언급한 바 있다(계1:20 "일곱 촛대는 일곱교회니라"). 따라서 '두 증인' 역시 상징적으로 보는 것이 타당하다. 그 의미는 '교회'로 보는 것이 가장 적절한 것이다.

번(Vern)은 '두 증인'을 '교회'로 보았다. 그는 "계1:12, 20절에서 일곱 촛대가 1:11의 일곱 교회를 대표하는 것과 같이 증거하는 교회를 대표한다"며 "일곱 촛대보다 두 촛대가 언급된 것은 스가랴 4장의 유형을 따르고 모세와 엘리야가 짝을 이룸을 반영하기 위함(참고 마 17:3~4, 신 17:6, 눅 10:1)"이라고 설명했다(Vern S. Poythress, p. 137).

권성수 목사 역시 같은 의견이다. "두 촛대는 계시록적 이미지로 보면 교회이다"며 "교회는 '두 증인'으로 1260일 동안, 즉 그리스도의 초림부터 재림 어간에 복음을 전(예언)하는데, 교회는 반석 위에 세워져서 음부의 권세가 이기지 못한다(마16:18)"고 설명을 했다(권성수, pp.256~257).

이만희 씨는 성경을 해설한다고 하면서 '교회'가 앉아야 할 자리에 자신이 앉으려는 크나큰 오류를 범했다. 이미 그는 '보혜사'의 자리까지 넘보려고 한 돌이킬 수 없는 죄를 저지르기도 했다. 어찌해야 할까? 방법은 오직 하나뿐이다. 하루 속히 회개하는 것 말이다.

# 27. 신천지는 새것, 기성교회는 옛것?
## - 요한계시록 12장

이만희 씨는 요한계시록 12장의 해설에서 정통교회를 정면으로 비판하고 나섰다. 자신이 '진짜'이고 정통교회는 '가짜'라고 했다. 기독교 목사들과 정면대결까지도 언급했다(이 씨의 책, p.259). 누가 진짜인지 가려보자고도 했다. 그의 강좌가 '자신있다'는 의미보다는 '불안하다'는 뜻으로 들린다. 계 12장을 통해 그와 재미난 경기를 해보자.

계 12장 해설을 통해 그가 주장하고자 하는 바가 무엇인지 직접 살펴보자. 그리고 하나씩 분석해보자.

먼저 요한계시록 12장은 '여자'와 '붉은 용'과의 적대관계가 주된 이야기다. 제 6인과 제 7인 사이에 하나님의 백성이 인 맞는 사건이 막간으로 계 7장이 기록된 것처럼, 제 6나팔과 제 7나팔 사이에 인봉된 7우뢰(10장), 두 증인(11장-앞의 분석의 글 참조)과 함께 사탄과 여인의 충돌(12장)이 막간에 기록되어 있다. 그 충돌은 계 13~14장까지 이어진다.

이만희 씨도 그의 책 〈천국비밀 요한계시록의 실상〉을 통해서 계 12장을 여인과 붉은 용의 대립관계로 설명을 했다. 큰 틀에서 보면 이 씨의 해설과 정통교회의 성경해석 형식이 같아 보인다. 그러나 '여인은 누구?', '붉은 용은 누구?' 등 한 걸음만 들어가면 그 결과가 매우 달라진다. 심지어 이 씨는 자신의 새로운(New) 주장이 옳다며 정통교회의 전통(Old) 해석을 반박하기도 했다. 흥미롭기도 하다.

이젠 좀 더 구체적으로 들어가 보자. 먼저 이 씨의 주장을 들어보자.

> "교계 일부 목자들은 본장의 여자를 교회라 하고 그에게 난 아이를 예수님이라 주장하고 있다. 그러나 그것은 다음과 같은 이유로 거짓임이 드러난다. 첫째, 교회(여자)가 어찌 예수님(아이)을 낳은 후 본문 6절과 같이 광야로 도망가서 1,260일 동안 양육 받을 수 있는가? 둘째, 계시록 2장 26~27절에 보면 예수님께서는 이기는 자에게 만국을 다스리는 권세를 주고 철장을 준다고 하셨다. 본문의 아이가 예수님이라면 어찌 예수님께서 자기 자신에게 다스리는 철장 권세를 주겠는가?"(이 씨의 책, p.255)

무슨 말인가. 이 씨는 정통교회가 해석한 '여자=교회', '아이=예수님'이라는 논리가 틀렸다고 한다. 그 이유로 두 가지를 들었다. 먼저는 교회가 어떻게 광야로 도망가서 1,260일 동안 양육을 받을 수 있겠는가 하는 점이다. 그 다음은 아이가 예수님이면 예수님이 자기 자신에게 철장권세를 주는 식이 된다고 했다. 그래서 정통교회의 주장이 틀렸다는 말이다.

이 씨의 비판 논리가 명쾌하지 않다. 앞뒤가 맞지 않는다. 예를 들어 '1+1=2라는 주장은 틀렸다. 2+3=5이기 때문에 그것은 틀린 것이다'라는 식이다. '여자=교회, 아이=예수님'이라는 주장이 틀렸다며 내세운 논리가 '교회가 어떻게 광야로 도망갈 수 있느냐'는 것과 '그 곳에서 1,260일 동안 양육을 받을 수 있느냐'는 것이다. 기록된 문장 그대로만 받아들여보자. 교회가 광야로 못가나? 그곳에서 1,260일 아니라 12,600일이라도 양육을 받지 못하는가? 모두 가능하지 않은 가? 이 씨는 교회가 움직일 수 없다고 생각한 모양이다. 아마도 '교회 =건물'이라고 알고 있는 듯하다. 그런데 건물도 옮겨질 수 있다. 그렇 지 않은가? 예수님이 자신에게 철장권세를 주는 식이라는 것은 기독 교의 주장 자체를 잘 모르고 한 소리다.

## (1) '아이'는 누구?

그럼 이만희 씨가 주장하고 싶은 '여자'와 '아이'의 의미는 무엇인 가? 먼저 '아이'에 대해서 살펴보자. 이 씨의 주장이다.

> *"본문의 여자가 낳은 아이는 **장차 철장으로 만국을 다스릴 남자라고 한다**(5절). 계시록의 주인공이라 할 수 있는 이 남자는 과연 누구인 가? …철장으로 '만국을 다스릴 남자'는 예수님께서 **계시록 2, 3장 에 약속한 이긴 자'이다.**"(이 씨의 책, p. 254)*

여자가 낳은 아이가 '이긴 자'라고 한다. 계 2~3장에서 이만희 씨는 '이긴자=이만희'라는 논리를 편 바 있다. 그럼 어떻게 되는가. '아이=

이만희'라는 꼴이 된다. 결국 만국을 다스릴 남자는 이만희 자신이라는 주장이다.

이 씨는 계12:5의 '만국을 다스릴 남자'가 왜 느닷없이 계 2~3장의 '이긴 자'와 연결이 되는지 아무런 설명을 하지 않고 있다. 같은 단어가 들어 있는 것도 아니다. 논리상 연결 고리를 찾기도 어렵다. 이 씨는 자신의 주장을 펼칠 때마다 수시로 신구약 성경구절을 인용했다. 그 인용 문구가 자신의 주장을 설명하는 것인지에 대해서는 두 번째로 놓더라도 성경구절 자체를 많이 사용한다는 것이다. 마치 자신의 주장이 성경을 통해 입증된다는 것을 보여주려는 듯이 말이다. 그러나 정작 필요할 때는 해당 성경구절이 없다. 그냥 '내가 그렇다고 하니 그렇다'는 것이다. '아무것도 묻지도 말고 따지지도 말라'는 막무가내 식이다.

오히려 이 씨는 계 12장 본문의 여러 질문들에 대한 답을 내려준다면서 "이 모든 답은 사건의 현장을 본 자만이 알 것이다"며 '경험이 최고'라는 방식으로 해설해 간다(이 씨의 책, pp. 266~267). 이 씨의 성경 해설은 결국 '체험담'에 불과한 것이라는 말인가? '아이=이만희'라는 등식도 그렇게 밖에 주장할 수 없는 것인가?

이 씨가 말하고 싶은 여자의 의미는 또한 무엇인가? 이 씨는 그 의미를 계 14장에서 설명한다며 미루었다. 찾아가보자.

"〈여자의 정체〉. 육적인 여자를 비유한 본문의 여자는 영의 씨를 받아 성도를 전도하고 양육하는 목자를 말한다. 그중에서도 마귀 씨를 받아 마귀의 자식을 생육하는 **거짓 목사를 의미한다.** …본문의 여

자는 일곱 금촛대 교회뿐 아니라 세상 교회들까지도 이방 귀신을 섬
기게 한 거짓 목자요 멸망자이다."(이 씨의 책, 303)

계 14장에서 '여자'에 대해 자세한 설명을 한다고 해서 살펴보았는
데 윗 문장이 대표적이다. 〈여자의 정체〉라는 소제목으로 설명을 해
놓았다. 그가 말하고자 하는 여자의 의미는 무엇인가? 한 마디로 '거
짓 목자'라고 한다. 이때 이 씨는 친절하게도 성경구절 두 개를 인용
했다. 계2:20과 계17:1~5이다. 그 인용문을 통해 본문(12장)의 여자
를 '자칭 선지자', '음녀 바벨론'과 동일한 인물로 소개했다. '여자'라
는 단어의 글자 모양이 똑같으니 그렇게 판단을 한 모양이다.

하지만 틀렸다. 완전히 빗나갔다. 이게 이만희 씨의 성경해설의 한
계다. 단어가 같으면 의미가 같은가? 계 12장의 여자가 계 2장과 계
17장의 여자와 동일한 인물인가? 마치 '눈'(eye)과 '눈'(snow)이 같
다고 주장하는 식이다.

계 12장의 여자가 음녀요, 바벨론이요, 거짓 목자라면, 엄청난 결
과가 뒤따른다. 그 여자에게서 철장권세를 가진 그 '아이'가 나온다
는 말인가? 음녀에게서 만국을 다스리는 남자가 태어난다는 것인가?
그 아이의 뜻이 예수님이 아니라 이만희 씨의 논리대로 이만희 자신
이라고 해 보자. 그러면 이만희 씨는 음녀요, 바벨론이라 불리는 여인
에게서 태어났다는 말이 된다. 그런가? 필자의 논리가 지나친가? 정
말 우스운 결과이다. 어두움의 세상을 물리치기 위해서 그 속에서 태
어난 것이라는 등의 의미 부여가 있을 수는 있을지라도 '음녀 자녀'인
것만은 부인 못하게 되는 셈이다. '기본'이 정말 필요하다.

## (2) '여인'은 누구?

여인과 아이를 상징어로 본 것은 이만희 씨와 정통교회가 동일하다. 그렇다면 좀 더 구체적으로 여인은 누구를 뜻하는 것일까?

먼저 여인이 아이를 낳았다고 하니, 동정녀 마리아라는 생각이 떠오른다. 그렇게 받아들이기가 힘들다. 상징어이기 때문이다. 만약 그렇다면 실제 인물 동정녀 마리아라면 광야에서 1260일 동안 양육받는 것이 무엇을 가리키는지, 또 용이 여자에게 물을 강같이 토하여 그 여자를 떠내려가게 하려 한 것이 무엇을 말하는지에 설명하기 어렵다.

이를 '민족적 이스라엘'이라고 보는 견해도 있다. 많은 가능성이 있어보이는 주장이다. 그러나 계12:5의 "그 보좌 앞으로 올려가더라"는 의미가 메시아의 승천 이후를 가리키고, 6절에서의 양육 받는 기간이 승천 이후인 점이 확실한 것으로 미루어 보아 '민족적 이스라엘'이라는 것도 타당하지 않다(권성수, 〈요한계시록〉, p.269).

계 12장에서는 여인이 1260일 동안 박해를 받는다고 나온다. 계 13장에서는 성도들이 42개월 동안 박해를 받는다는 장면이 등장한다(계13:7, 10). 성도들은 "어린양과 생명책에 창세 이후로 녹명된" 자들로 암시되어 있다(계13:8). 또한 42개월은 교회의 증언기간으로 설명되기도 한다(계11:3).

결국 성경 스스로가 설명하고 있는 '여인'의 의미는 '교회'이지 않겠는가? 42개월, 1260일 그리고 '한 때 두 때 반 때'는 모두 같은 기간으로 그리스도의 승천 이후의 신약시대의 어느 기간을 말한다. 이

기간에 박해 받는 자들이 12장에서는 여인으로, 13장에서는 성도들로 기록되어 있는 것이다.

이 여인이 "만국을 다스릴 남자"를 낳았고 그 아이가 하나님 앞과 보좌 앞으로 올라갔다는 데서 그 아이가 바로 예수 그리스도임이 분명히 드러나 있다(2:27, 19:15, 시편2:9).

결론적으로, '여인=교회, 아이=예수님'이라는 정통교회의 해석을 뒤집어 보려고 했던 이만희 씨의 주장은 기본도 부족한 잘못된 것임을 알 수 있다. 물론 정통교회의 주장에 정면으로 도전장을 내민 용기에 대해서는 다소 박수를 보낼 수 있을 게다. 진리를 위한 도전이라는 측면에서 말이다.

# 28. 계 13장의 배경이 '신천지'라고?
- 요한계시록 13장

'워낭소리'(이충렬 감독)라는 영화를 봤다. 헐리우드식 대형 사이즈와 컴퓨터 그래픽의 화려함에 길들여진 우리네 입에 오랜만에 구수한 청국장이 들어간 듯했다. 바로 이 맛이다.

할머니는 도대체 이해를 못했다. 할아버지(남편)가 논과 밭에 농약을 왜 안치는 지 말이다. "어이구 속 터져. 우리도 농약을 쳐요!"라고 수시로 외치지만 할아버지는 아무런 대답이 없다. 몸도 불편한데 구태여 꼴을 베어다가 소에게 주는 그 모습을 보면 할머니는 답답할 뿐이다.

영화 내용에 대해서 문제를 하나 만들어 보았다.

[질문] 할아버지는 왜 농약을 사용하지 않으려고 할까?
① 할아버지는 농약을 사용할 줄 모른다.
② 풀을 뜯어오는 게 너무도 재미있기 때문이다.
③ 좀 더 효과 좋은 농약 제품을 기다리고 있는 중이다.
④ 농약이 너무도 비싸졌다.
⑤ 할머니와 사이가 좋지 않기 때문이다.

답이 무엇일까? 영화를 안 본 사람이라면 위 예문 중에서 자신이 옳다고 생각하는 답을 소신껏 고를 것이다. 그리고 그 이유에 대해서도 잘 말할 수 있을 것이다. 그러나 영화를 직접 본 사람이라면 영화가 말하고자 하는 답을 알게 된다.

이만희 씨의 책<천국비밀 요한계시록의 실상>을 읽다보면, 꼭 그가 영화를 관람하지 않은 채 위 문제의 답을 고르고 있다는 인상을 받는다. 영화 자체가 말하고 싶은 정답보다는 자신이 생각한 답을 말하고 있는 듯하다. 또한 '꿈보다 해몽'식으로 이런 저런 이유를 들면서 자신의 답이 옳다고 주장하고 있다.

그의 해설을 직접 살펴보자. 이 씨는 요한계시록 13장을 해설한다고 하면서 다음과 같은 자신의 생각을 전제로 했다.

> "해설에 앞서 다시 한 번 말하거니와 본문의 사건의 현장은 장막성전이지, 전 세계가 아니다. 이 점을 기억하면서 육백육십육 표가 무엇인지 알아보자."(이 씨의 책, p.288)

'본문의 사건의 현장'은 성경 요한계시록 13장의 배경을 언급하는 말이다. 이 씨가 언급하는 좀 더 구체적인 구절은 계13:16~18절이다. 이러한 성경의 사건현장, 즉 배경이 '장막성전'이라고 한다. 이 씨가 말하는 '장막성전'이란 현재 자신의 단체(신천지예수교증거장막성전)의 전신을 일컫는 말이라 할 수 있다.

그 장막성전의 이야기가 요한계시록 13장 '본문의 사건 현장'이라고 한다. 과연 그런가? 이만희 씨가 말하고 싶은 그 배경, 즉 사건 현장이라는 내용을 요약 정리해 봤다.

　장막성전은 1966년 자칭 재림예수 유재열(당시 17세) 씨가 세운 것이다. 자칭 보혜사 성령, 어린 양 등으로도 불린 유재열 씨는 1960~1970년 대의 대표적인 이단자 중 한 사람이었다. 그 장막성전이 큰 변화를 맞았다. 지난 1975년 9월 유 씨는 한 사기 사건과 관련된 것을 계기로 잠적하게 되었다. 미국 유학설도 있었지만 자세한 것은 알려지지 않았다. 그와 동시에 오평호 씨가 등장했다. 그는 장막성전을 해산시켰다. 단체 이름도 장막성전에서 다른 이름으로 바꾸었다. 그것으로 장막성전은 붕괴의 수순을 밟는 것으로 보였다. 그러나 유재열 씨의 추종자들은 반발했다. 이만희 씨도 마찬가지였다. 그들은 삼삼오오 떨어져 나가, 자신이 장막성전의 전통을 이어받는다며 각각의 단체를 세웠다. 이만희-신천지예수교증거장막성전, 홍종효-증거장막성전, 심재권-무지개증거장막, 정창래-성남장막성전 등이 그것들이다. 특히 이만희 씨와 홍종효 씨는 7년간 함께 활동하기도 했다. 그러나 지금은 헤어진 상태다. 서로 자신이 정통 장막성전의 맥을 이어받았다고 주장하고 있는 중이다(장운철, '장막성전의 후예들', 월간 〈교회와신앙〉 1995년 4월호, 참조).

　이 씨는 위의 자신들의 역사(?)가 정말 성경의 요한계시록 13장의 배경이라고 생각하는가? 그를 따르는 추종자들도 그렇게 생각하는가? 만에 하나 이만희 씨의 주장이 사실이라고 가정해 보자. 그러면 또 이러한 문제가 발생된다. 정통 장막성전의 맥을 잇는다고 하는 이는 누구인가? 이만희 씨인가? 아니면 홍종효 씨, 심재권 씨, 정창래 씨인가?

그럼 요한계시록 13장의 배경이 장막성전임을 전제로 한 이만희 씨의 성경해설을 직접 살펴보자. 이 씨는 '땅에서 올라온 짐승'(계 13:11)을 설명한다면서 그 짐승을 정통 장막성전의 맥에서 벗어난 자들로 보고 있다.

> "땅에서 올라온 짐승은, 마치 장막성전의 교주가 마치 영적인 가 나안 일곱 족속에 비교할 수 있는 세상 목자 일곱과 하나가 되어 낳 은 영적 아들이요, 자신의 치리권을 넘겨준 자이다. 장막성전의 당 회장이 된 땅에서 올라온 짐승은 자신뿐 아니라 배도한 장막성전의 성도들로 하여금 영적 이방인 세상 교단 일곱 목자와 마귀를 섬기게 하며 그들의 교리와 교법으로 안수하고 선서하며 예배하게 하였다" (이 씨의 책, p. 291)

이만희 씨는 성경에서 말하는 '땅에서 올라온 짐승'(계13:11)을 과 거 장막성전의 당회장으로 올라온 '누구'라고 한 사람을 찍어서 언급 하고 싶어 한다. 이 씨는 '땅에서 올라온 짐승=장막성전 출신 목자'라 고 거듭 표현을 하기도 했다(이 씨의 책, p.185). 필자는 이 씨가 누구 를 말하고 싶어 하는지 짐작을 할 수 있다. 필자뿐 아니다. 장막성전 에 대해서 어느 정도 그 역사를 알고 있는 자라면 누구든지 감을 잡을 수 있을 것이다. 그가 장막성전을 개혁한다는 명분 아래 장막성전을 해체시켰기 때문이다. 물론 그로 인해 장막성전이 개혁되었다고 말 하기는 힘들다.

누군가 필자를 향해 '이만희 씨에 대한 선입견이 있는 게 아니냐'라며 반문을 할지도 모르겠다. 이 씨를 비판해야 하는 입장에서 그렇게 오류를 범할 수도 있으니 조심하라는 충고로 받아들이고 싶다. 그 짐 승이 했다는 일에 대한 이 씨의 설명을 들으면 조금 더 필자를 향한 오해가 풀릴 듯싶다. 이 씨의 주장을 계속해서 살펴보자.

> "짐승은 하늘 장막 성도와 싸워 이긴 후 또 용에게 각 족속과 백 성과 방언과 나라를 다스리는 권세를 받는다(7절). 짐승이 성도들과 싸워 이긴 무기는 '교권'이다. 이들은 자신들이 가진 낡고 부패한 전 통을 정통인 양 앞세워 하나님께서 세우신 장막과 성도를 대적한다. 예컨대 총회장, 노회장과 같은 교권을 가지고, 옛날 서기관과 바리새 인처럼 하늘 장막을 이단이라 규정한다."(이 씨의 책, p.181)

이 씨는 짐승에 의해서, 구체적으로는 짐승이 휘두르는 교권에 의 해서 자신들이 '이단'으로 규정되었다고 말하고 싶어 한다. '교권을 무기삼아 하나님의 장막을 이단이라 했다'(이 씨의 책, p.293)는 것 이다.

이렇듯 '성경의 배경=장막성전의 역사'라는 식의 비상식적, 비성경 적인 이만희 씨의 성경해설은 어디에 근본 원인이 있을까? 물론 그가 근본적으로 올바른 '믿음'이 있는지부터 살펴보아야 할 일일 것이다. 그런 후 '예수님에 대해서', '인간에 대해서' 등 몇 가지 그의 생각을 살펴보면 될 일이다.

그런데 이번 그의 글에서 작은 단서를 하나 발견할 수 있다. 그가 왜 이렇게 엉뚱한 해설을 하게 되는지에 대해서 말이다. 흔히 '짝 맞추기'의 함정에 **빠져** 있기 때문이다. 성경에 같은 단어가 나오면 그것이 모두 같은 의미이거나 내용을 뒷받침해 주는 것인 줄로 오해를 해 차용해서 쓰는 오류를 말한다. 이 씨가 실수한 예를 직접 살펴보자.

이 씨는 '666'(계13:18)을 해설한다며 그 의미를 '땅에서 올라온 짐승이 소유하고 있는 지식의 분량'이라고 규정했다(이 씨의 책, p.191). 그렇게 결정을 내린 이유에 대해서 이 씨는 "본문의 666(육백육십육)은 솔로몬이 받은 세입금의 무게에서 따온 것(이다)"며 자신있게 설명했다. 자신의 주장을 뒷받침해 줄 것이라며 역대하9:13의 성경구절을 언급하기도 했다.

관주 등을 이용해 성경의 다른 본문에서 설명하고 있는 것을 살피는 방식에 대해서는 칭찬해 주고 싶다. 그러나 이 씨는 '666'이라는 단어의 함정에 **빠지고** 말았다. 단어가 같다고 그 본문이 의미하는 바가 동일한 것은 아니기 때문이다. 본문의 내용을 기본적으로 잘 살펴보아야 한다. 당연한 것 아닌가?

이 씨는 666을 '솔로몬이 받은 세입금의 무게'라고 했다. 그가 자신의 주장을 뒷받침해 줄 것이라고 제시한 역대하 9:13절을 직접 살펴보자.

"솔로몬의 세입금의 중수가 육백육십륙 금 달란트요"(대하 9:13)

여기까지 보면 이 씨가 인용한 것이 맞는 듯 보인다. 그러나 그 뒤한 절만 더 살펴보자.

*"그 외에 또 상고와 객상들의 가져온 것이 있고 아라비아왕들과*
*그 나라 방백들도 금과 은을 솔로몬에게 가져온지라"(대하 9:14)*

솔로몬이 받은 세입금은 666 달란트가 전부는 아니다. '상고와 객상'들로부터 세입금을 더 받았다고 성경은 말하고 있다. 또한 아라비아와 다른 나라로부터 온 것도 빠졌다. 대하9:13과 9:14은 연결된 문장이다. 즉 의미가 끊어지지 않고 계속 흐르고 있다는 말이다. 영문성경으로 살펴보면 그 구조다 확연히 잘 드러난다. 살펴보자.

*"The weight of the gold that Solomon received yearly was 666
talents(한글성경에서는 여기까지가 13절이다), not including the
revenues brought in by merchants and traders. Also all the kings
of Arabia and the governors of the land brought gold and silver
to Solomon."(역대하 9:13~14, NIV)*

정리해보자. 이만희 씨는 요한계시록의 '666'(계 13:18)을 역대하 '666'(대하 9:13)과 같다고 보았다. 물론 같은 단어가 나온다. 그것은 사실이다. 그러나 '666=솔로몬이 받은 세입금'으로 해설한 점은 올바르지 않다. 성경을 너무 단순하게 본 것이다. 단어 짝 맞추기의 함정에 빠진 것이다. 그런 그에게 필자가 '솔로몬의 세입금'이 어떻게 '짐승이 소유한 지식의 분량'의 의미에 해당되는 것인지 질문하면 실례가 될까? 그가 힘들어하지 않을까?

영화 '워낭소리'를 관람하면 감독이 전해주고자 하는 몇 가지 메시지를 발견하게 된다. '농약을 치면 소가 그 풀을 먹고 죽는다'는 충고가 그중 하나다. 또한 묵묵히 일을 하는 소를 보면서 '사람보다 낫다'는 생각이 들게 된다. 아무리 못났어도 소보다 못한 사람이 있겠는가? 그렇지만 그런 생각이 자꾸 든다. 영화 자체가 주는 메시지에 귀를 기울이면 영화가 더 재미있어 진다.

# 29. 이만희 씨에게 성경을 배워야 한다고?
### - 요한계시록 14장

이만희 씨는 자기에게 와서 성경을 배워야 한다고 주장한다. 그래야 올바른 성경을 배울 수 있으며 심지어 구원도 받을 수 있다고 말한다. 이 씨는 요한계시록 14장을 해설한다면서 그의 책 〈천국비밀 요한계시록의 실상〉을 통해 자신의 '착각'을 다음과 같이 말하고 있다. 들어보자.

> *"짐승과 우상에게 경배하고 육백육십육 표를 받은 자는 하나님의 진노의 포도주를 마시고 불과 유황으로 고난 받는다고 한다. 그러나 계시록이 기록된 지 어언 이천 년이나 되었고 수많은 목자와 신학박사와 신학교가 있었는데 왜 이러한 문제를 가르쳐 주는 곳은 어디에도 없었는가?"*(이 씨의 책, p.307).

그렇다. 정말 이 씨의 주장대로 수많은 신학교와 신학박사가 지구상에 존재해 왔는데 이 씨와 같은 요한계시록의 해석과 주장(핵심적으로 '이만희=보혜사')을 하지 못했을까? 왜 그랬을까? 모든 신학박사들이 잘못되었기 때문일까 아니면 이만희 씨가 잘못되었기 때문일까? 이 씨는 신학박사의 탓이라고 말하고 싶어 한다. 과연 그럴까? 계속된 이 씨의 주장을 살펴보자.

> "그러므로 지상 모든 목자와 성도는 약속한 본장 말씀을 시인해야 하며 구원의 처소로 추수되어 갈 수 있도록 추수꾼 목자를 찾아야 한다. …잠자는 신앙인이 되지 말고 성경을 통달한 약속한 목자를 만나 이 모든 것을 증거받기 바란다.(계 10:8~11)"(이 씨의 책, p.317)

이 씨가 신학박사의 탓이라고 돌릴 수 있다고 생각한 이유는 자신이 바로 '성경을 통달한 자'라고 주장하기 때문이다. '나는 성경을 통달한 자이다'라는 주장이 과연 이만희 씨의 입에서 나올 수 있을까? 요한계시록 14장의 그의 해설을 분석함으로 성경을 통달했다는 그에게 성경을 배울 수 없는 몇 가지 이유를 밝혀보도록 하자.

## (1) '새 노래' 때문이다

먼저 본고를 읽는 독자 제위께 필자가 질문을 하나 던지겠다. 일반 기성교회 목회자나 성도이든 이만희 씨를 추종하는 이든 상관없다. 앞서 한 번 언급했던 내용을 좀 더 자세히 살피려 한다.

[질문] 요한계시록에 나타나는 '새 노래'란 무엇인가?
① 새(bird)가 부르는 노래

② *새롭게 작곡된 현대 노래*

③ *이만희 측 단체와 관련된 노래*

④ *'예수=구원자'만을 높이는 찬양 노래*

쉬운가? 아니면 어려운가? 만약 답을 잘 모르겠거든, 긴 문장의 것을 고르는 게 힌트(?)다. 물론 이만희 씨는 3번을 택할 것이다. 또한 이 씨를 추종하는 자들이 동일한 번호를 택하기를 원할 것이다. 그러나 답은 4번이다. 새(bird)가 부르는 노래는 아니다. 단지 새롭게 작곡 작사된 곡을 의미하는 것도 아니다. 이만희 씨처럼 어느 특정인을 염두에 둔 노래는 더더욱 아니다. 새 노래란 어린양의 노래이다. 이전에 없었던 새로운 노래, 구원의 노래이다. 우리 죄를 위해 죽으시고 부활하신 예수 그리스도만을 찬양하는 노래인 것이다.

이만희 씨는 '새 노래=이만희 교리'라고 주장한다. 황당하다. 위 문제에서 이 씨는 3번을 택한 것이다. 어이가 없다. 차라리 1번을 고르는 게 더 낫지 않을까? 3번을 택한 이 씨의 주장들을 직접 살펴보자.

> *"본문의 새 노래는 '신약 성경의 예언이 응한 것을 알리는 새 말씀'을 가리킨다. 하나님께서는 이스라엘 출애굽 때 몸소 행하신 일을 후세대가 기억할 수 있도록 친히 노래를 지어 부르게 하셨으니(신 31:19, 21~22) 신명기 32장에 기록된 말씀이 그 노랫말이다."(이 씨의 책, p. 301)*

위 해설에서 이 씨는 '새 노래=새 말씀'이라고 했다. 여기까지 보면 특별하지 않은 것처럼 보인다. '새 말씀'이 우리네가 이해하는 '예수 그리스도의 말씀'으로 이해할 수 있기 때문이다. 그러나 이 씨는 자신이 부른다는 새 노래가 기성교회의 그것과 다르다고 말한다. 그것 때문에 '이단'소리를 들을 수 있다며 마치 자랑이라도 하듯 떠든다. 기성교회는 틀렸고 자신들이 옳다고 한다. 계속 그의 주장들을 들어보자.

> "본문의 시온산을 모르는 자는 새 노래가 자신들의 교리와 맞지 않는다는 이유로 이단이라 정죄할지도 모른다(행 7:51~54). 그러나 시온산의 새 노래는 하나님의 보좌와 네 생물과 장로들 앞에서만 배울 수 있는 것이므로 '정통 진리의 말씀'이며, 일반 기성 신학교에서 자칭 신학(神學)이라는 이름으로 가르치는 인학(人學)과는 견줄 바가 되지 않는다. 성경을 잣대로 삼아 공평한 판단을 하는 자라면 무엇이 정통이며 무엇이 이단인지 분별할 수 있을 것이다."(이 씨의 책, p. 302)

그렇다면 성경 계14:3의 '새 노래'는 과연 무슨 뜻일까? 계14:3은 그 앞선 구절인 계14:2와 연결된다. 다시 말해 '새 노래'는 '많은 물소리, 큰 뇌성소리, 거문고 타는 소리'와 관련이 있다는 것이다(본 책 23장, '뇌성과 음성'이 뜻하는 바는? 참조). 성경본문을 살펴보자.

> "내가 하늘에서 나는 소리를 들으니 많은 물소리도 같고 큰 뇌성도 같은데 내게 들리는 소리는 거문고 타는 자들의 그 거문고 타는 것 같더라"(계14:2)

*"저희가 보좌와 네 생물과 장로들 앞에서 새 노래를 부르니 땅에*
*서 구속함을 얻은 십사만사천 인밖에는 능히 이 노래를 배울 자가*
*없더라"(계14:3)*

계14:2의 '많은 물소리, 큰 뇌성소리, 거문고 타는 소리'는 우주적
방대성과 위엄찬 화음을 상징한다. 다시 말해 요한이 하늘에서 들려
오는 소리를 들었는데 그 정도가 엄청나게 크고 위엄이 있었다는 것
을 말하고 있다(권성수, p.306). 이러한 소리가 단순히 '화음'으로만
그치는 것이 아니라 '내용'을 가진 찬양으로 이어지는데 그것이 바로
'새 노래'다. 크고 웅장하고 위엄이 있는 예수님이 그리스도임을 찬양
하는 노래가 바로 그것이다.

그런데 이만희 씨는 하늘의 소리인 뇌성을 자신의 입을 통해서 나
오는 말로 설명한 적이 있다. 이 씨는 계 8장을 설명하면서 천사가 향
로를 땅에 쏟을 때 뇌성이 나타나는데 그 뇌성이 바로 약속한 목자,
즉 자신의 입에서 나오는 말이라고 했다. 성경과 그의 주장을 직접 살
펴보자.

*"천사가 향로를 가지고 단 위의 불을 담아다가 땅에 쏟으매 뇌성*
*과 번개와 지진이 나더라"(계8:5)*

*"계시록의 성취 때에는 본문의 천사가 금 향로와 같은 약속한 목*
*자의 마음에 말씀의 불을 담아 일곱 금 촛대 교회의 성도들에게 쏟*
*아 심판한다. 그럼 본문 금 향로의 불을 쏟을 때 나는 뇌성과 음성과*

> 번개와 지진은 무엇인가? 뇌성과 음성은 약속한 목자의 입을 통해
> 나오는 진노의 하나님 말씀을 가리키며 …본문의 진노의 말씀을 금
> 향로와 같은 목자의 마음에 담아 쏟으니 뇌성과 같은 하나님의 말씀
> 이 나오고 …"(이 씨의 책, p.177)

이 씨는 계 8장을 해설한다면서 하나님께서 진노의 말씀을 자신에게 주었는데 그것이 '뇌성'과도 같다고 표현했다.

다시 본문 계14:2로 돌아오자. 이 씨는 '많은 물소리, 큰 뇌성소리, 거문고 타는 소리'가 시온산에서 들려온다고 했다. 그럼 그 시온산은 어디라고 말하고 있는가? 이 씨는 그 시온산은 "영적 새 예루살렘 열두 지파를 의미한다"고 했다(이 씨의 책, p.300). 영적 새 예루살렘이란 이만희 씨의 단체 또는 이만희 씨를 추종하는 자들을 말한다고 했다(본 책 22장 참조).

결국 이만희 씨는 자신의 입을 통해서 '새 노래'가 나온다고 주장하고 있다. 그것 때문에 이 씨가 '이단'이라는 소리를 듣게 되는 것이라고 말한다. 마치 이 씨를 이단이라고 말하는 이가 성경을 몰라서 그렇게 말하는 것처럼 언급을 한다. 그럼 이만희 씨가 이단이 아니라는 말인가?

계14:1의 '시온산'은 이 땅의 어느 특정한 장소를 언급하는 것이 아니다. 하늘에 있는 장소를 뜻한다. 그 결정적인 증거가 있다. 1절에 어린 양과 함께 십사만사천명이 시온산에 서 있는 장면이 나온 다음 바로 2절에 "하늘에서 나는 소리"가 언급되어 있다. 3절에서 "저희가 보좌와 네 생물과 장로들 앞에서 새 노래"를 부르는 장면이 나온다. '보

좌와 네 생물과 장로들'은 계 4~5장에 의하면 하늘에 있는 모습이다. 따라서 시온산을 이 땅 위의 특정한 장소로 보는 것은 타당하지 않다. 더욱이 이만희 씨의 단체로 설명하려는 것은 크게 잘못된 일이다.

## (2) '자금 이후 죽은 자' 때문이다

이만희 씨의 요한계시록 해설을 읽다보면 종종 '이 씨에겐 상식이 있는가?'를 의심하게 된다. 바로 요한계시록 14:13에 대한 그의 해설을 읽을 때도 그러했다. 아무렇게나 해설해도 자신을 따르는 이들은 다 그렇게 믿어줄 것이라는 굳은 확신이 있기 때문일까? 계14:13에 대한 성경구절과 이 씨의 해설을 살펴보자.

> "또 내가 들으니 하늘에서 음성이 나서 가로되 기록하라 자금 이후로 주 안에서 죽는 자들은 복이 있도다 하시매 성령이 가라사대 그러하다 저희 수고를 그치고 쉬리니 이는 저희의 행한 일이 따름이라 하시더라"(계14:13)

> "'지금부터'라는 뜻의 자금(自今) 이후는 멸망의 기간인 마흔 두 달이 지난 뒤를 말하며, 자금 이후 주 안에서 죽은 것은 '죄'이다"(이 씨의 책, p.309)

성경 본문은 '복'에 대해서 초점을 맞추고 있다. 특히 요한계시록에 나타난 7복(1:3, 14:13, 16:15, 19:9, 20:6, 22:7, 22:14) 중의 두 번째 복에 해당되는 구절이다. 영어성경을 보면 보다 분명하게 드러난다.

> *"Then I heard a voice from heaven say, 'Write: Blessed are the dead who die in the Lord from now on.' 'Yes', says the Spirit, 'they will rest from their labor, for their deeds will follow them.' "* (계 14:13, NIV)

위 본문은 '복이 있도다'(Blessed)는 선언에서부터 역시 시작된다 (본 책 6장 참조). 누가 복이 있다는 것인가? '주 안에서 죽은 자들'이 다. 죽은 자들이 복되다는 말이다. 이만희 씨의 말대로라면 죽은 것은 '죄'인데 그럼 그 '죄'가 복이 있다는 꼴이 된다.

'죽는다'는 것에 대해서 본문은 '노동으로부터의 쉼'(they will rest from their labor)이라고 설명을 하고 있다. 그리고 그것은 성령께서 하시는 말씀이다. 신자들이 이 땅에서의 수고를 그치고 이제는 천국 의 안식에 들어감을 의미하는 것이다. 그것이 복이라고 하는 말이다.

이만희 씨는 "사도 바울처럼 매일 죽으며 주를 위해 일하는 사람은 역대 모든 이보다 복된 자이다"는 말로 복을 설명하려고 하고 있다 (이 씨의 책, p.310). 그러나 그러한 식의 해설도 권장할만하지 않다. 성경 본문의 죽음이 일반적인 그리스도와의 연합을 의미한다기보다 는 '순교'를 말하고 있기 때문이다.

이만희 씨의 '착각'이 더 이상 다른 이들에게 전염되지 않기를 바랄 뿐이다.

# 30. 계 15장의 무게중심을 아는가?
### – 요한계시록 15장

    삼각자의 무게중심을 어떻게 구할까? 중고등학교 때 배우는 수학 문제다. 그 무게중심에 손가락을 대고 그 삼각자를 위로 들어 올리면 삼가자는 손가락 위에 똑바로 서 있게 된다. 어떠한 크기의 삼각형 물체에도 모두 적용이 된다. 무게중심이 바로 그런 역할을 한다. 그 무게중심은 삼각형 세 각의 이등분선이 동시에 만나는 점, 바로 그곳이다. 삼각형 자를 가지고 실험을 해 볼 수 있다.

    성경에도 무게중심이 있을까? 성경책을 손가락으로 들어 올리는 중심 말고 성경이 스스로 말하고자 하는 핵심 내용 말이다. 성경에도 무게중심이 있다. 그것은 바로 '예수 그리스도'이다. 그것이 전부이다. 그것에 '+알파'가 붙어서는 안 된다. 어떤 사상이나 특별한 존재의 인간 등이 전혀 필요 없다.

    성경의 무게중심이 예수 그리스도라면, 요한계시록의 무게중심은 무엇일까? 동일하다. 예수 그리스도이다. 그럼 계 15장의 무게중심은 무엇일까? 다르지 않다. 예수 그리스도이다. 따라서 성경 어느 곳을 해석할 때도 그 중심은 통하게 되어 있다.

    그러나 이만희 씨의 책 〈천국비밀 요한계시록의 실상〉을 보면 무게중심이 비뚤어진 것을 볼 수 있다. 계 15장의 그의 해설 장면에서도 잘 나타난다. 마치 삼각형의 어느 한 쪽 각을 제대로 이등분하지 않은 것과 같다. 그래서 삼각형 자를 들어 올리면 자꾸 한쪽 편으로 기울어지게 되는 것을 보게 된다.

계 15장에 나타난 이 이 씨의 비뚤어진 무게중심은 무엇인가? '유리 바다'와 '증거장막성전' 등의 단어에서 찾아볼 수 있다. 살펴보자.

## (1) '유리 바다=하나님의 말씀'이라고?

이 씨는 계15:2의 '유리 바다'를 요한계시록 15장의 무게중심 중 하나로 보고 있다. 이 씨는 15장을 5단락으로 나누어 해설을 했다(1절, 2절, 3절, 4절, 5~8절). 이 씨는 2절에서 언급된 유리 바다를 매 단락 해설할 때마다 언급했다. 그리고 그 단락의 내용과 연관시키려고 노력했다. 그가 중요한 여기는 강조점이라고 말할 수 있다.

이 씨는 '유리 바다=하나님의 말씀'이라고 정의했다. 그는 이러한 자신의 해설이 옳다는 것을 입증이라도 하듯 구약의 '물두멍'과 '유리 바다'를 연결시키려고 했다. 아래와 같다.

> "모세가 만든 물두멍은 수족을 씻어 깨끗케 하는 도구였으나 영계 하나님의 유리 바다는 우리 속사람을 씻어 정결케 하는 '하나님의 말씀'이다."(이 씨의 책, p. 324)

물두멍은 구약의 제사 때 필요한 도구이다. 그럼 요한이 환상 중에 본 하늘의 유리 바다도 그런 도구일까? 이 질문에 'yes'라는 답이 나와야 이 씨의 주장대로 유리 바다의 역할을 '속사람을 씻어 정결케 하는 것'이라는 설명이 가능해진다. 한 번 더 양보해서 이 씨의 주장이 맞다고 해보자. 그 다음 정결케 하는 것으로 하나님 말씀을 들었는데 그 부분에 대한 연결점도 없다. '세례, 회개, 성령충만, 찬양, 기도 등' 많은 요소들도 정결케 하는 도구로 사용될 수 있다. 물론 하나님 말씀도 해당된다. 문제는 '왜 하나님의 말씀이어야 하는가' 이다. '그냥 그렇다'는 식의 이 씨의 해설은 계속된다.

이 씨는 계15:2의 '거문고'를 '성경책'이라고 해설했다. 그는 '이미 계5:8~9, 14:2~3에서 밝혔다'고 덧붙였는데 그곳에 기록된 그의 해설을 들춰봐도 '그냥 그렇다'는 식이다.

계15:2의 '유리 바다'는 과연 무슨 의미를 가지고 있는 것일까? 유리 바다는 하나님의 영광과 위엄의 상징이다. 유리 바다는 이미 계 4장에 기록되었다. 하나님의 보좌 장면을 언급하는 중에 나타난다. 하나님 보좌의 어떠함을 기록하는 가운데 유리 바다가 등장한다. 그러니 문맥의 자연스러운 흐름을 따르면 유리 바다는 하나님의 보좌의 어떠함을 드러내기 위한 의미를 가진다. 같은 방식으로 '거문고'도 해석하는 게 옳다. 하나님을 섬기고 찬양하기 위한 것이 거문고 악기의 역할이다(참고 대상16:42). 이미 계5:8의 4생물과 24장로들도 그러한 의미로 사용했으며, 시온산의 14만4천명도 마찬가지이다(계14:2).

그런데 계4:6절에서는 '수정 같이 맑은 유리 바다'로 나오는데 계

15:2에서는 '불이 섞인 유리 바다'로 나타난다. 왜 그럴까? 곧 쏟아지게 될 7대접의 심판을 암시한다고 보는 것이 타당하다(권성수, p.319).

사실 계15:3~4의 무게중심은 '찬양'이라 보는 게 좀 더 정확하다. 바로 '그분'을 찬양하는 장면이다. 본문은 찬양의 제목이 무엇이며, 누구를 찬양해야 하는 것이며, 어떤 태도로 찬양을 해야 하는가에 대해서 구체적으로 그리고 깊이 있게 설명하고 있다. 이것이 계 15장 전체의 무게중심이 되기도 한다.

찬양의 제목이 바로 '모세의 노래' 즉 우리의 구원자인 '어린양, 예수 그리스도'의 노래이다. 이만희 씨는 '모세의 노래=구약성경의 말씀', '어린양의 노래=신약성경의 말씀'이라는 식으로 어떤 도표를 만들어 보려고 했는데 그것은 '착각'이다. 이 씨의 눈에는 '전능하신 이시여'라는 찬양의 폭발음이 들이지 않는가? 그것이 계 15장 무게중심 중의 핵심이지 않겠는가?

## (2) 증거장막성전이 이 땅에 있다고?

이만희 씨가 계 15장에서 무게중심으로 삼고 싶은 또 하나의 주제가 있다면 '증거장막성전'이다. '유리 바다'보다 더 많이 사용된 용어이다.

이 씨가 말하고 싶은 것은 계 15장에 등장하는 '증거장막성전'이 바로 이 땅에 존재하는 자신들의 단체라는 것이다. 그리고 유대교, 가톨릭, 개신교도 아닌 자신들만이 유일한 정통이라고 말한다. 필자가 억지로 하는 말이 아니다. 이 씨의 주장이다. 해괴한 그의 말을 직접 들어보자.

"이긴 자를 중심으로 세워지는 증거장막 성전은 하나님의 마지막 역사인 계시록 성취 때에 창조되므로 이전에 세워진 여느 성전과는 달리 영원히 이 땅에 존재한다."(이 씨의 책, p.329)

"본장에서 특별히 기억해야 할 것은 증거장막 성전은 약 이천년 전에 '예수님께서 미리 이름까지 지어 놓으신 약속한 성전'이라는 사실이다. 그러므로 증거장막 성전은 성경에 약속하지 않은 지구촌 모든 교회와는 감히 비교조차 할 수 없는 '참 정통'이다."(이 씨의 책, p.330)

"그러므로 하나님께서 떠난 유대교도, 가톨릭도, 개신교도 더 이상 자칭 정통을 주장할 것이 아니라 하나님께서 창조하신 증거장막 성전만이 유일한 정통임을 깨달아야 한다."(이 씨의 책, p.330)

"장로교, 감리교, 침례교, 성결교 등과 같은 큰 교단에 속하지 않았다고 하여 '오직 하나님과 예수님께 속한 증거장막 성전'을 이단이라 하는 사람은 성경의 '성'자도 모르는 자요 계시록의 '계'자도 모드는 자이다. 아니면 교권을 앞세우며 예수님을 찌르거나 사도들을 죽인 귀신들린 자들일 것이다."(이 씨의 책, p. 331)

위의 4가지 인용문 중 먼저 두 번째 것부터 살펴보자. '증거장막 성전'이라는 이름은 약 이천년 전에 예수님이 직접 지어 주셨다고 했다. 그런가? 계 15장에 그 용어가 나왔기 때문일 것이다. 계 15장을 해설하면서 한 말이니 당연하다.

이만희 씨의 주장이 설령 맞다고 다시 한 번 가정해보자. 계 15장의 그 단체 명을 약 2천년 전에 예수님께서 미리 직접 지어주신 것이라고 해보자. 그리고 성경을 좀 더 큰 눈을 뜨고 다시 한 번 읽어보자. 매우 흥미로운 점을 발견할 수 있다.

> "또 이 일 후에 내가 보니 하늘에 증거장막의 성전이 열리며"(계 15:5)

이 씨의 말대로 예수님이 직접 지어주신 이름은 '증거장막의 성전'이다. 그러나 지금 이 씨가 주장하고 있는 이름은 '증거장막 성전'이다. 같은가? 아니다. '의'자가 빠졌다. 예수님이 직접 지어주신 이름 중 한 글자가 빠진 것이다. 어떻게 이런 일이 발생했을까?

이 씨의 주장대로 하면 이 씨 자신의 단체는 약 이천년 전에 예수님께서 직접 지어주신 이름의 단체가 되지 못한다. 정말 아이러니가 아닐 수 없다.

위의 인용문 중 3~4번째 것을 다시 보자. '장로교, 감리교, 침례교, 성결교 등과 같은 큰 교단에 속하지 않았다고 하여' 이단이라 규정했다고 이 씨는 매우 불쾌해 했다. 이만희 씨가 한국교회 주요 교단으로부터 '이단'으로 공식 규정된 것은 사실이다. 그 규정된 이유가 어떠한지 이 씨는 제대로 읽어보기나 했는가? 위에 언급한 교단에서 이 씨 자신을 이단으로 규정할 때 큰 교단에 소속되지 않았기 때문이라고 했는가?

주요 교단의 이만희 씨 이단 규정 공식 이유는 다음과 같다. 다시 한 번 잘 살펴보기를 바란다. 무엇 때문에 이단이라고 했는지 말이다.

> "이만희 씨는 장막성전(당시 교주 유재열) 계열로서, 그가 가르치고 있는 계시론, 신론, 기독론, 구원론, 종말론 등 대부분의 교리는 도저히 기독교적이라고 볼 수 없는 이단이다."(예장통합 제 80회 총회, 1995년)

> "그들은 성경을 단순 임의적으로 해석하는 자들로서 전통 성경해석 원리를 근본적으로 무시한 자들이다. 그들은 성경을 비유적 개념으로만 풀어 나아가려고 하는 매우 무지한 소치를 취하고 있는 자들이다. 등등"(예장합동 제 80회 총회, 1995년)

큰 교단에 속하지 않았기 때문에 이단으로 몰렸다는 식은 착각에 불과하다. 한 마디로 성경을 올바르게 해석하지 못하기 때문에 이단으로 규정받은 것이다.

다시 위의 인용문 중 첫 번째 것을 살펴보자. 이 씨는 성경 본문의 '증거장막 성전'을 이 땅에 있는 자신들의 단체와 연결시켰다. 과연 그런가? 역시 성경을 제대로 살펴보면 알 수 있다.

*"또 하늘에 크고 이상한 다른 이적을 보매…"(계15:1)*

*"또 이 일 후에 내가 보니 하늘에 증거장막의 성전이 열리며…"(계 15:5)*

계 15장은 요한이 하늘의 무엇을 보는 것으로 시작된다. 15:5도 마찬가지다. 이는 처음이 아니다. 요한은 수시로 그러한 하늘 장면을 보고 그것을 기록하고 있다(계12:1, 12:3 등). 15:5에도 성경은 분명히 그것을 언급하고 있다. "하늘에 증거장막의 성전이 열리며…"이다. 증거장막의 성전이 하늘에 있는 것임을 말하고 있다. 요한은 그것을 본 것이다. 곧 쏟아지게 될 7대접의 재앙이 시작되기 전의 상황을 말해주고 있다. 그 재앙을 앞두고 2~4절까지는 유리 바다에서의 승리의 노래, 즉 전능하신 하나님의 찬양이 막간을 통해서 우렁차게 흘러나오고 있는 장면이다.

성경을 있는 그대로 읽자. '증거장막의 성전'이 하늘에 있다고 성경이 분명히 말하고 있는데 느닷없이 왜 이 땅에 있다고 또 그것이 자신들의 단체라는 식으로 주장하는가? 필자가 그 의미를 모르고 성경을 단순하게 봐서 그렇다고 말하겠는가? 그렇다고 한다면 계15:5 전후 문맥의 주해를 조금 더 해 줄 수도 있다. 성경이 스스로 무엇이라고 언급하고 있는가에 대해서 말이다.

다시 한 번 눈을 감았다가 뜬 후, 계 15장을 '쭉–' 읽어보자. 그리고 '성경 자체가 말하고자 하는 무게중심은 어디에 있는지, 성경은 무엇을 말하고자 하는 것인지' 등에 초점을 맞추어 보자. 무엇이 보이는가? '유리 바다'나 '증거장막성전' 등과 같은 것이 보이는가 아니면 '전능하신 하나님'이 보이는가?

# 31. '7대접'의 숨은 의미가 그것?
### - 요한계시록 16장

    놀부는 욕심이 많다. 가진 것이 많았음에도 더욱 가지려고 한다. 심지어 가난한 동생 흥부의 것도 탐을 낸다. 이야기의 마지막에서 결국 착한 동생 흥부는 행복하게 되고 악한 놀부는 큰 반성의 시간을 갖게 된다. 우리가 잘 아는 흥부전의 내용이다.

    흥부전은 '권선징악'이라는 주제를 갖고 있다. '착함'을 권장하고 '악함'에 징계를 내린다는 고전 소설의 대표적인 이야기다. 어릴 때부터 많이 들어온 콩쥐팥쥐전, 장화홍련전 등도 여기에 속한다.

    어떠한 글을 읽든(영화를 보더라도) 그 글이 말하고자 하는 바, 주제를 따라 읽어야 한다. 그 글의 한 부분만을 읽더라도 마찬가지다. 흥부가 박을 켤 때, 놀부가 박을 켤 때 심지어 제비의 다리가 부러질 때도 각각의 이야기들은 흥부전이 말하고자 하는 '권선징악'의 주제와 맥을 같이 하고 있다. 그것을 따라 읽어가야 한다. 당연한 말이다.

    그런데 이만희 씨의 책 〈천국비밀 요한계시록의 실상〉을 읽다보면 이 씨가 종종 각론 부분에서 엉뚱한 주제 접근을 하고 있음을 발견하게 된다. 예를 들어, 흥부가 박을 켤 때의 이야기에서 '박의 색깔'이나 '박의 크기' 등 엉뚱한 내용을 그 단락의 주제로 삼고 있는 것과 같다.

심지어 '그 때의 톱은 무엇을 의미하는가?' 등 흥부전이 말하고자 하는 바에 상당히 동떨어진 접근을 하고 있는 것도 나타난다. 그 톱의 의미를 발견한다며 제시한 자료들(의미가 통하지 않는 신구약 성경구절들)은 그래서 우습기까지 한다.

구체적으로 접근해 보자. 먼저 요한계시록 16장의 내용을 개략적으로 살펴보자. 계 16장은 7대접 재앙에 대한 내용이다. 그동안 '인 – 나팔 – 대접' 순으로 재앙이 진행되어 왔다. 이 마지막 일곱 대접 재앙으로 하나님의 계획이 절정에 이르게 되고 이것이 바벨론의 멸망(18장)과 그리스도의 재림(19장)으로 연결된다.

7인과 7나팔도 하나님의 진노의 성격을 띠고 있지만(15:1), 7대접은 하나님의 진노를 마감한다는 의미에서 결정적 진노의 성격을 띠고 있다.

한 마디로 '인 – 나팔 – 대접'의 순으로 진행되는 요한계시록의 이야기(6장~16장)는 '하나님의 계획' 중에서 '재앙'이 큰 주제가 된다.

이제 이만희 씨의 성경해설을 한 번 살펴보자. 그도 그러한 큰 주제 하에 성경을 해설하고 있는지 말이다. 먼저 계16:3을 살펴보자. 성경구절이다.

*"둘째가 그 대접을 바다에 쏟으매 바다가 곧 죽은 자의 피같이 되니 바다 가운데 모든 생물이 죽더라"(계16:3)*

이 씨는 이 성경구절에 대해 다음과 같은 질문을 던지며 해설을 하려고 했다.

"둘째 대접을 바다에 쏟으니 바닷물이 죽은 자의 피와 같이 되고
그 가운데 사는 모든 생물이 죽게 된다고 한다. 본문의 바다는 어디
이며 왜 피가 되며, 바다 가운데 사는 생물은 무엇인가?"(이 씨의 책,
p.340)

이 씨의 관심이 무엇인지 잘 보여주는 대목이다. 이 씨는 성경구절,
즉 둘째 대접의 의미보다 '소품'에 관심을 기울이고 있다. 그것도 소
품에 담겨진 그 '숨겨진 의미'를 찾으려고 잔뜩 힘을 주고 있다. 마치
흥부전에서 '톱'의 의미를 찾으려고 하는 것처럼 말이다.

자신이 던진 엉뚱한 질문에 답을 내린 것을 보면 정말 우습다. 그의
답을 들어보자.

"본문에 기록한 바다는 세상이요(단7:3, 17) 나아가 용(사단)이
주관하는 일곱 머리와 열 뿔 가진 짐승의 무리 즉 멸망자들이다(계
17:1, 7, 15). 이 바다 가운데 사는 생물은 짐승에게 속한 장막 성도
를 포함한 세상 교인을 말한다(합1:14)."(이 씨의 책. p.341)

다시 말해 이만희 씨는 계16:3의 둘째 대접 본문의 핵심을 '바다의
의미', '바다 생물의 의미'를 찾는 것으로 보았다. 그리고 그에 대한
답으로 '바다 = 세상', '바다 생물 = 세상 교인'이라고 했다. 과연 위
성경의 둘째 대접 본문이 그러한 의미를 밝히려고 기록된 것일까? 이
씨의 성경해설은 우문우답(愚問愚答)이라 표현할 수밖에 없다.

요한계시록 16장 1~9절까지의 본문은 말 그대로 '자연재해'를 말

하고 있다. 그것이 성경본문의 핵심이다. 앞장에서 언급한 무게중심이다. 이는 '인 - 나팔 - 대접'으로 이어져 온 재앙의 결정판이기도 한다.

1대접 ~ 4대접까지의 재앙을 간단히 정리하면 다음과 같다.

> *[1대접 ~ 4대접까지의 재앙]*
> *1대접재앙– 천사가 대접을 '땅'에 쏟으니, 사람들이 '헌데'로 인해 아주 아파한다(16:2).*
> *2대접재앙– 천사가 대접을 '바다'에 쏟았을 때 '죽은 자의 피'처럼 된다(16:3).*
> *3대접재앙– 천사가 대접을 '강과 물 근원'에 쏟으니, 역시 '피'가 된다(16:4).*
> *4대접재앙– 천사가 대접을 '해'에 쏟으니, 해가 사람들을 직접 태우듯 괴롭히게 된다(16:8~9).*

자연재해는 '땅, 바다, 강과 물의 근원, 해' 등에 걸쳐 폭넓게 발생한다. 이는 계 16장만의 이야기가 아니다. 이미 앞선 7나팔 재앙에서도 나타났다. 그때는 1/3이 피해를 입었다. 7나팔 재앙 중 1~4나팔 재앙을 정리하면 아래 [표 3]과 같다. 대접 재앙과 비교해 보자(계 8:7~13).

## [표 3] 1~4나팔 재앙

| 제 1 나팔 | 불피 우박 | 땅 | 땅, 수목, 각종 푸른 풀<br>1/3 타 버림 | 출 9:18~26 |
|---|---|---|---|---|
| 제 2 나팔 | 큰 불산 | 바다 | 바다 1/3 피, 생물 1/3 죽음 | 출 7:19~21 |
| 제 3 나팔 | 큰 불별 | 강/원천 | 물 1/3 쑥, 다수 죽음 | |
| 제 4 나팔 | | 해달별 | 해달별 1/3 어두워짐 | 출 10:21~23 |

1/3의 재해가 대접 재앙으로 오면서 전체적인 수준까지 높아졌음을 알 수 있다. 이러한 자연재해를 5대접 재앙에서부터 언급될 인간 체계 전체를 흔드는 심판과 연결해 본다면, 결국 인간의 범죄로 인한 자연의 저주받은 현상이 더욱 극심하게 나타나게 된다는 것을 말하고 있다. 그것을 통해서 성경은 우리가 무엇을 깨닫기를 바라고 있을까? '정말, 하나님 말씀대로 되는구나!'라며 가만히 바라만 보고 있으라는 것일까? 아니다. 그럼 이만희 씨의 주장대로 어느 특별한 존재를 찾아나서야 한다는 말일까? 더욱더 아니다.

하나님의 심판은 심판 자체를 위한 것이 아니라, 구원을 위한 것이다. 그런 심판의 소식 '인 – 나팔 – 대접'을 통해서 불신자들로 하여금 하나님을 거역하는 죄를 회개하고 하나님의 사랑의 품으로 돌아오게 하시고(9:21, 16:9) 동시에 신자들로 하여금 "깨어 자기 옷을 지켜 벌거벗고 다니지 아니하며 자기의 부끄러움을 보이지 아니하도록" 경성시키는 것(16:15)이 하나님의 의도이다(권성수, pp.

218~219).

성경본문에 대한 이만희 씨의 엉뚱한 접근은 계속된다. 셋째 대접에 대한 부분이다. 먼저 성경구절이다.

> "셋째가 그 대접을 강과 물 근원에 쏟으매 피가 되더라 내가 들으니 물을 차지한 천사가 가로되 전에도 계셨고 시방도 계신 거룩하신 이여 이렇게 심판하시니 의로우시도다 저희가 성도들과 선지자들의 피를 흘렸으므로 저희로 피를 마시게 하신 것이 합당하니이다 하더라 또 내가 들으니 제단이 말하기를 그러하다 주 하나님 곧 전능하신 이시여 심판하시는 것이 참되시고 의로우시다 하더라"(계 16:4~7)

위 성경구절에 대해 이 씨는 '셋째 대접과 피가 된 강과 물 근원'이라는 제목을 달아 해설하려고 했다. 그는 해설을 이끌어가기 위해 역시 질문을 스스로 던졌다. 무엇이라고 했는가?

> "본문의 강과 물 근원은 어디이며 대적에게 핏물을 먹인다는 말은 무슨 뜻인지 알아보자."(이 씨의 책, p.342)

이 씨는 계16:4~7까지의 본문의 핵심을 '강과 물 근원은 어디?', '핏물 먹인다의 의미'가 각각 무엇인가를 알아내는 것이라고 했다. 과연 위 성경본문이 정말 말하고자 하는 바가 그런 것들일까? 엎친 데 덮친 격으로 이만희 씨는 그에 대한 답으로 '물 근원 = 거짓 교리',

'핏물 먹인다 = 비진리를 받는다'는 식으로 언급했다.

흥부의 톱의 의미를 찾으려고 하는 이만희 씨에게 '하나님은 참되고 의로우시다'는 7절의 구절이 눈에 들어오지 않는 모양이다. 성경 본문을 있는 그대로 보려고 하지 않고 자신이 하고 싶은 의도대로만 설명을 하려고 하다 보니 정작 중요한 구절의 의미는 빼놓게 되는 꼴이다.

계16:5~7은 소위 '심판 송영'에 해당된다(David E Aune, pp.891~897). 다시 말해 하나님의 심판이 옳다는 것을 일반적으로 또는 구체적으로 말하고 있는 짧은 찬송이다. 이 구절은 제 3대접과 제 4대접 사이에 끼여 있으면서 하나님께서 하시는 일에 대해 불평불만을 토로한 것이 아니라 그 정의로움을 찬양한다고 표현한 것이다. 이 천사의 노래는 이미 15장 4절에 나타난 '모세의 노래' 즉 '어린 양의 노래'와도 그 내용이 유사하다.

이 씨의 눈에는 왜 이렇게 놀라운 성경구절이 보이지 않는 것일까? 계속해서 넷째 대접 본문(계16:8~9)에서도 '해는 무엇인가?' 등으로 본문을 접근하고 있는 이 씨의 성경 접근 안목에 답답할 뿐이다.

흥미로운 지적 한 가지만 더 해보자. 계16:1의 본문에 관한 것이다. 먼저 성경구절을 보자.

> "또 내가 들으니 성전에서 큰 음성이 나서 일곱 천사에게 말하되 너희는 가서 하나님의 진노의 일곱 대접을 땅에 쏟으라 하더라"(계 16:1)

이만희 씨는 '큰 음성'의 주인공이 누구인가에 대해서 접근했다. 그리고 그에 대한 답으로 '하나님'이라고 어렵지 않게 대답했다. '큰' 음성이기 때문에 주저없이 '하나님의 음성'이라고 판단한 모양이다.

그런데 이 정도의 고민은 해 보았어야 하지 않을까? 하나님께서 말씀하셨다면 "너희는 가서 **하나님의 진노를** 쏟으라"라는 것보다 "너희는 가서 **나의 진노를** 쏟으라"라고 하는 게 더 자연스럽다는 것을 말이다.

'큰 음성'의 주체자가 과연 하나님일까? 천사가 '큰 음성'으로 말하는 장면이 성경에 나오기도 한다(계14:7, 9 등). 또한 계 16장에서 '물을 차지한 천사' 등 다른 천사가 말하는(찬양하는) 장면이 나타나기도 한다. 어떠한가? 이런 부분을 고민해 보았는가? 필자는, 이 씨가 성경 해설을 하기 전에 본문에 대한 고민을 조금만 더 했으면 하는 바람이 있다. 불가능한 일일까?

영화나 연극, 또는 이야기 속에는 항상 주연과 조연 그리고 단역(엑스트라)을 맡은 이들이 있다. 여러 가지 소품들도 등장한다. 언제나 이야기는 주연을 중심으로 이루어진다. 조연은 주연을 드러내 준다. 종종 조연이 더 많이 주목 받게 되는 경우도 있지만 조연은 조연이다. 그게 그의 역할이다. 단역도 마찬가지이다. 소품은 그 환경 등을 제공해 준다.

성경도 마찬가지다. 성경의 주연은 항상 하나님이시다. 바로 하나님을 드러내고자 쓴 것이 역시 성경이다. 그런데 조연이나 단역도 아닌 소품에 무슨 특별한 '숨겨진 의미'를 찾으려고 한다면 그것은 매우 우스운 꼴이 된다. 그러한 접근을 풍유적(알레고리식) 방식이라고 한

다. 마치 흥부전 이야기 속에서 '톱의 의미', '놀부 곰방대의 의미' 등
을 찾으려고 하는 것과도 같다.

　이만희 씨가 그렇다. 그는 '비유'라는 이름으로 성경을 '코에 걸면
코걸이'식으로 자기중심적으로 해설하려고 하고 있다. 흥부전부터
다시 한 번 차근차근히 읽어보기 바란다.

# 32. 이 씨만 아는 비밀과 그만 모르는 비밀
### - 요한계시록 17장

얼마 전 섬기는 교회에서 '간증대회'라는 것을 했다. 말 그대로 성도들이 하나님으로부터 받은 은혜를 간증이라는 형식으로 같이 나누고자 마련된 자리이다. 한 달 전부터 광고를 했지만 과연 성도들이 어느 정도 반응을 할지 예상하기 힘들었다. 흔히 간증 거리는 많이 있지만 단상 앞에 나가는 것을 두려워(?) 하는 이들이 꽤 있기 때문이다. 그래서 만약을 경우를 대비해 몇 가지 순서도 준비해 두기도 했다.

그러나 기우였다. 은혜가 넘쳤다. 성도들 전원(많지 않다)이 간증을 했다. 시간이 태부족했다. 이럴 줄 알았으면 시간을 여유 있게 준비하든가 아니면 2주로 나누어서 해도 더욱 좋을 듯했다.

큰 발견을 했다. 필자가 각 성도들의 삶에 대해서 어느 정도 알고 있다고 생각해 왔던 것이 착각이었다. 잘못 알았다는 말이 아니다. 그동안 나타나지 않았던 각 성도들의 삶의 모습들, 그리고 그 가운데 역사하신 하나님의 은혜들이 너무 많았다는 점들이다. "그랬었구나!"라는 말을 속으로 계속해서 내뱉었다. 마치 꼭꼭 감추어왔던 '비밀'과 같은 이야기들이 쏟아져 나온 것이다.

## (1) 이만희 씨만 아는 비밀?

하나님도 '비밀'이 있다. 아무도 모르는 '비밀'이다. 그런데 그것을 어느 날 공개하셨다. 바로 '예수 = 구원자'라는 사실이다. 믿음이 없는 자는 그것을 들어도 깨닫지 못하게 만든 비밀이다.

이만희 씨도 자신만의 '비밀'이 있다. 그 비밀의 핵심 내용은 '이만희 = 구원자'라는 것이다. 그는 요한계시록을 해설한다면서 그 방향으로 나아가고 있다.

이만희 씨는 그의 책 〈천국비밀 요한계시록의 실상〉을 통해 요한계시록 17장을 해설한다는 과정에서 자신만의 비밀을 요약 정리해 놓았다. 그가 주장하는 비밀이라는 것을 직접 살펴보자.

> "계시록에는 세 가지 비밀이 있으니 그 첫째는 배도의 비밀인 일곱 별과 일곱 금촛대요(계1:20) 둘째는 구원의 비밀인 마지막 일곱째 나팔이며(계 10:7) 셋째는 본장에 기록한 멸망의 비밀인 큰 음녀와 그가 앉은 일곱 머리와 열 뿔 가진 짐승이다. 그러나 교계 수많은 목자와 신학박사들도 이 세 가지 비밀에 대해서는 알지 못했다."(이 씨의 책, p.373)

정리하면 다음과 같다. 이 씨의 비밀은 3가지이다. 첫째는 배도의 비밀, 둘째는 구원의 비밀 그리고 마지막은 멸망의 비밀이라는 것이다. 이 씨는 자신의 비밀이라는 것이 마치 감추어진 보석이라도 되는 양, 교계 신학자들도 모르는 내용이라고 자화자찬하고 있다. 그 비밀이라고 하는 것이 정말 보석인지 스스로 걸려 넘어지게 되는 돌부리에 불과한지 다시 한 번 살펴보아야 할 일이다.

이 씨가 말하는 첫째 비밀, 즉 배도의 비밀이란 소위 '배도자의 내용을 이만희 씨에게 와서 들어야 한다'는 것이다(이 씨의 책, p.62). 왜 이 씨를 찾아가야 하는지에 대해서는 아무런 이유를 들지 않았다. 이 씨는 계1:20의 '일곱 별의 비밀'이라는 용어를 해설한다며 성경을 자신을 드러내는 용도로 황당하게 해설했다.

구원의 비밀이라는 이 씨의 둘째 비밀도 마찬가지다. 계10:7을 해설한다면서 이 씨는 구원의 길을 해괴하게 설명하고 있다(이 씨의 책, p.213). 계시록의 말씀과 실상을 깨달아야 한다는 것이다. 무슨 말인가? 이만희 씨가 설명해 준다는 그 실상이라는 것을 깨달아야 한다는 것 아닌가? 그는 왜 그렇게 해야 하는지에 대해서 역시 특별한 설명을 하지 않았다.

셋째 비밀이라는 것을 살펴보자. 요한계시록 17장 5, 7절에 나타난 비밀이라는 단어에서 이용한 것이다. 문제는 그의 해설이다. 멸망의 비밀이라고 했다. 그 내용의 핵심은 '이만희 = 계시록 푸는 열쇠를 가짐', '생명책 = 이만희 단체의 교적부' 등이다. 이 씨의 주장을 직접 들어보자.

> "하나님(암 3:7)께서는 본문 멸망의 비밀을 계시록 성취 때에 사도 요한의 입장으로 오는 목자에게 먼저 실상으로 보여주시고 증거하게 하신다. 이와 같이 사도 요한의 입장에 있는 목자는 계시록의 세 가지 비밀을 모두 설명 들었으므로 **계시록을 푸는 열쇠는 그에게**

*있다고 해도 지나친 말이 아니다.*"(이 씨의 책, p. 377)

"*또한 생명책은 영계의 천국 거룩한 성 새 예루살렘이 임한 **이긴 자(계 3:12)가 인도하는 교회의 교적부(계3:5)를 뜻한다.**"*(p. 377)

마찬가지로 이유가 없다. 계 17장의 비밀이 왜 이만희 자신과 연결이 되는지 이 씨 역시 설명을 명쾌하게 하지 못하고 있다. 하나님께서 자신에게 그렇게 알려주셨다는 것이다. 그게 전부다. 그러니 그냥 그렇게 믿으라는 식이다. 그게 이 씨의 성경해설의 방식이다.

## (2) 이만희 씨가 모르는 '비밀'?

요한계시록 17장은 '바벨론의 멸망'을 주제로 삼고 있다. 그것은 18장까지 이어지는데, 17장은 종교적인 측면에서 18장은 상업적인 측면에서 다루어지고 있다. 이때 '큰 음녀'가 등장한다. 이는 '큰 성 바벨론'과 같은 의미다. 다시 말해, 큰 음녀, 큰 바벨론의 멸망이 계 17~18장의 핵심 내용이다.

큰 음녀와 대조되는 인물이 바로 '어린양의 신부'(계21:9~10)다(권성수, p.364). 큰 성 바벨론도 역시 '거룩한 성 예루살렘'과 대조를 이룬다. 두 구절이 마치 양팔저울에 올려놓은 것처럼 대조가 된다. 계 17장과 계 21장의 본문 자체가 비교될 수 있기 때문이다. 양 본문 모두가 "일곱 대접을 가진 일곱 천사 중 하나"에 의해서 소개되고 있다는 점과 "이리 오라. … 네게 보이리라"고 한 동일한 표현 방식을 사용하고 있다는 점도 같은 이유다. 계 17장은 음녀의 멸망을 다루고 있지만 계 21장은 구원의 완성을 다루고 있다는 것도 눈여겨 볼 대조되는 항목이다.

계 17장 5, 7절에 나타난 비밀은 과연 무엇일까? 먼저 성경 본문을 보자.

> "그 이마에 이름이 기록되었으니 비밀이라, 큰 바벨론이라, 땅의 음녀들과 가증한 것들의 어미라 하였더라"(계17:5)

> "천사가 가로되 왜 기이히 여기느냐 내가 여자와 그의 탄 바 일곱 머리와 열 뿔 가진 짐승의 비밀을 네게 이르리라"(계17:7)

17:5의 비밀은 그 자체가 큰 바벨론과 깊이 연관되어 있다. 조금 더 깊은 의미를 파악해 보기 위해 다른 번역본을 살펴보자.

> "her forehead was written a name, a mystery: 'Babylon the great, mother of whores and of earth's abominations'"(계17:5, NRSV)

바벨론(Babylon) 이하 문장은 비밀(a mystery)을 설명해 주는 형식으로 구성되어 있다. 이는 이어지는 17:7에서 그 내용이 자세히 설명되어진다. 천사가 그 비밀을 구체적으로 알려주겠다고 말하고 있다.

그 내용은 무엇인가? 바로 계 17장 전체의 핵심인 '음녀의 멸망'이다.

특히 계17:15~18절에서 그 내용이 집중적으로 언급되고 있다. 결론적으로 음녀는 제 식구끼리의 싸움으로 멸망하게 된다. 음녀가 '7머리 10뿔'의 짐승과 함께 음행을 벌이던 중 '10뿔'음녀를 향하여 싸움을 벌이게 된다는 것이다.

## (3) 성경의 '비밀'이란?

비밀이라는 단어는 신약성경에 28회 나타난다. 그중 대부분인 21회가 바울 서신에서 발견된다. 성경에서 사용된 비밀은 과연 어떤 의미로 사용되었을까?

먼저 복음서를 살펴보자. 복음서에 기록된 '비밀'은 모두 '씨 뿌리는 자의 비유' 본문에서 사용되었다(마13:10~11, 막4:10~11, 눅8:9~10 참조).

> *"가라사대 하나님 나라의 비밀을 아는 것이 너희에게는 허락되었*
> *으나 다른 사람에게는 비유로 하나니 이는 저희로 보아도 보지 못하*
> *고 들어도 깨닫지 못하게 하려 함이니라"(눅8:10)*

씨 뿌리는 자의 비유는 예수님께서 하나님의 나라(또는 천국)를 드러내기 위해 사용된다. 이 비유를 말씀하시고 또 그 뜻을 설명하면서 예수님은 그 '비밀'을 하나님의 나라와 연결시켰다. 그리고 그 비밀이 어떤 이에게는 계시되었고 또 어떤 이에게는 감추었다고 말한다. 다시 말해 복음서에 나타난 '비밀'은 '하나님의 나라'와 밀접한 관계가 있다는 의미이다.

사도 바울이 언급하고 있는 '비밀'은 보편적으로 '예수 그리스도'를 의미한다(고전2:2). 그의 죽으심과 부활하심의 구체적인 모습을 언급하고 있는 부분도 있다(고전15:51). 또한 사도 바울의 사도성의 독특성과 그의 복음의 성격을 규정하는 의미(롬11:25)로 사용되기도 했다(오광만, 〈바울과 하나님의 비밀〉(고린도전서에 나타난 바울 복음과 사도직 이해), 합동신학대학원대학교, 2004, p. 3).

이 씨는 '계시록의 3가지 비밀'이라는 것을 기성교회 신학자들도 모른다며 목에 힘을 주려고 한다. 자랑스럽게 여기려고 한다. 그렇다. 모른다. 이 씨와 그의 추종자들 외에는 그 비밀이라는 것을 모른다. 왜 그럴까? 그것은 성경에 없는 내용이기 때문이다. 반대로 성경 자체의 비밀을 이만희 씨는 왜 모르는 것일까?

# 33. 기성교회가 '바벨론'이라니… 참!
## – 요한계시록 18장

마음 아픈 소식 하나를 접하게 됐다. 장래가 촉망되는 한 연예인(개그맨)이 절도 혐의로 경찰에 체포됐다는 소식이다. 그것으로 인해 당장 그가 출연하는 프로그램에서 더 이상 그를 볼 수 없게 되었다. 필자도 즐겨 시청하는 프로그램이었다. 비슷한 사건이 또 하나 기억났다. 운동선수 출신으로 균형 잡힌 외모에 깔끔한 진행으로 인기를 모았던 한 MC가 역시 도박에 연루되면서 중도 하차한 사건이다. 모두가 다 한 순간의 실수가 가져온 엄청난 결과들이다.

신앙적인 면에서 실수는 보다 큰 결과를 낳게 된다. 바로 '영원'이라는 개념 때문이다. 이만희 씨의 책 <천국비밀 요한계시록의 실상>을 읽다보면 종종 그의 실수, 즉 그의 성경곡해를 발견하게 된다. 요한계시록 18장에서도 마찬가지다.

요한계시록 18장은 17장과 함께 바벨론의 멸망을 다루고 있다. 17장은 바벨론의 종교적, 정치사적 측면의 멸망을 다룬 데 비해, 18장은 상업적 측면의 멸망을 취급하고 있다. 전체 주제는 '바벨론의 멸망'이다. 이만희 씨도 여기에 대해서는 같은 시각을 가졌다. 다만 바벨론이 뜻하는 바가 무엇인가에 대해서는 확연하게 다른 인식을 갖고 있다. 따라서 이번 글의 초점이 바로 그것이다. 바벨론은 무엇을 말하고 있는가 하는 점이다.

## (1) 정통교회가 바벨론이라고?

이만희 씨의 요한계시록 분석이 후반부에 접어들었다. 이 씨의 이단성 주장이 더욱 노골화되고 있다. 정통교회는 틀렸고 자신이 옳다는 식이다. 이만희 씨는 계 18장을 해설한다면서 정통교회가 바벨론과 같은 존재라고 주장한다. 바벨론과 같이 멸망 당하게 될 것이라고도 한다. 따라서 속히 자신들에게 찾아와야 구원을 얻게 된다고까지 한다. 갈수록 원색적으로 드러나는 그의 주장을 직접 들어보자.

"그러므로 음행의 포도주로 만국이 무너졌다는 말은 귀신과 교제한 바벨론 음녀의 교리가 이 땅 모든 교회를 영적으로 무너뜨렸다는 뜻이다. 음녀와 더불어 음행한 땅의 임금(3절) 즉 세상 목자들이 그 교리로 성도들을 가르쳐 미혹한 것이 만국을 무너뜨린 것이다(23절). 만국이라 하였으니 예외가 없다."(이 씨의 책, p.390)

"본문에 기록한 바다는 세상이요(단 7:3~17) 배는 세상 중에 이는 교회들이다. 바다에서 배 부리는 각 선장은 각 교회를 인도하는 목자들이며 선객들은 교인들이며 선인들은 목자를 돕는 교역자들과 직분자들이요 바다에서 일하는 모든 사람은 세상으로 파견된 자

들이다. 이들은 바벨론과 무역하여 부자가 되었으나(19절) 바벨론이
심판을 받음으로 함께 망하여 애통하게 된다."(이 씨의 책, p. 399)


"바벨론과 더불어 기독교 모든 목자들이 심판 받는 이 사건을 영
적으로 보면…"(이 씨의 책, p. 400)


이만희 씨의 주장을 정리하면 정통교회(목사와 성도 모두 포함)는
음녀, 즉 바벨론의 교리를 받아 가르치고 또 가르침을 받아서 결국에
는 바벨론과 함께 멸망하게 된다고 한다. 그러나 이것이 그가 말하고
싶은 내용의 핵심은 아니다. 이 씨는 자칭 보혜사인 자신에게 와야 한
다는 것을 말하고 싶어 한다.

요한계시록 18장을 해설한다며 이 씨는 그의 책 18쪽을 할애하였
다. 그 중에 정통교회를 떠나 '자신에게(또는 단체) 와야 한다'는 노
골적인 주장을 7번이나 했다. 한 장 당 한 번 꼴이다. 그 내용도 직설
적이다. 계속해서 들어보자.


"바벨론의 실체는 누구인지, 나 자신은 바벨론에 미혹 받은 만국
에 속한 자가 아닌지 알아보고 구원의 처소인 증거장막성전(계15:5)
으로 나와야 말씀을 믿고 지키는 자가 된다."(이 씨의 책, p.393)


"이러한 문제를 해결하지 못한 목자와 성도는 하나님의 펼쳐진 책
을 받아 먹은 약속한 목자(계10:8~11)에게 배워야 한다."(이 씨의
책, p. 398)

"그러므로 모든 신앙인은 성경을 부인하지 말고 멸망 받는 만국
교회에서 약속한 증거장막 성전(계15:5)으로 피해야만 구원이 있음
을 깨닫기 바란다(슥2:7, 계18:4)."(이 씨의 책, p.400)

그렇다면 이제 이만희 씨가 '정통교회는 바벨론이고 자신에게 와야
구원을 받는다'는 식으로 계 18장을 해설한 그 근거를 살펴보자. 무
슨 이유로 이 씨는 계 18장을 해설한다면서 위와 같은 해괴한 결론을
내리게 되는 것일까? 본문에서 찾아보자.

이 씨는 '성경 본문의 바벨론은 옛날 예루살렘을 삼킨 영적인 바벨
론'이라며 "바벨론 귀신들이 느부갓네살 왕을 주관했고, 서기관과 바
리새인 위에 역사했으며, 계시록 성취 때에는 음녀와 그 소속 목사에
게 가증한 새처럼 깃들어 산다"고 했다(이 씨의 책, p.389). 다시 말해
바벨론 귀신들이 오늘날 정통교회 목사에게 들어가 그들을 움직인다
고 한다.

계속 이어지는 그의 주장, 즉 "그러므로 바벨론 무리에게 미혹 받은
만국은 바벨론을 조정하는 귀신들에게 미혹 받은 사실을 깨닫고 회
개해야 한다"는 것이 이를 뒷받침해 준다. 한 마디로 정통교회가 바
벨론에 속한 이유는 바벨론의 귀신이 들어왔기 때문이라는 것이다.
정말 그럴까?

계18:12~13까지는 여러 물품들이 등장한다. 바벨론이 총체적으로
멸망하게 되는 원인 중 하나로 그 '사치'의 한 면을 드러내려고 한 장
면이다. 이 씨는 이 물품 목록에 엉뚱한 의미를 첨부했다(이 씨의 책,
p.396).

아래 [표 4]는 성경 본문의 내용과 그 의미 그리고 이 씨의 희한한 해설을 정리한 것이다.

**[표 4] 계 18:12~13의 물품**

| 본문 물품 내용 | 본문의 뜻 | 이만희 씨의 해설 |
|---|---|---|
| 보석류<br>(금, 은, 진주 등) | 사치, 진주는 사치의 절정 물품이다. | 바벨론이 보석처럼 귀하게 여기는 교리(주석)라는 뜻. |
| 고급가구<br>(향목, 상아 등) | 로마의 여인들이 진주를 사치의 표징으로 사용했다면 남자들은 '향목' 테이블을 미친 듯이 좋아했다. | 바벨론 사람들로 조직된 각종 기구를 가리킨다. |
| 가축(소, 양, 말, 수레)과 인신매매물(사람의 영혼들) | '수레'는 부자들의 교통수단이었다. 사람들의 영혼은 노예를 의미한다. 노예 매매를 뜻한다. | 소, 양, 말, 수레, 종들, 사람의 영혼은 바벨론 귀신에게 속한 영육 사명자를 뜻한다. |

이 씨는 각 물품의 의미가 '교리', '기구', '사명자'라고 했다. 특히, '소, 양, 말, 수레, 종들, 사람의 영혼'을 '귀신들린 사명자'라고 해설한 부분은 말 그대로 코미디의 극치이다. 어떻게 그렇게까지 상상을 해냈을까. 그런데 정작 왜 그렇게 해설이 되는지에 대해서는 역시 말이 없다. 그가 수시로 덧붙이는 신구약의 다른 성구도 이 장면에서는 전혀 없다. 이 씨의 추종자들도 이 씨의 해설이 얼마나 정도와 상식에서 벗어났는지 발견할 수 있으리라 본다. 성경을 있는 그대로 가만히 읽어보기만 해도 그렇게는 말하지 않았을 것이다.

## (2) 성경에서 말하는 바벨론은?

바벨론은 '음녀', '큰성' 등으로 표현되기도 한다. 요한계시록이 기록될 당시 로마 황제의 포악함 속에서 그를 바벨론으로 여기기도 했다. 예루살렘에 제우스 신전을 세우고 또 돼지 제사를 지내도록 한 안티오쿠스 4세를 보고도 그런 표현을 사용했다.

계 18장 본문은 바벨론이 멸망당하는 이유를 설명하면서 그 존재 또한 언급하고 있다. 요약하면 바벨론은 '음행과 음행을 통한 미혹'(3절 상), '사치와 치부'(3절 하), '불의'(5절), '교만'(7절), '성도들 박해(살해)'(24절) 등의 이유로 결국 멸망하게 된다. 그리고 그러한 일을 하는 이가 바벨론이요, 음녀라는 뜻이다. 다시 말해 바벨론은 음행과 교만, 사치와 치부, 불의 성도 살해 등의 죄를 범하는 존재다. 하나님에게 감사하는 대신에 자기를 영화롭게 하면서 치부하고 사치하며 하나님을 대적하고 성도들을 박해하는 이다.

바벨론 문화는 창세기 11장의 바벨탑 문화에서 시작된다. 바벨론 문화는 "하늘에 닿게 하여 우리 이름을 내고 온 지면에 흩어짐을 면하자"는 세속 문화, 하나님에게 도전하는 자기 영광을 위한 문화다. 하나님을 드러내지 않고 자기의 이름을 드러내려는 행태가 바로 여기에 속하게 된다. 이만희 씨는 성경을 해설한다고 하면서 하나님을 드러내고 있는가 아니면 자기 자신을 드러내려고 하고 있는가?

## (3) '바벨론에서 나와라'

성경 본문 4절은 '내 백성아 거기서 나와라'라고 명령을 한다. 바벨론 속에서부터 탈출하라는 말이다. 이 부분에서도 이만희 씨의 해설과 성경 본문 자체의 의미가 상반된다. 이 씨는 자신이 속한 단체, '증거장막성전'으로 와야 한다는 식으로 해설을 했다(이 씨의 책, p.393). 2천 년 전에 쓰인 성경 본문이 오늘날 이만희 씨 단체를 의미한다는 괴상한 논리를 펼치고 있다. 그것을 그들은 감추어진 비밀이라는 식으로 말하기도 한다.

'나오라(εξελθατε)'는 말은 부정과거 명령형으로 단호하고 시급하게 순종하라는 명령어다(권성수, p.404). 이는 구약시대 바벨론을 떠나라는 명령과 비슷하다(사48:20, 52:11, 렘50:8, 51;9, 슥2:6~7 등). 아브라함과 롯도 유사한 명령을 들었다(창12:1, 19:12). 본문의 '나오라'는 명령은 어느 장소에서 나와 또 다른 어떤 장소로 들어가라는 말이 아니다. 본문의 문맥이 그 뜻을 잘 말해 준다. 유혹과 죄로부터 떠나라는 뜻이다. 바벨론의 우상숭배(음행), 교만, 치부와 사치, 불의, 생명 경시 등의 죄에서 멀어지라는 의미이다. 성도들은 예수님이 재림하실 때까지 하나님을 적대하는 왕국에서 살면서 그 유혹과 죄에 직면할 것이지만 롯의 아내처럼 바벨론에 미련을 두지 말고 거기서부터 나와야 한다는 것을 강조하는 말이다.

우리 모두 주님 다시 오실 때까지, 또는 그 전에 우리의 목숨이 다한다면 그 때까지 그렇게 살아야 한다. 이만희 씨도 예외는 아니다. 그런데 회개부터 해야 하지 않을까?

# 34. 하나님과 예수님이 결혼했다고?
- 요한계시록 19장

만약 어떤 이가 이만희 씨의 책 〈천국비밀 요한계시록의 실상〉을 다 읽은 후 '맞아! 정말 참된 구세주는 오직 예수 그리스도뿐이야!'라는 결론을 내린다면, 이는 이 책의 저자인 이 씨의 의도를 정확하게 파악하지 못한 꼴이 된다. 저자가 책을 통해서 말하고자 하는 바를 올바르게 찾지 못한 일이다.

마찬가지로 성경 어느 부분이든(창세기든 요한계시록이든) 읽고 '예수=그리스도'라는 결론에 이르지 못한다면 그는 역시 성경이 말하고자 하는 의도에서 심각하게 벗어나게 된다. 참된 구원을 위해 하나님께서 그 대행자로 특별한 존재를 이 땅에 세우셨다는 식의 논리도 마찬가지다. '오직 예수' 외에 '예수 대행'이라는 개념이 성경에 존재하지 않는다.

글을 읽을 때 그 본래의 의도를 잘 파악해야 함이 그래서 중요하다. 이는 성경을 읽을 때도 동일하다. 성경 자체가 말하는 바를 잘 파악하기 위해서는 필자가 수 차례 강조한 것처럼 '문맥'을 통해서 읽어야 한다. 문맥을 통해 글을 읽으며 저자의 의도를 파악하는 기초적인 방법 중 하나가 '강조점'을 찾는 것이다. 그 강조점은 반복되는 용어에 잘 드러난다. 다시 말해 글을 읽으면서 반복되는 용어(단어나 절)가 나오면 이는 십중팔구 저자가 그것을 말하고 싶어 한다는 뜻이 된다.

요한계시록 19장 처음 부분을 읽다보면 이러한 부분이 눈에 '확~' 들어온다. 무슨 말인지 직접 살펴보자. 아래 계19:1~5절까지의 성경 구절이 있다. 이 글을 읽는 독자는 한 번 '쭉~' 읽어보길 바란다. 저자가 무엇을 말하고자 하는지에 대한 관심을 기울여 보자. 그러면 마치 살아서 '툭' 튀어 오르는 듯한 용어를 발견하게 된다. 그것이 무엇인가?

> *"1 이 일 후에 내가 들으니 하늘에 허다한 무리의 큰 음성 같은 것이 있어 가로되 할렐루야 구원과 영광과 능력이 우리 하나님께 있도다*
> *2 그의 심판은 참되고 의로운지라 음행으로 땅을 더럽게 한 큰 음녀를 심판하사 자기 종들의 피를 그의 손에 갚으셨도다 하고*
> *3 두 번째 가로되 할렐루야 하더니 그 연기가 세세토록 올라가더라*
> *4 또 이십 사 장로와 네 생물이 엎드려 보좌에 앉으신 하나님께 경배하여 가로되 아멘 할렐루야 하니*
> *5 보좌에서 음성이 나서 가로되 하나님의 종들 곧 그를 경외하는 너희들아 무론대소하고 다 우리 하나님께 찬송하라"(계 19:1~5 개역성경)*

'할렐루야'가 발견된다. 그렇다. 계 19장은 소위 '할렐루야'로 뒤덮여 있다고 해도 과언이 아닌 본문이다. 직접적인 용어가 계19:1~5 사이에만 3번 등장한다. 5절의 "하나님께 찬송하라"(Praise our God

 – NIV)는 부분도 사실상 같은 의미다. '할렐루야'는 '하나님을 찬양하라'는 뜻이기 때문이다. 6절부터 시작되는 '어린양의 혼인잔치' 부분도 '할렐루야'로 진행됨을 볼 수 있다.

 계 19장 전체에서 '할렐루야'라는 용어가 반복되는 것으로 보아 그 핵심 주제가 '할렐루야'임을 알 수 있다. 물론 단순한 반복만이 아닌 내용상으로도 그렇게 된다. 이것이 계 19장을 읽는 포인트가 된다.

 계 19장을 해설한 이만희 씨의 책을 살펴보자. 이 씨는 먼저 19장의 첫 번째 단락을 1~6절까지로 구분했다. 6절의 시작은 "또 내가 들으니…"라는 말로 시작되는 것으로 보아 통상적으로 내용이 바뀌는 대목이 된다. 영어성경(NIV)도 이 부분을 "Then I heard what"라고 표현하고 있다. "그런 이후에 내가 들었다. what 이하를…"이라고 해석하게 된다. 1~5절까지 한 의미의 단위로 끊어서 읽는 게 좀 더 자연스럽다.

 계19:1~6을 통해 이 씨가 강조하고자 하는 바를 살펴보면 그의 문단 단락 나누기의 의도를 짐작하게 된다. 그는 계 19장 첫 단락을 통해 다음 3가지의 소주제를 정했다. '1. 이 일 후의 허다한 무리, 2. 참되고 의로운 심판, 3. 세세토록 올라가는 연기' 등이다. 한 마디로 '무리, 심판, 연기' 등의 용어가 19장 첫 단락(1~6절)의 핵심이라고 본 것이다.

 '허다한 무리'라는 부분을 강조하기 위해 그는 1~6절까지 단락을 무리하게 정한 것으로 보인다. 1절에 이어 6절에도 그 용어가 등장하기 때문이다. 이 씨도 반복 용어가 강조된다는 사실을 모르지는 않은 듯하다. 그런데 왜, 그의 눈에 '할렐루야'가 핵심으로 보이지는 않았을까?

　이 씨의 관점에서 계19:1~6까지의 핵심이 '무리, 심판, 연기'라는 용어로 보인 모양이다. 이 씨는 '할렐루야'를 '연기'를 뒷받침해 주는 정도로 사용했다. 가장 기본적인 성경 읽기가 안 되면 이렇게 관점이 뒤틀릴 수도 있다.


## (1) 하나님과 예수님이 결혼해?

　읽기가 안 되니 해석은 두 말할 필요도 없다. 계 19장에서 이 씨의 성경 오해의 극치는 '하나님께서 예수님께 장가들었다'는 것이다. 정말 웃자니 에너지가 낭비될 것 같고, 안 웃자니 달리 감정을 표현할 방법도 없다. 필자의 표정 관리가 '난처'해졌다.

　이 씨의 주장은 이렇다. 그는 계19:7~10까지를 '어린양의 혼인잔치'라는 것을 핵심 주제로 삼았다. 여기까지는 좋았다. 그런데 누구와 누가 혼인잔치를 하느냐 하는 문제에 대해서는 극과 극으로 달라진다.

　혼인잔치에 대한 이 씨가 주장한 핵심은 다음과 같다. '하나님께서 예수님과 장가들었던 것처럼, 마지막 때에는 예수님께서 한 목자를 택해 장가든다'는 것이다. 그의 해괴한 주장을 직접 들어보자.

　　　*"하나님께서 초림 예수님에게 장가들어 하나가 되셨던 것*(호 2:19,
　　요 10:30)처럼 예수님도 마지막 때에 한 목자를 아내로 삼아 장가

*드신다. 예비한 어린양의 아내는 바로 예수님의 예언자와 대행자
인 사도 요한의 입장으로 모든 목자이다(계22:17)."(이 씨의 책,
pp.412~413)*

다시 정리하면 이렇다는 말이다. '하나님(남자) - 초림예수(여자)'
의 결혼관계가 마지막 때에는 '예수(남자) - 한 목자(여자)'의 결혼관
계로 된다는 것이다. 이게 성경 계19:7~10까지의 내용이라고 한다.
과연 그런가?

이 씨는 혼인관계를 '장가들었다'는 말로 표현했다. 그의 주장을 계
속해서 살펴보면 예수님이 '여자'에서 '남자'로 변하게 된다. 하나님
과의 혼인관계에서는 예수님이 신부의 모습으로, 한 목자와의 혼인
관계에서는 예수님이 신랑의 모습으로 그 '성(性)'이 바뀌게 된다. 이
래도 되는가?

또한 이 씨는 '하나님이 예수님께 장가들어 하나가 되었다'는 자신
의 주장을 뒷받침해 준다며 '호2:19'과 '요10:30'의 구절을 들어 사
용했다. 과연 그 성경구절이 그런 뜻일까?

호세아서는 하나님과 죄악된 하나님의 백성과의 관계를 '혼인'이라
는 용어로 잘 표현해 주고 있는 책이다. 이만희 씨가 예를 든 2:19은
하나님께서 죄악에 빠진 백성들에게 '긍휼'을 베풀어 주시겠다고 선
언하는 말씀이다. 호2:23에서 그 의미를 자세히 설명해 주고 있다.

*"내가 나를 위하여 이 땅에 심고 긍휼히 여김을 받지 못하였던 자
를 긍휼히 여기며 내 백성 아니었던 자에게 향하여 이르기를 너는*

*내 백성이라 하리니 저희는 이르기를 주는 내 하나님이시라 하리라"*
*(호2:23)*

이러한 백성을 향한 하나님의 긍휼을 '혼인관계'로 잘 설명하고 있는 것이다.

호2:19에 '혼인'(혹 '장가든다')이라는 용어가 나오는 것은 사실이지만, '하나님-예수님'과의 혼인관계를 설명하는 내용은 전혀 없다. 그 그림자도 없다. 이 씨의 비성경적 상상일 뿐이다.

그가 또 예를 든 '요10:30'은 어떠한가? 그 구절에서 '하나님-예수님' 혼인관계가 나타나는가? 성경본문은 "나와 아버지는 하나이니라"이다. 이 때의 '하나됨'이 소위 '부부는 하나가 되어야 한다'는 식의 의미를 말하는 것일까? 정말 말도 안 되는 소리일 뿐이다.

요10:30의 '하나됨'은 그 전후 문맥을 통해 읽기만 하면 그대로 이해되는 게 아닌가? 예수님은 '영생'에 대해서 말씀하셨다(요10:10). 그리고 예수님께서 그 '영생을 주신다'고 말씀하셨다(요10:28). 그 영생, 즉 구원의 사역에 관하여 목적하심과 행동하심이 '하나'가 된다고 이해하는 게 올바르지 않을까?(F.F. Bruce, p.407). 성경을 있는 그대로 읽기만 해도 그리 어렵지 않게 발견하게 되는 일이다.

이 씨는 자신의 주장 '하나님이 예수님께 장가들어 하나가 되었다'는 것을 입증한다며, '장가들다'와 '하나'라는 그 단어가 들어있는 성경구절을 찾아서 사용했을 뿐 그 성경 본문의 내용은 동과 서가 다른 것처럼 전혀 맞지 않았다.

이 씨의 주장은 의미와 상관없이 단순한 단어 퍼즐에 불과하다. 그렇다면 "주도 하나이요 믿음도 하나이요 세례도 하나이요"(엡4:5)라는 성경구절까지 사용하게 되면 어떻게 될까? 혼인관계가 복잡해지지 않을까?


## (2) 천사가 보혜사라고?

이 씨의 성경 해설을 읽다보면 종종 '내가 왜 이런 책을 읽고 있어야 하나?'라는 자조적인 생각이 들곤 한다. 상식의 ABC, 국어의 ABC조차도 갖추어 있지 않은 이 씨의 해설 능력(?) 때문이다. 필자가 이렇게까지 표현할 수밖에 없는 이유는 다음과 같다.

이 씨는 계19:10을 해설한다면서 그 구절의 '천사'를 '보혜사 성령'과 동일한 존재라고 표현했다. 직접 살펴보자.

"예수님의 말씀을 대언한 본문의 천사는 '예수님의 이름'으로 와서 '예수님의 말씀'을 대언하기로 약속한 '진리의 성령 보혜사'의 입장에 있다(요 14:26). 진리의 성령이라 함은 진리인 하나님의 말씀(요 17:17)을 가지고 오는 자(계 1:1)라는 말이며 보혜사는 은혜로 보호하는 스승이라는 뜻이다. 그는 '하나님의 이름'으로 와서 '하나님의 말씀'을 대언한(요 14:24) '보혜사 예수님'이 하나님께 구하여 보낸 대언자이므로 '다른 보혜사'라 한다(요 14:16)"(이 씨의 책, p.416)

이런 논리다. 성령님은 예수님에 관해서 말씀하시는데, 본문(계 19:10)의 천사가 예수님에 관해서 말했기 때문에 그 천사가 바로 성령님이 된다는 식이다. 'A=B'이고 'B=C'이므로 'A=C'가 된다는 형식의 지극히 단순한 방식을 차용한 셈이다. 마치 '우유 사 와라'는 아버지의 말씀을 큰 아들이 작은 아들에게 시켰기 때문에 큰 아들이 아버지가 된 것과 같다는 꼴이다.

이만희 씨가 이렇게 무리수를 둔 것은 다름 아닌 '이만희=보혜사'라는 논리를 만들어 내기 위해서다. 이 씨는 계속된 계19:10의 해설을 통해서도 바로 그러한 주장을 했다. 역시 직접 들어보자.

> "계시록 1장 1~3절과 10장에서 본 바 보혜사의 입장에 있는 천사가 택하여 쓰는 사람은 그에게 예수 그리스도의 계시를 전해 받는 사도 요한이다. 그러므로 요한은 '성령의 대언자'로서 보혜사의 입장에 놓인다. … 계시록 성취 때가 되면 보혜사 성령이 함께하는 대언자 곧 사도요한의 입장으로 오는 목자가 출현하여…."(이 씨의 책, p. 417)

무슨 말인가? 보혜사 입장의 천사가 택한 사람도 역시 보혜사의 입장에 놓인다고 한다. 왜 그러한지에 대해서 이유를 설명하지는 않았다. 관련 성경구절 사용하기를 즐기는 이 씨가 이 부분에서는 침묵을 지키고 있다. 비슷한 구절이라도 찾을 수 없었던 모양이다.

정리해 보면 다음과 같다. 계19:10의 천사는 하나님의 진리의 말씀을 대언했다. 진리의 말씀을 전하는 이는 보혜사 성령님이시다. 그러므로 그 천사가 성령님이 된다고 한다. 보혜사인 천사가 한 사람을 택했는데 그도 역시 보혜사가 된다고 말한다. 이 부분에서 이만희 씨는 바로 '그 보혜사가 바로 나(이만희)다'라는 주장을 하고 싶었을 것이다. 이는 이 씨의 책 겉표지에 이미 암시되고 있는 바와 같다.

계 19장 두 번째 단락인 6~10절까지는 '어린양의 혼인잔치'가 핵심 내용이다. 계 17~18장에서 바벨론을 무너뜨리고 승리하신 예수님께서 결국 성도들을 맞이하신다는 내용이 주된 관점이다. 혼인의 대상은 어린양이신 예수님과 바로 '성도들'이다. 예수님의 혼인의 대상은 어느 특정 인물이 아니다. 성도들이다. 왜! 성경을 있는 그대로 읽어보면 된다.

> "할렐루야 주 우리 하나님 곧 전능하신 이가 통치하시도다 우리가 즐거워하고 크게 기뻐하여 그에게 영광을 돌리세 어린양의 혼인 기약이 이르렀고 그 아내가 예배하였으니 그에게 허락하사 빛나고 깨끗한 세마포를 입게 하셨은즉 그 세마포는 성도들의 옳은 행실이로다 하더라"*(계19:6하~8)*

어린양이신 예수님께서 아내 삼은 성도들에게 깨끗한 세마포를 입게 하신다. 이 성경구절에 '하나님-예수님' 혼인관계나 '보혜사 입장의 누구'라는 개념은 없다. 전혀 없다.

예수님과 성도의 혼인 관계의 의미는 아래의 성경구절이 잘 말해 주고 있다.

"그러므로 그들이 하나님의 보좌 앞에 있고 또 그의 성전에서 밤 낮 하나님을 섬기매 보좌에 앉으신 이가 그들 위에 장막을 치시리니 저희가 다시 주리지도 아니하며 목마르지도 아니하고 해나 아무 뜨 거운 기운에 상하지 아니할지니 이는 보좌 가운데 계신 어린 양이 저희의 목자가 되사 생명수 샘으로 인도하시고 하나님께서 저희 눈 에서 모든 눈물을 씻어 주실 것임이러라"(계7:15~17)

위 의미를 한 마디로 말한다면 "하나님 곧 전능하신 이가 통치하시 도다"(계19:6)는 말이 된다. 하나님의 진실된 통치 아래 있을 때 정말 우리 속 깊숙한 곳에서부터 터져 나오는 고백, '할렐루야'가 있게 될 것이다. 이만희 씨도 그러한 진실된 고백을 했으면 좋겠다.

# 35. 천년왕국, 1984년 3월 14일에 이미 시작 됐다고?
## - 요한계시록 20장

　요한계시록 20장은 '천년왕국'을 언급하고 있는 독특한 본문이다.

　다른 성경에서는 거의 그 개념을 찾아볼 수 없다. 따라서 계 20장을 말할 때는 그 부분을 집고 넘어가는 게 일반적이다.

　흔히 천년왕국을 설명할 때 3가지 학설을 언급한다. '전천년설', '후천년설' 그리고 '무천년설' 등이다.

　전천년설은 천년왕국 전에 예수님의 재림이 있다는 말이다.

　그와 반대로 후천년설은 천년왕국이 먼저 있은 후에 예수님의 재림이 있다는 의미다.

　무천년설은 천년의 기간을 상징으로 보고 있으며 그 기간을 예수님의 초림과 재림 사이로 해석하고 있다.

　다시 전천년설을 세분화시켜 '세대주의적 전천년설', '역사적 전천년설' 등으로 구분할 수 있다. 자세한 내용은 생략한다.

　다음 [표 5]를 통해서 위 3가지 학설의 이해를 돕고자 한다.

## [표 5] 세 가지 천년설

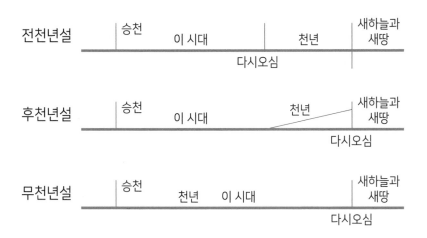

논쟁의 초점은 이만희 씨는 천년왕국에 대해 어떠한 개념을 가지고 있느냐 하는 점이다. 이 씨는 자신의 책 〈천국비밀 요한계시록의 실상〉을 통해 요한계시록 20장을 해설한다며 천년왕국에 대해 언급했다. 그러나 정말 황당하게도 그 '천년왕국이 지난 1984년 3월 14일에 시작되었다'고 주장하고 있다는 점이다. 그의 주장을 직접 들어보자.

> "이 천년왕국은 하나님의 뜻이 하늘 영계에서 이룬 것같이 영적 새이스라엘 열두 지파가 이 땅에 창조된 날(1984년 3월 14일)로부터 시작되었다."(이 씨의 책, p.438)

더욱 어처구니없는 주장은 그가 말하는 천년왕국이 시작된 날짜와 장소를 모르면 불신자와 다르지 않다고 한 점이다. 비록 육신이 살아서 움직이고 있으나 그 영은 죽은 것이나 다름없다고까지 말한다. 무슨 말인가? 이 씨의 해괴한 천년왕국 주장을 따르지 않으면 구원받지 못한다는 것 아닌가? 계속된 그의 주장을 들어보자.

> "이러한 모든 것이 성경에 기록되어 있으나 성도들은 참 목자를 만나지 못하여 세상 끝도, 천년왕국이 시작한 날짜와 장소도, 그 천년이 끝나는 때도 모르고 있으니 불신자와 무엇이 다르겠는가. 육신은 살아 있으나 영은 죽어 있는 것이 불명할 것이다."(이 씨의 책, p.439)

이 씨가 언급한 천년왕국 시작 날짜(1984년 3월 14일)는 그의 단체인 소위 '신천지증거장막성전'이 세워진 날과 일치한다. 그 날이 성경에서 말하고 있는 천년왕국의 시작된 날이라고 한다. 그리고 그 장소역시 자신의 단체라고 한다. 왜 그렇게 결정되었는가에 대해서 성경적인 증거는 없다. 흔히 그래왔듯이 '그냥 그렇다'는 것이다. 나름대로 이만희 씨 이전의 자칭 재림예수 유재열 씨와의 관계 그리고 다른 여러 상황 등을 통해서 자신의 인생사로 증명하려고 애쓰고 있지만한 마디로 '코미디'에 불과하다.

이만희 씨의 천년왕국설 언급을 위 3가지 학설과 억지로 연결시켜보면 후천년설 주장이라고 말할 수 있다. 이 씨의 얼토당토하지 않은주장을 너무 고급스럽게 포장해주는 것이 아닌지 모르겠지만 굳이연결시켜 본다면 천년왕국 이후 예수님의 재림이 있다는 후천년설에해당된다는 것이다.

그렇다면 예수 재림의 날짜도 대략 정해진 셈이다. 천년 이후가 되기 때문에 바로 2984년 3월 14일 이후 어느 시점이 된다는 식이다. 이는 간접 시한부종말론 사상과 같다. 적어도 2984년 3월 14일 이전에는 예수님의 재림이 없다는 말이 되기 때문이다. 그렇지 않은가? 이는 "때와 기한은 아버지께서 자기의 권한에 두셨으니 너희의 알 바 아니요"(행 1:7) 등의 성경말씀과 정면으로 대치되는 시한부종말론 사상이 된다. 증거가 또 있다. 이 씨는 자신의 단체 설립일(1984년 3월 14일)로부터 천년이 되는 때인 2984년 3월 14일에 옥에 갇혀 있던 사탄이 풀려 나온다고 한다. 그러니 예수 재림은 사탄이 옥에 풀려 나와 활동을 한 이후가 된다는 말과 같다.

## (1) '생명책 = 이 씨 측 교적부'(?)

한 편의 개그(gag) 프로그램을 보는 것 같다. 계20:15절에 언급된 '생명책'이 이만희 씨 측 단체인 증거장막성전의 교적부라는 대목에서 말이다. 그의 재미있는 주장을 직접 들어보자.

> "본문의 보좌 앞에는 또 다른 책이 있으니 생명책이라고 한다. 생명책은 영계의 천국이 하나된 증거장막 성전(계 15:5)의 교적부를 말한다. …누구든지 이 생명책에 녹명된 자는 천국에 들어가게 되고 (계21:27) 녹명되지 못한 자는 본장 15절 말씀대로 지옥 유황 불못에 던져진다."(이 씨의 책, p.440)

이 씨 측의 교적부가 생명책이라면, 그 생명책에 이름이 기록된 이는 이 씨와 그 추종자들일 것이다. 그 말은 인간의 구원의 문제가 이 씨의 펜 끝에서 결정된다는 말과도 같다. 과연 그런가? 그렇다면 이 씨 측 단체로부터 이탈한 많은 이들은 어떻게 되는 것인가? 그중에는 상당히 높은 위치에 있었던 이도 있다. 이 씨로부터 '영생'이라는 서명까지 받았다는 이도 있다. 그들은 그 생명책이라는 것에 이름이 올라가지 않았던가? 그 단체 이탈로 생명책에서 지워지는가? 이름이 기록되었다가 지워졌다가 반복되는 그런 생명책이 무슨 의미가 있는가?

계20:11~12을 보면 '백보좌심판'이 나온다. 마지막 심판 장면이다. 모든 죽은 자들이 그 심판대 앞에 서게 된다는 말이다. 예외가 없다. 중요한 것은 '자기의 행위를 따라 책들에 기록된 대로' 심판을 받게 된다고 했다. 심각한 말이다. 살아 있는 동안 했던 각자의 행위대로 심판을 받게 된다는 말이다. 칭찬 받을 일이 있으면 칭찬을 받겠지만, 특별히 죄악의 모습들이 낱낱이 드러나게 될 것이다.

죄의 기준 중 하나인 다음의 성경 구절들이 우리를 긴장시킨다.

"나는 너희에게 이르노니 여자를 보고 음욕을 품는 자마다 마음에 이미 간음하였느니라"(마5:28)

"그 형제를 미워하는 자마다 살인하는 자니 살인하는 자마다 영생이 그 속에 거하지 아니하는 것을 너희가 아는 바라"(요일3:15)

여자를 보고 음탕한 생각을 품는 것 자체가 이미 죄를 지은 것과 같다는 말이다. 또한 형제를 보고 미워하는 마음만을 품어도 마치 살인한 것과 같은 엄청난 죄의 결과를 얻은 것과도 같다는 의미이다. 위의 성경말씀을 기억하고 백보좌심판 앞에 서면 결과가 어떻게 나올 것 같은가.

아마도 모든 이들이 지옥으로 가야 마땅할 것이다. 이만희 씨도 필자도 마찬가지다. 예외 되는 이가 있을까?

'생명책'은 '어린양의 생명책'이다. 예수님께서 "흰옷을 입고 나와 함께 다니(는 자)"의 이름을 생명책에서 흐리게 하지 않겠다고 말씀하셨다(계3:4~5). 생명책은 바로 구원의 책이다. 이는 예수님을 구원자로 믿는 자들에게 주어지는 책이다. 따라서 본문의 생명책은 예수님의 책을 말한다.

백보좌심판 앞에 누구나 서게 된다. 그때 각자의 행위대로 심판을 받게 된다. 그 행위에 따라 누구나 예외 없이 지옥에 가게 된다. 그러나 예수님을 구원자로 진실 되게 믿는 자는 심판대 앞에서 '나의 행위' 대신 '예수님의 행위'로 심판을 받게 된다. 예수님께서 '어린양'으로 우리를 대신해서 죄 문제를 해결해 주셨기 때문이다. 그래서 행위대로 심판을 해도 그 심판대를 통과하게 된다는 말이다(롬8:34 참조). 이만희 씨나 필자나 그 어느 누구도 그 심판을 통과할 수 있는 방법은 오직 그것뿐이다. 이 씨 측 단체의 교적부에 이름이 올라가는 것과는 아무런 상관이 없다.

# 36. 이만희 씨는 '신천지'가 무슨 뜻인지 아는가?
### – 요한계시록 21장

　요한계시록 21장은 필자가 설교 중 즐겨 사용하는 본문이기도 하다. '새하늘과 새땅(신천지)이 열리는 것'에 대한 기대와 '모든 눈물을 그 눈에서 씻기신다'는 위로 그리고 '생명수 샘물로 목마른 자에게 값없이 주신다'는 은혜 등. 이 말씀을 묵상할 때마다 은근히 솟아오르는 힘과 용기를 얻게 된다. 계 21장을 묵상하면 이 땅의 모든 그리스도인들도 필자와 동일한 마음일 것이라 믿는다. 주 예수님께서 다시 오시는 날 임하게 될 그 영광스러운 일에 대해서 말이다.

　요한은 환상을 통해 새하늘과 새땅(신천지)을 보았다. 앞으로 임하게 될 놀라운 일들을 미리 맛을 본 것이라 할 수 있다. 그 때가 되면 하나님께서 모든 성도들의 눈에서 눈물을 씻어주신다고 했다. '이미(already) – 아직(not yet)'이라는 긴장관계 속에서 평생을 살면서 알게 모르게 흘렸던 고통과 고난의 눈물, 억울함의 눈물, 답답함의 눈물들을 모두 씻어주신다는 위로의 말이다. 우리네 인생에 그 눈물이 왜 없겠는가. 부모님도 모르고 자식도 모르는 나 자신만이 조용히 흘렸던 그 눈물들 말이다. 우리 주님께서 다시 오실 때 그 모든 아픔을 넉넉하게 닦아주시겠다고 했다.

또한 그때 맛보게 될 '참 만족'도 기대가 된다. 우리는 이 땅에 살면서 만족에 대해서 갈증을 느끼며 살아간다. 물질만능주의 세상이라고 하지만 돈으로도 채울 수 없다. 성적인 것이나 명예를 통해서도 마찬가지다. 그러한 우리의 갈증을 주께서 생명수 샘물로 적셔주시겠다고 한다. 만유의 절대적 통치자이신 하나님께서 단지 예수님을 그리스도로 믿는다는 이유만으로 우리 인생의 갈증을 그때 완벽하게 해소시켜 주신다고 약속하셨다. 어찌 기쁘지 않은가. 이러한 사실을 묵상만 해도 힘이 솟구쳐 오른다.

요한계시록 21장을 접하면서 이만희 씨의 해설이 궁금했다. 그는 과연 이러한 놀라운 말씀을 어떻게 보고 있을까 하는 점 때문이다. 그리고 곧바로 그의 책 <천국비밀 요한계시록의 실상>을 '쭉~' 훑어보았다. 그리곤 이내 실망했다. '그럼 그렇지, 역시'라는 말이 입에서 튀어나왔다. 잠시 기대를 했던 게 부끄러울 정도이다.

이만희 씨의 관심사는 변함없이 자신의 '어떠함'을 드러내는 것에 있다. 자신에게 와야 구원을 얻게 된다는 식이다. 그게 전부라고 해도 과언이 아니다. 그런 그에게 계 21장에 명확히 기록되어 있는 '신천지'의 의미가 무엇인지, 아니 그는 그 의미를 제대로 알고 있는지 묻지 않을 수가 없다. "이만희 씨, 신천지가 무슨 뜻인지 아세요?"

## (1) 새 예루살렘 = 이만희 측 단체?

요한은 '거룩한 성', 즉 '새 예루살렘'을 보았다. 그것은 하늘로부터 내려오고 있었다. 그 모습을 자세히 보니 마치 신부가 신랑을 예비한 것과 같다고 표현했다. 계21:9~10에서도 반복된다. 이는 하나님의 백성이 하나님과 동거하기 위해서 아름답게 준비되어 있는 것을 말한다. 요한에게 보여준 새 예루살렘의 모습은 단순한 성(City)만이아니라 그 속에 사는 사람들까지 포함한다는 것을 알게 된다. 새 예루살렘을 성이면서 동시에 신부(Bride)라고 한 것은 하나님과 그의 백성의 관계(신부)와 하나님과 교제하는 백성의 공동체를 시사한다(권성수, 457). 다시 말해 새 예루살렘은 예수님만을 그리스도로 믿는'교회'를 의미한다는 말이다.

이만희 씨의 생각은 이와 다르다. 본문에 주어진 새 예루살렘은 자신들의 단체를 가리킨다고 말한다. 그의 주장을 직접 들어보자.

> "지금 전 세계에는 많은 교회와 목자가 있으나 하나님께서는 계시록을 이루시어 이미 그들을 심판하여 끝내셨고 오직 약속한 새하늘과 새땅이며 영적 새 이스라엘의 열두 지파인 증거장막성전과 그 성도만을 하나님 나라와 백성으로 인정하신다."(이 씨의 책, p.449)

> "이 거룩한 성 새 예루살렘은 '처음 하늘과 처음 땅과 바다가 없어진 후'에 하늘 영계에서 '새 하늘과 새 땅'으로 내려온다. 새 하늘과 새 땅은 앞에서 설명했듯이 영적 새 이스라엘이라고도 하고 시온산이라고도 하는 '증거장막성전'과 '그 성도'이다. 따라서 증거장막성전의 성도가 되는 것은 곧 거룩한 성 새 예루살렘으로 가는 길이 된다."(이 씨의 책, p. 450)

"그로 하여금 예수님의 보좌에 함께 앉게 하여주신다고 약속하셨
다(계 3:21). 그러므로 이긴 자를 찾는 것은 새 예루살렘 성을 찾는
열쇠임을 알아야 한다."(이 씨의 책, p. 451)

이 씨가 그의 글에서 사용한 '증거장막성전'의 용어는 이 씨 측 단
체로 보아야 할 것이다(본 책 30장 참조). 그렇다면 위에 언급된 이
씨의 글의 내용은 이 씨 측 단체에 속한 이들이 새 예루살렘에 속한
백성이 된다는 말이 된다. 다시 말해 성경 계 21장의 '새 예루살렘'이
이만희 씨 측 신도들을 뜻한다는 것이다. 그런가? 참, 어이가 없는 성
경 해석이다.

만약, 이 씨가 주장한 '새 예루살렘 = 이 씨 측 단체'가 옳다고 한다
면 다음과 같은 조건이 충족되어야 한다. 계21:22을 보면 "성 안에
성전을 내가 보지 못하였으니 이는 주 하나님 곧 전능하신 이와 및 어
린양이 그 성전이심이라"는 말씀이 있다. 무슨 말인가? 새 예루살렘
성 안에는 어린양이신 예수님이 계시다고 했다. 그분은 그리스도이
시다. 오직 그분만이 구원자이시라는 말이다. 또한 그분 자신이 성전
이시다(요2:21).

즉, 새 예루살렘 성 안에는 오직 '예수 = 그리스도'임을 고백한 이
들만이 존재하게 된다는 의미이다. 이 씨 측 신도들도 그러한 고백을
동일하게 할 때만이 그들도 새 예루살렘이라고 불리워질 수가 있다.
이 씨 측 신도들은 그런 고백을 하는가? 분명한 것은 22절에 요한이
성 안을 볼 때 '이만희'라는 이름이나 그와 비슷한 어떠한 그림자도
발견하지 못했다는 점이다.

위의 이 씨 인용문 마지막 부분을 보자. '이긴 자를 찾는 것이 새 예루살렘 성을 찾는 (것)'이라고 했다. 이 문장으로 볼 때 '이긴 자'를 이 씨는 특정인물로 사용하고 있음을 볼 수 있다. 그가 누구인가? 이 씨는 '이긴 자 = 이만희'라 말한다. 그래서 '이긴 자를 찾는 것이 새 예루살렘 성을 찾는 (것)'이란 문장을 사용한다. 만약 '이긴 자'가 '교회'를 뜻한다는 전통 성경적 해석을 할 줄 알거나 인정했다면 그러한 문장을 사용하지 않았을 것이다(본 책 15장 참조). 한 마디로 '새 예루살렘 = 이 씨 측 단체'라는 논리는 이 씨 추종자들에게만 해당되는 논리에 불과하다.

## (2) 이 씨는 생명수가 필요해?

새하늘과 새땅이 열리게 될 때 맛보게 될 은혜 중 하나는 바로 생명수 샘물로 인생의 목마름을 해결 받는 일이다(계21:6). 정말 기대가 된다. 그 날이 오늘일지, 내일일지 기다려진다.

생명수 샘물을 허락하는 주체자는 누구인가? 성경 본문을 자세히 살펴보자.

> *"또 내게 말씀하시되 이루었도다 나는 알파와 오메가요 처음과 나*
> *중이라 내가 생명수 샘물로 목마른 자에게 값없이 주리니"(계 21:6)*

본문에서 '내가'라고 언급된 이가 주체자다. 그가 누구일까? 영어

성경을 보면 보다 정확하게 구분할 수 있다.

*"He said to me: "It is done. I am **the Alpha and the Omega, the Beginning and the End**. To him who is thirsty I will give to drink without cost from the spring of the water of life."(계 21:6)*

'알파와 오메가' 그리고 '처음과 나중'으로 불리워지는 분, 바로 하나님이심을 알 수 있다. 계1:8에서도 언급되고 있다.

*"주 하나님이 가라사대 나는 알파와 오메가라 이제도 있고 전에도 있었고 장차 올 자요 전능한 자라 하시더라"(계 1:8)*

당연한 말을 필자는 왜 이렇게 구체적으로 말하려고 할까? 바로 이 씨의 본문 해설 때문이다. 이 씨는 생명수 샘물을 예수초림 때에는 예수님을 통해서 얻을 수 있었지만, 계시록의 성취 때라는 지금은 자칭 이긴 자인 이만희 자신을 통해서 얻을 수 있다고 주장하고 있다. 그의 주장을 직접 살펴보자.

*"이 생명수는 초림 때 예수님에게서 얻을 수 있었으나(요 7:37~38) 계시록 성취 때에는 생명수를 유업으로 받는 이기는 자로부터 얻을 수 있다(사 55:1~2, 계 22:17)."(이 씨의 책, p.455)*

성경 본문은 명확하게 하나님을 통해서 생명수를 얻는다고 밝히고 있는데, 이 씨는 무슨 근거로 자신을 통해야 한다고 주장하는 것일까? 이 씨는 자신의 주장이 성경적(?)임을 드러내기 위해서 두 개의 성경구절을 언급했다. 바로 사55:1~2, 계22:17이다. 그 구절이 과연 '이만희 씨를 통해서' 생명수 샘물을 얻는다는 설명하고 있을까? 살펴보자.

> "너희 목마른 자들아 물로 나아오라 돈 없는 자도 오라 너희는 와서 사 먹되 돈 없이 값없이 와서 포도주와 젖을 사라 너희가 어찌하여 양식 아닌 것을 위하여 은을 달아 주며 배부르게 못할 것을 위하여 수고하느냐 **나를 청종하라** 그리하면 너희가 좋은 것을 먹을 것이며 너희 마음이 기름진 것으로 즐거움을 얻으리라"(사55:1~2)

> "성령과 신부가 말씀하시기를 오라 하시는도다 듣는 자도 오라 할 것이요 목마른 자도 올 것이요 또 원하는 자는 값없이 생명수를 받으라 하시더라"(계22:17)

이 씨가 증거로 댄 두 개의 성경구절 속에서 '이만희 씨를 통해서'라는 개념을 발견할 수 있는가? 그 어떤 작은 힌트도 찾을 수 없다. 이 씨가 의도하려고 하는 그 어느 것도 없다. 어떻게 위 두 개의 구절을 통해서 이만희 씨를 통해서 생명수 샘물을 얻는다는 해설이 나올 수 있을까? 참 희한한 일이다.

오히려 이사야 말씀에 "나를 청종하라"는 구절이 눈에 들어온다. '목마른 자', '돈 없는 자'들이 은혜를 얻을 수 있는 방법을 잘 설명하고 있다. 그것은 바로 하나님께 나아가는 길이다. 그의 말씀을 귀

기울여 잘 듣는 일이다. 청종하라는 말의 의미가 바로 그것이다. 계 22:17의 말씀도 그 주체자가 '성령과 신부'이다. '이만희'라는 그 이름이 결코 아니다.


## (3) 신천지를 바라보자

성경 본문에서 말하고 있는 신천지를 제대로 바라보자. 신천지는 계 20장에 언급된 '불못'과 대조되는 용어이다. 다시 말해 백보좌심판의 결과로 던져지게 될 '불못'과 '신천지'는 극과 극을 이루게 된다. 다시 한 번 신천지를 묵상해보자.

신천지가 열리게 되면 첫째, 우리의 모든 고통의 눈물을 하나님께서 깨끗이 닦아주신다고 했다. 아무도 몰라주는 나만이 혼자서 흘렸던 눈물들 말이다. 둘째, 만물이 새롭게 되는 역사를 체험하게 된다고 했다. 죄악으로 뒤틀려진 세상이 하나님의 선하시고 기뻐하시고 온전하신 뜻대로 회복된다고 하셨다. 이사야 선지자가 그렇게 소망했던 에덴동산의 회복된 모습을 직접 바라볼 수 있게 된다는 뜻이다. 셋째, 인생의 영적 갈증이 완벽하게 해소된다고 언급했다. 참된 만족이 무엇인지 맛보게 된다.

이러한 일들을 잠시 눈을 감고 묵상해 본다. 꿈 꿔 본다. 소망해 본다. 그리고 이만희 씨에게도 그러한 은혜가 임하길 기대해 본다. 참된 신천지의 은혜를 말이다.

# 37. 이만희 씨를 보는 게 하나님 보는 것이라고?
- 요한계시록 22장

　교회 밖의 논리와 교회 안의 논리가 다르다. 교회 밖은 '나는 할 수 있다', '내가 하고 싶은 것을 하면 된다', '내가 나의 주인이다'는 식이다. 즉, '나' 자신이 중심이라는 방식이다. 교회 안으로 들어오면 상황이 달라진다. '나는 못한다', '나는 미련하다', '나는 연약하다' 심지어 '나는 죄인이다'는 고백이 이어진다. 이는 '나는 못지만, 하나님이 함께하시면 무엇이든지 할 수 있다', '나는 미련하지만 주님이 도우시면 참 지혜롭게 나아갈 수 있다', '나는 미련하지만 주의 명철로 풀 수 있다'는 것을 의미한다. '나는 죄인'이라는 말은 '하나님 없이는 살 수 없는 존재'라는 뜻이다. 이는 '하나님이 중심'이라는 논리이다.

　성경을 읽고, 공부하는 이유도 바로 여기에 있다. '나' 자신의 미련함과 죄인됨을 발견함과 동시에 '하나님'의 하나님 되심을 갈수록 깊이 있게 알아가는 것이다. 그 작업이 기쁨이요, 영광이요, 능력이다.

　누군가가 신앙생활을 한다면서 계속해서 자기 자신을 드러내는 일을 한다면 우리는 어떻게 받아들여야 할까? 자신의 능력, 신분 등의 어떠함을 도에 지나치게 자랑하듯 한다면 그러한 일을 어떻게 이해해야 할까? 둘 중 하나는 분명하다. 첫째는 교육을 제대로 받지 못해서다. 성경이 무엇인지 또 성경이 어떤 방향을 지향하고 있는지 알지 못하기 때문이다. 그런데 문제는 여기에 있다. 성경의 말씀을 알고 있음에도 계속 그렇게 '자기중심'으로 살아가는 사람들이다. 이 때 우리는 그가 진정한 신앙인인지 점검해 보아야 할 것이다. 그것이 둘째 이유다. 진실된 하나님의 자녀라면 성령께서 언제나 동행하신다. 그분께서 깨닫게 하신다. 그리고 회개케 하시고 고쳐주신다. 그렇지 않은가?

이만희 씨의 책 〈천국비밀 요한계시록의 실상〉을 분석하면서 줄곧 드는 마음은 '이만희 씨는 이 책을 통해서 무엇을 드러내려고 하는가?'이다. 하나님인가 아니면 이만희 자신인가. 그의 책에는 하나님, 예수님, 성령님, 교회 등의 기독교적인 용어들이 수없이 많이 거론되지만, 이 씨 글의 방향은 결코 하나님을 드러내는 것이라고 말할 수 없다. 바로 다음과 같은 이유 때문이다.

요한계시록 22장을 해설한다면서 이 씨는 '하나님의 얼굴을 본다는 것은 결국 이만희 씨의 얼굴을 보는 것과 같은 것'이라고 주장했다. 얼토당토하지 않다. 어이가 없다. 이게 말이 되는가?

그의 괴상한 주장을 정리해봤다.

*"하나님의 얼굴을 본다는 것은 무슨 뜻인가? 육체인 사람이 어떻게 영이신 하나님을 볼 수 있는가? 영이 거처로 삼은 사람(고전3:16)을 보며 섬기는 것은 함께하는 그 영을 보며 섬기는 것과 같다. 초림 때 하나님께서 임하신 예수님을 보는 것이 곧 하나님을 보는 것이었듯 (요14:9) 계시록 성취 때에는 예수님께서 임하신 거룩한 성의 이긴*

*자(계3:12, 21)를 보는 것이* 곧 예수님을 보는 것이요 예수님에게 임
하셨던 하나님을 보는 것이 된다"(이 씨의 책, p.481)

계22:4을 해설한다면서 이 씨가 한 말이다. '하나님을 본다는 것은
곧 이긴 자를 보는 것'이라고 했다. 이긴 자는 누구를 가리키는가? 이
미 충분히 설명한 바 있다. 바로 '이만희=이긴 자'라는 게 이 씨의 주
장이다. 그것과 연결시켜 보면 '이만희 씨를 보는 게 바로 하나님을
보는 것'이라는 해괴한 논리가 나온다.

이 씨는 위와 같은 자신의 주장이 성경의 내용이라고 증명이라도
하려는 듯 몇 가지 성경구절들을 나열했다. 그가 열거한 성구들을 정
리하면 다음과 같다.

"예수께서 외쳐 가라사대 나를 믿는 자는 나를 믿는 것이 아니요
나를 보내신 이를 믿는 것이며 나를 보는 자는 나를 보내신 이를 보
는 것이니라"(요12:44~45)

"나와 아버지는 하나이니라 하신대"(요10:30)

"볼지어다 내가 문 밖에 서서 두드리노니 누구든지 내 음성을 듣
고 문을 열면 내가 그에게로 들어가 그로 더불어 먹고 그는 나로 더
불어 먹으리라"(계3:20)

위의 성구들이 '이만희 씨 보는 게 하나님 보는 것'이라는 주장을

뒷받침 해 주는가? 어디에서 그런 해석이 나올 수 있는가? 이만희 씨
도 위의 성경구절들만 나열했을 뿐이지 그것이 어떻게 자신의 주장
을 뒷받침해 주는지 설명을 하지 않고 있다. 이런저런 성경구절들을
많이 나열하기만 하면 마치 '성경적인 주장'인 것처럼 보이게 하려는
의도일 뿐이다.

　위에 언급된 성경구절은 '예수님이 누구인가'를 잘 드러내 보여준
다. 결코 '이만희'가 아니다. 첫 번째 구절(요12:44~45)은 공생애 후
반부에서 예수님이 자신이 구원자임을 밝히 드러내 보여주시는 말씀
이다. 특별히 성부 하나님으로부터 보냄을 받은 존재임을 잘 설명해
주고 있다.

　두 번째 구절(요10:30)은 이 씨의 주장을 옹호해 주는가? 전혀 그
렇지 않다. 요10:30은 그 이전인 요10:29과 연결시켜 보아야 한다.
성경구절을 먼저 자세히 살펴보자.

　　"저희를 주신 내 아버지는 만유보다 크시매 아무도 아버지 손
　에서 빼앗을 수 없느니라 나와 아버지는 하나이니라 하신대"(요
　10:29~30)


　　"My Father, which gave them me, is greater than all; and no
　man is able to pluck them out of my Father's hand. I and my
　Father are one."(요10:29~30, NIV)


두 구절을 연결해서 보면 그 의미를 정확히 파악할 수 있다. 내용이

무엇인가? 만유보다 크신 하나님께서 붙잡은 사람을 세상 어떤 것도 빼앗을 수 없다는 말이다. 그리고 예수님도 마찬가지라는 말이다. 다시 말해 하나님께서 우리들을 보호하시지만 예수님께서도 동일하게 보호해 주신다는 뜻을 담고 있다. 예수님께서 성부 하나님의 뜻에 어찌나 잘 반응하시는지 그 목적하심과 행동하심이 항상 하나임을 밝혀 보여주신다는 의미다(F.F. Bruce, p.407).

이는 다음의 예수님 말씀과 직접 연결되기도 한다.

> "나를 보내신 이의 뜻을 행하려 함이니라 나를 보내신 이의 뜻은 내게 주신 자 중에 내가 하나도 잃어버리지 아니하고 마지막 날에 다시 살리는 이것이니라"(요6:39, 17:12 참조)

예수님께서 하나님의 뜻을 정확하게 행하신다는 뜻이다. 구원을 위해 계획하셨던 일을 예수님께서 한 치의 오차도 없이 행하셨음을 말하고 있다.

세 번째 구절(계3:20)은 '회개하라'는 메시지를 담고 있다. 라오디게아교회를 향한 말씀이다. 그 교회 성도들의 신앙이 뜨겁지도 않고 차갑지도 않은 것에 대해 질책하며 회개할 것을 촉구하는 내용이 그것이다. 이만희 씨의 어떠함을 드러내 주는 구절이 아니다. 절대 아니다.

그럼 이만희 씨가 궁금해 했던 "그의 얼굴을 볼 터이요"(계 22:4)는 어떻게 해석하는 게 올바를까? 구약성경에서는 하나님의 얼굴을 직접 보면 즉사한다고 기록하고 있다. 모세도 하나님의 얼굴을 직접 보지 못하게 했다(출33:20,23). 신현, 즉 천사를 통해 하나님께서 직접 나타나시든가 아니면 환상, 꿈 등을 통해 계시해 주셨다. 직접 나타나신 것이 아니다. 왜 그럴까? 너무나 영광스러운 하나님의 모습을 죄인인 사람이 감당할 수 없기 때문이다. 하나님을 본 자가 죽는 것은 어찌 보면 하나님이 죽인다기보다, 자신의 죄로 스스로 죽게 된다고 보는 게 더 옳다.

신약시대에 와서 상황이 달라졌다. 하나님이신 예수님께서 직접 내려오셔서 "나를 본 자는 곧 아버지를 보았다"고 말씀하셨다(요 14:9). 그렇다고 성부 하나님과 성자 예수님이 위격에 있어서 똑 같은 분이라는 말이 아니다. 이 부분에서 이만희 씨가 오해를 한 것이다. 비유의 달인(?)인 그가 어찌 이 부분에서는 문자 그대로 보았는지 모르겠다. 성부와 성자는 다른 위(person)로서, 다만 예수님을 본 자는 그 믿음으로 하나님을 본 것과 다르지 않다는 말이다. 하나님을 본다는 것이 지금은 제한된 특권이지만(고후3:18, 히9:7), 완성된 천국에서는 모든 장애물이 제거된 상태에서 누리는 무제한적 특권이 될 것이다(권성수, p.474).

계22:1~5은 '완성될 천국에서 우리는 무엇을 할 것인가?'라는 질문에 대한 답이다. '하나님을 본다'(4절)는 것과 함께 '세세토록 왕노릇하리로다'(5절)도 마찬가지다. 이는 우리 하나님의 통치에 동참하여 그 영광을 누리게 된다는 의미이다. 그러한 영광이 기다려지지 않은가?

이만희 씨는 언제까지 성경을 오용할 셈인가? 또한 자신을 드러내려는 말도 안 되는 주장을 언제까지 할 것인가? 필자는 이만희 씨의 얼굴을 언론을 통해 종종 보게 된다. 그를 볼 때마다 하나님이 보이는 게 아니라 다른 게 보인다. 그것이 뭘까?

# 결론 : 이만희 씨의 회개를 촉구하며

　이만희 씨의 책 〈천국비밀 요한계시록의 실상〉 분석을 마치려 한
다. 요한계시록 1~22장까지 그의 성경해설을 따라가며 무엇이 잘못
됐는지 가능한 대로 성경 자체의 증거로 분석하려고 노력했다. 첫 번
째 원고("요한계시록의 주제는 무엇?")가 쓰인 때부터 거의 3년 만에
탈고를 한 셈이다.

　때로는 "내가 이런 책(이 씨의 책)을 읽고 있어야 하나?"라는 허탈
한 마음이 들기도 했지만, 이러한 이 씨의 허술한 논리에 한국교회 성
도들이 미혹당하고 있음을 생각할 때 그 도전을 중단할 수가 없었다.
이 씨의 추종 신도들의 것으로 보이는 여기저기의 블러그(Blog) 등에
필자의 글에 대한 비난의 댓글들이 보이기는 했지만, 직간접으로 격
려와 응원을 보내주는 이들도 적지 않았다.

　마지막 원고를 쓰면서 그 주제에 대해 고민하지 않았다. 이만희 씨
의 회개를 촉구하고 싶은 마음이 오래 전부터 들었다. 하나님 대신 자
신을 드러내려 하고, 성경을 잘못 해석하는 것 등에 대해서 회개하기
를 바라는 마음이다.

　이 씨는 그의 책 맨 마지막 부분인 '요한계시록 전장 결론'에 다음
과 같이 주장하고 있다. 제목에서도 알 수 있듯이 자신의 책의 '결론'

인 셈이다. 살펴보자.

"지금까지 요약한 **요한계시록의 결론은 약속한 목자와 약속한 성전을 찾는 것이라고 말할 수 있다.** 그 약속한 목자를 10장에서는 책을 받아먹은 사도 요한으로, 11장에서는 예수님의 대언자인 두 증인 중 하나로, 12장에서는 용과 싸워 이긴 만국을 다스릴 남자로, 2장과 3장에서는 니골라당과 싸워 이기는 자로 표현하고 있으나 이는 모두 동일한 인물로서 각 장에 기록한 사건에 따라 달리 칭했을 뿐이다. 이 사실은 이들이 모두 각 장에서 예수님으로부터 말씀과 치리권을 받는 것을 보면 알 수 있다."(이 씨의 책, pp.499~500)

과연 요한계시록의 결론이 '약속한 목자와 약속한 성전을 찾는 것'인가? 그 목자와 성전은 무엇을 말하는가? 이만희 씨와 그의 단체를 언급하려는 것 아닌가? 그렇다면 한 마디로 요한계시록의 결론은 '이만희'라는 사람과 그 단체를 찾아가는 것이라는 말인데, 이것이 옳은가? 이것이 성경, 요한계시록의 결론이라는 말인가? 이 씨의 추종자들도 모든 생각을 내려놓고 한번쯤 가만히 생각해 보라. 정말 성경(요한계시록)의 결론이 '이만희'인가?

이는 한 인간에게 지나치게 초점을 맞추려 하는 자의적인 성경 해석에 불과한 일이다. 성경이 성경을 해석하게 하려는 것보다, 특정 인간이 성경을 해석해 주는 것에 관심을 기울이는 잘못된 방법이다. 성경, 요한계시록 마지막 부분에서 이에 대해 좋은 교훈을 주고 있다. 요한이 천국의 환상을 보고 그것을 전달해 준 천사에게 엎드려 경배하려고 했더니, 천사가 '오직 하나님께 경배하라'며 그 경배를 거절하는 장면이 나온다(계22:8~9). 정말 놀라운 성경 구절이다. 오직 하나님만이 경배를 받아야 함을 강조하고 있다. '오직 하나님께만'이라는 마음이 '신학함' 또는 '신앙함'의 주된 초점이지 않을까?

이 씨는 위의 "약속한 목자와 약속한 성전을 찾(아야 한다)"는 인용문 뒤에 한 마디를 덧붙였다. 자신의 주장을 성경을 통해 입증해 보이려는 노력으로 보인다. 다음과 같다.

> "계시록에 약속한 목자를 **마태복음 24장 45절에서는** 때를 따라 양식(암8:11 말씀)을 나눠주는 충성되고 지혜로운 종이라 말하고 있다"(이 씨의 책, p.500)

마태복음 24장 45절이 이 씨가 주장하는 약속한 목자를 언급해 주는 내용이라고 주장하는 말이다. 즉, 그 성경구절이 자신을 가리키는 것이라고 말하고 싶다는 뜻이다. 과연 그런가? 그 성경구절이 이만희 씨의 어떠함을 지지해 주고 있는 것일까? 먼저 마태복음 24장 45절 내용이다.

> "충성되고 지혜 있는 종이 되어 주인에게 그 집 사람들을 맡아 때를 따라 양식을 나눠 줄 자가 누구뇨"(마24:45)

위 성경 본문에 나타나는 '종'이 이만희 씨를 언급하는 것이라는 주장으로 보인다. 그렇다면 그 '종'이 정말 이만희 씨를 지칭하는 말일까? 결코 동의할 수 없다. 본 성경구절은 종말에 대해 예수님께서 그 제자들과 대화하는 장면 중 하나이다.

위 성경구절 바로 윗구절인 44절을 살펴보자. "이러므로 너희도 예비하고 있으라 생각지 않은 때에 인자가 오리라" 따라서 45절의 '충성되고 지혜 있는 종'은 문맥의 흐름을 따라 볼 때 '제자들'과 연결시키는 게 매우 자연스럽다. 마태복음 24장 시작하는 1절에서도 같은 내용을 찾아볼 수 있다. "예수께서 성전에서 나와서 가실 때에 제자들이 성전 건물들을 가리켜 보이려고 나아오니" 즉 예수님은 제자들과 대화를 하고 계신 것이다.

마태복음 전체 내용이 위의 24:45절 한 구절만 되어 있다면 이렇게 해석하거나 저렇게 해석하거나 해석의 폭이 상당히 넓어질 수 있다. 물론 이럴 경우라도 다른 성경과 그 맥을 같이 해야 하지만 말이다. 마태복음은 잘 아는 것처럼 28장으로 구성되어 있으며 그 안에는 여러 구절들이 서로 이어져 있다. 따라서 성경해석의 기본적인 원칙은 문장의 흐름 속에서 그 의미를 살펴보아야 한다는 것을 다시 한 번 강조하고 싶다.

이만희 씨처럼 성경을 해석하려 한다면 이런 경우도 가능하게 된다. 같은 성경인 마태복음 24장 48~49절의 '악한 종'도 오늘날의 특정한 인물로 해석해 낼 수도 있다. 성경을 보자.

> "만일 그 악한 종이 마음에 생각하기를 주인이 더디 오리라 하여 동무들을 때리며 술친구들로 더불어 먹고 마시게 되면…"(마 24:48~49)

그렇다면 그 '악한 종'은 오늘날의 누구를 말하는 것일까? 좀 더 깊이 들어가 보면, '동무'들은 누구이며, '술친구'는 또 누구일까? 이만희 씨는 알까?

다시 이만희 씨의 책으로 돌아가 보자. 그의 결론 부분 말이다. 다음과 같은 흥미로운 부분이 등장한다.

> "그러므로 구약 39권은 초림의 약속한 목자 예수님 한 분을 증거한 것이며 신약 27권은 재림의 약속한 목자 곧 이긴 자 한 사람을 증거한 것이라 할 수 있다. 초림 때 예수님이 하나님과 함께 구약 성경을 들어 자기 자신을 증거했듯(요8:16~18) 재림 때 약속한 목자는 예수님의 영과 하나가 되어 신약 성경에 여러 모양으로 예언된 자기 자신을 증거한다."(이 씨의 책, p.500)

위와 같은 이만희 씨의 주장이 바로 이단적이다. 한국교회도 이와 같은 점들을 지적한 것이다. 성경을 모르는 단순한 차원을 넘어 비성경적인 주장이다. 신약성경 27권도 오직 예수님 한 분만을 증거하고 있다. 아니 성경 전체가 오직 예수님 한 분만을 중심으로 두고 있다. 그 예수님의 자리를 이만희 씨가 대신 앉으려고 하는 것 자체가 비성경적이요, 난센스이다.

성경은 '하나님의 말씀을 가감하지 말라'(계22:18~19)고 경고하고 있다. 만일 가감하게 되면 하나님 나라에서 '제하여 버린다'고 한다. 권성수 목사는 이에 대해 "성경 어느 책에도 계시록만큼 강력하게, 부정적인 측면에서는 계시 내용을 가지고 장난치지 못하게 하고 긍정적인 측면에서는 그것을 연구하고 지키라고 촉구하는 책은 없다"고 설명을 한다. 우리가 살아가는 동안에 하나님의 말씀을 하나님의 말씀답게 사수해야 한다는 주장이다.

우리네 주변에는 성경을 해석한다고 하면서 가감하는 경우가 아주 많다. '하나님께로부터 직접 계시를 받았기 때문에 이것은 이런 뜻이다'고 주장하는 경우가 대표적이다. 소위 직통계시 계열이라 부를 수 있다. 입신, 쓰러짐, 방언, 병고침 등 신비스러운 행동(많은 경우에 그것도 가짜이다)을 동반하며 성경을 곡해하는 경우도 많다. 이러한 성향에 잘 어울리는 이들이 적지 않다. 또한 공부를 많이 한 학력을 내세우면서 엉뚱한 길로 가는 경우도 있다. 그들은 매우 논리적인 모습을 포장을 했다.

이만희 씨 나이가 적지 않다. 금년(2019) 89세다. 그에게 시간이 넉넉하지 않다. 그에게도 기회가 있을까? 올바른 하나님의 자녀가 되어 하나님의 뜻대로 일생을 살 수 있을 기회 말이다. 이 씨로 인해 피해를 보았다는 분들에게는 정말 죄송할 수 있지만, 이만희 씨가 그 기회를 붙잡았으면 좋겠다. 온전한 회개와 함께 복음으로 다시 태어나기를 촉구해 본다.

# 참고문헌

## 1. 도서 및 논문

장운철, 〈요한계시록을 오용해 나타난 최근 이단사상 비판〉, 웨스트
　　　민스터신학대학원대학교, 2000.

_____, 〈이단들이 잘못 사용하고 있는 33가지 성경 이야기〉, 부흥
　　　과개혁사, 2013.

_____, '장막성전의 후예들', 월간 〈교회와신앙〉, 1995년 4월호

_____, '이만희 이단성 밀착확인', 월간 〈교회와신앙〉, 1995년 5월호

_____, '이단사이비문제 종합 1', 월간 〈교회와신앙〉, 2000년 1월호

_____, '이단사이비문제 종합 2', 월간 〈교회와신앙〉, 2000년 2월호

권성수, 〈요한계시록〉, 선교횃불, 2001.

김서택, 〈역사의 대 드라마 요한계시록〉, 성서유니온, 2004.

김정우, 〈시편강해Ⅲ〉, 도서출판 엠마오, 1998.

김추성, 〈한국 이단들의 요한계시록 오용의 역사에 대한 비판과 정
　　　통 견해 제시〉, 한국장로교총연합회 이단대책위원회, 2008.

박형용, 〈신약개관〉, 아가페출판사, 1993.

송영목, 〈요한계시록은 어떤 책인가〉, 쿰란출판사, 2007.

심창섭 외, 〈기독교의 이단들〉, 대한예수교장로회 총회교육부, 1998.

장종현, 최갑종, 〈사도 바울〉, 천안대학교 출판부, 1999.

정행업, 〈한국교회사에 나타난 이단논쟁〉, 한국장로교출판사, 1999.

최병규, 〈이단 진단과 대응〉, 은혜출판사, 2004.

한국기독교총연합회 이단사이비문제상담소, 〈이단사이비 종합자료 2004〉, 한국기독교총연합회, 2004.

홍창표, 〈요한계시록 해설 1권〉, 크리스천 북, 1999.

_____, 〈하나님 나라와 비유〉, 합동신학대학원출판사, 2004.

오광만, 〈바울과 하나님의 비밀〉, 합동신학대학원대학교, 2004.

_____, 〈베드로전서의 메시지〉, 그리심, 2001.

Chuck Smith, 〈계시록의 숨겨진 비밀〉(Dateline Earth), 이레서원, 1995.

David Aune, 〈Revelation〉, WBC 52a. word books, publisher. Dallas, Texas. 1997.

_____, 〈요한계시록〉(WBC) 1-5, 솔로몬, 2003.

_____, 〈요한계시록〉(WBC) 6-16, 솔로몬, 2004.

F.F. Bruce, 〈요한복음〉, 도서출판 로고스, 1996.

Graeme Goldsworthy, 〈복음과 요한계시록〉, 성서유니온, 1996.

Grant Osborne, 〈마태복음〉(하), 성서유니온선교회, 2005.

Hughes Phlip E., 〈요한계시록〉, 서울 여수룬, 1993.

J.A. Schep, 〈부활체의 본질〉(The Nature of the Resurrection Body), 기독교문서선교회, 1991.

Markstrom, 〈성경교향곡〉(Symphony of Scripture), IVP, 1997.

Michael Wilcock, 〈요한계시록〉(I saw Heaven Opened), 두란노, 1989.

Richard Bauckham, "The Role of the Spirit" 〈The Climax Prophecy〉, T&T Clark, 1993.

Robert E. Coleman, 〈천상의 노래〉(Songs of Heaven), 두란노, 2000.

Robert H. Stein, 〈비유해석학〉(An Introduction to the Parables of Jesus), 엠마오, 1996.

_____, 〈예수님께서는 무엇을 어떻게 가르치셨는가?〉(The Method and Message of Jesus' Teachings), 여수룬, 1991.

Vern S. Poythress, 〈요한계시록 맥 잡기〉(The Returning King), 크리스천출판사, 2002.

William D Hendricks, 〈요한계시록〉, 아가페출판사, 1895.

## 2. 사전

Francis Brown, 〈The New Brown-Driver-Briggs-Gesenius HEBREW AND ENGLISH LEXICON〉, Hendrickson Publishers, 1979

Walter Bauer, 〈A GREEK-ENGLISH LEXICON of the New Testament〉 second edition, The University of Chicago Press, 1979

## 3. 연구서적

이만희, 〈천국비밀 요한계시록의 실상〉, 도서출판 신천지, 2005.

_____, 〈계시록의 진상 2〉, 도서출판 신천지, 1988.

_____, 〈천국비밀 계시록의 실상〉 도서출판 신천지, 1993.

이영수, 〈계시록 강해〉 서울:집문당, 1975.

_____, 〈에덴의 메아리〉 제11설교집, 서울:에덴성회 선교원, 1997.

김풍일, 〈생명나무〉 서울:실로출판사, 1982.

## 저자 **장운철**

* 장운철 목사는 한국외국어대학교(B.A.), 웨스트민스터신학대학원대학교(Th. M.)를 각각 졸업한 후, 미국으로 유학을 떠나 AZUSA PACIFIC UNI.(아주사퍼시 픽대학교, M.A.R)에서 공부를 했다. 두 편의 논문을 작성했다. 각각 '요한계시록을 오용해 나타난 최근 이단사상 비판'과 'An Evangelical Christian Perspective on MONEY'(언론에 나타난 세상, '돈'을 어떻게 볼 것인가)이다.

** 이단사이비 문제를 전문적으로 취급하는 언론사에서 취재기자 등으로 28년째 사역중이다. 월간〈현대종교〉 사이비이단문제 취재기자, 월간〈교회와신앙〉 창간 멤버, 주간〈교회와신앙〉, 인터넷신문〈교회와신앙〉 등에서 취재기자 및 편집장 등을 역임했다.

*** 그동안 신천지, 구원파, 하나님의 교회 등 한국교회 대부분의 주요 이단사이비단체를 직접 잠입 취재, 보도해 왔다. 현장 르포 기사 뿐 아니라, 그 단체들의 비성경적인 교리 핵심을 비판, 분석, 기고했다. 신학교는 물론 지역교회, 연합집회 등에서 다수의 강의 사역을 했다.

**** 서울 상도동에 만나교회를 개척했다(2007년). 현재 인터넷 신문 〈교회와 신앙〉(www.amennews.com)에서 이단 문제 전문 취재 기자 및 부국장으로 사역하고 있다(이메일 kofkings@hanmail.net).

### 저 서
<이단들이 잘못 사용하고 있는 33가지 성경 이야기>(장운철, 부흥과개혁사, 2013)

<그리스도인들이여! 세상을 읽자>(장운철, 솔로몬, 2012)

<신천지 포교전략과 이만희 신격화 교리>(장운철, 진용식, 정윤석 공저, 한국교회
문화사, 2007)